腐败与历史译丛

DECEPTION IN HIGH PLACES

—A HISTORY OF BRIBERY IN BRITAIN'S ARMS TRADE

高层的游戏

——英国军火贸易贿赂史

〔英〕尼古拉斯·吉尔比◎著

蒋宗强◎译

中国方正出版社

前　言

ix

弗兰克·沃格尔（Frank Vogl）在《向腐败宣战》（*Waging War on Corruption*）一书中写道："在形形色色的腐败故事中，阴谋最盛行、神秘色彩最浓重的领域莫过于国际军火交易。"[1]在本书中，你可以穿透神秘的黑幕，窥见几个国家政治精英的阴谋，了解南非作家、前政治家安德鲁·费因斯坦（Adrew Feinstein）所说的"影子世界"。我会向你讲述英美军火公司如何运作贿赂计划。

何为贿赂？三份国际反腐败协议——经济合作与发展组织《关于打击国际商业交易中行贿外国公职人员的公约》《联合国反腐败公约》和欧洲委员会《反腐败刑法公约》——都对贿赂作出了定义。贿赂是一种"不当利益"，可能是金钱，也可能无关金钱；可能有形，也可能无形。[2]在本书中，我运用"贿赂"一词表示直接或间接向决策者输送或意图输送不当利益，以换取商业合同的授予。然而，贿赂是否违法取决于行贿者与受贿者所在国家当时的法律。

但这些国际协议并未给出“腐败”的定义，毕竟腐败的表现形式多种多样。[3]我倾向于将腐败定义为“滥用受托权力谋取私利”[4]。然而，“受托”这个词有时并不恰当，因为在本书中提到的许多国家滥用权力者行使所谓的“受托”权力时，并未得到人民的同意。

一些学术组织进一步区分了“大型腐败”（grand corruption）、“小型腐败”（petty corruption）和“政治腐败”（political corruption）。我在本书主要描述了“大型腐败”，即“一个国家的政府高层扭曲政策或核心职能，使领导者以损害公共利益为代价而谋取私利的行为”。这种腐败往往涉及巨额资金。

有些行为可以定义为腐败，但未必违法。从下文可以明确看出，本书描述的英国军火公司的大部分行为并未违反英国当时的法律。此外，许多涉案人员也不认为自己的行为属于腐败。在这一点上，你可以作出自己的判断。

x 英国宇航系统公司是英国最大的军火公司之一。2010年，该公司因“妨碍美国确保国际贸易免受腐败影响”被美国罚款4亿美元。[5]迄今，这依然是因受到反腐败调查而被罚款最多的公司之一。美国之所以调查它，一个诱因是英国政府高调终止了对该公司史上最重要的、价值最高的军火交易——鸽子军购案（Al

Yamamah）的反腐败调查。早在 2006 年，英国宇航系统公司这桩军购案的买家就曾成功施压英国政府暂停对这桩交易的调查。你可以在本书中了解整个事件的来龙去脉。

此事可以追溯至 50 年前，其中每个环节都涉及可疑交易。我会阐述英国军火公司如何绞尽脑汁地通过贿赂获取合同。其贿赂有时成功，有时失败。贿赂行为不仅发生在沙特阿拉伯，还发生在黎巴嫩、伊朗、科威特等国。贿赂对象均为当时这些国家位高权重之人。

数百年来，军火交易一直是国际贸易和政府间关系的重要组成部分。军火交易规模在冷战期间迅速扩张，在冷战结束之后趋于萎缩，[6]但 2001 年 9 月 11 日美国发生恐怖袭击之后再度活跃。[7]目前，全球每年军火交易总额高达数千亿英镑。军火交易的重要性在于能够使各国政府以性价比较高的方式武装自己，支持盟友，威慑敌人，并推动武器技术日趋先进。[8]但至少从一战时期开始，民众就对被称作“死亡商人”的军火商深感忧虑，[9]国际军火交易也一直处于争议的风口浪尖。如今，合法及非法的国际军火交易助长了世界各地的屠杀和侵犯人权行为。俄罗斯曾为阿萨德政权的叙利亚和哈梅内伊政权的伊朗等专制国家提供军火，英国近年来则为卡扎菲政权的利比亚提供军火，美国为穆巴拉克政权的埃及提供军火。2013 年，联合国在广泛共识基础上制定了《军火交易条约》，在此过程中，人们表达了对国际军火交易的诸多合理关切，比如其对安全、人权、发展等方面的影响。

xi 数十年来，军火交易中腐败猖獗。安东尼·桑普森（Anthony Sampson）在1977年首次出版了《军火市场》（*The Arms Bazaar*）这部杰作，[10]解释了为何早在100年前就存在这种现象：

> 绝大多数订单来自政府，而决策权往往系于一两个人，从而导致获得其支持至关重要。采购某一艘军舰或某一门大炮，同采购另一艘军舰或另一门大炮相比，优势往往难以确定，所以论证方面很容易受到操纵。订单金额很大，因此采购决策对军火公司至关重要。此外，出于国家安全考虑，军火交易过程往往保密。随着佣金的增加，官员们可能支持超出本国的能力或需求的更大订单，以确保自己拿到更多佣金。[11]

这种现象至今依然存在。多年前，乔·罗伯（Joe Roeber）在其著作《隐秘市场：国际军火交易中的腐败》（*The Hidden Market: Corruption in the International Arms Trade*）中提到，[12]因为国际军火市场供大于求，军火行业"天生地"容易滋生腐败。此外，在许多国家，军购决策往往取决于不负责任的政治精英。不仅不同的武器系统难以对比，而且每个合同都很复杂，包含很多独特的要求。正如乔·罗伯所说："一个不为人知的价格可以囊括任何数量的秘密款项。"

时至今日，军火交易腐败仍然使许多国家的政治精英大发横财。事实上，对于这些人而言，他们身居高位的时间可能很短，或者面临各种不安全因素，大宗军火交易就成了他们敛财的最佳契机。

军火交易腐败往往属于大型腐败，是权势阶层的犯罪。因此，这个问题非常重要。

大型腐败影响深远。《联合国反腐败公约》认为"非法获得个人财富特别会对民主体制、国民经济和法治造成损害"，并提到"腐败给社会稳定与安全带来问题和构成威胁"。本书描述的大型腐败影响到很多国家，包括非洲的发展中国家、中东的产油国，乃至南非这种民主国家。

我在本书中还描述了英美两国政府在过去50年间如 xii
何应对军火交易中的贿赂问题。两国都以公共生活中较高的诚信标准和坚定的法治承诺闻名于世，政客与官员都知道一些军火公司存在贿赂现象，有时甚至了解个中详情。在决定如何处理这些军火公司的海外贿赂问题时，他们面临着一系列相互矛盾的因素。比如，一旦制止贿赂这种不当行为，就无法确保军火出口的利润，并可能影响与外国政府的良好关系。他们影响行贿、受贿行为的能力有限，而且通常每个抉择都会伴随重大后果。因此，我将在下文解释决策者面临的两难处境。

虽然国际军火交易中腐败猖獗已经广为人知，但矛盾的是，公开的确凿证据却寥寥无几，因为腐败是同意参与其中的成年人之间的密谋，能够记录详情的文件以及军火公司的公开档案少之又少。密谋难以曝光，导致相关的诉讼案件也很少。此外，行贿者和受贿者往往既有钱，又有权，对诽谤罪的恐惧会阻止公众讨论具体案例。但要明了如何制止腐败，我们需要了解贿赂计划是如何运作的。

我并不认为英美军火公司比其他军火出口大国的公司更糟糕。本书案例之所以聚焦英美两国，有以下几点原因：首先，在英美两国社会相对开放，可以轻松获取历史和法律文件。其次，英美两国数十年来一直是国际军火交易的重要参与者。再次，我没有时间、资源或语言能力去研究俄罗斯或法国等军火交易大国的历史文件。

在撰写本书期间，我完全依赖开源文件，没有窃取任何机密，也没有利用任何内幕消息源。由于无法接触到相关文件，我在描述一些公开指控时偶尔会缺少一些细节。

我的主要消息源是英国政府保存在国家档案馆的历史文件。英国政府对合法的国际军火交易进行了严格监督，与其他领域的国际贸易相比，政府官员往往更加了解军火交易的细节。他们的许多内部信息都体现在政府文件中。

我还参考了少量私人文件。卡尔迪科特勋爵（Caldecote）曾负责英国飞机公司在沙特阿拉伯的交易，他的一些私人文件如今保存在伦敦的英国工程技术学会，可供民众查阅。这些文件充分揭示了英国宇航系统公司的前身——英国飞机公司如何在20世纪60年代赢得了沙特阿拉伯的首批订单。剑桥大学图书馆保存的维克斯档案（Vickers Archives）中，有些文件展示了维克斯如何在长达十年的时间里竭力向沙特阿拉伯出售潜艇。最后，在反对军火交易运动组织的伦敦办公室，可以查阅关于彼得·加德纳（Peter Gardiner）的一些文件，他曾运作英国宇航系统公司的贿赂计划，为掌控鸽子军购的中东王室成员输送利益。 xiii

我还参考了大量法律诉讼终结之后公开的文件。首先，英国严重欺诈调查署在开展司法审查之后，决定终止对英国宇航系统公司在沙特阿拉伯腐败交易的调查，这就意味着许多重要的、比较新的政府文件可以对公众开放了。其次，虽然许多关于沙特阿拉伯国民警卫队交易贿赂（见第三章）的历史文件以及杰弗里·爱德华兹（Geoffrey Edwards）起诉英国联合电气工业公司（见第五章）的文件被英国政府扣住不放，但是我利用《信息自由法》获得了这些文件。我受到了英国外交和联邦事务部相关人员的强烈反对，他们雇佣了一位高级律师和另一位大律师在信息法庭上为其辩护，而我没有律师。当时，英国大使威廉·佩蒂（William Patey）也提供了证词。我非常幸运地在这起开创性的案件中胜诉，[13]因此能够获取更多的文件。

我参考了与美国军火交易和《反海外腐败法》（*Foreign Corrupt Practices Act*）有关的四大消息源。一是美国证券交易委员会历史学会在互联网上提供的历史文件。二是美国国家档案和记录管理局在互联网上提供的外交电报。三是以美国参议员弗兰克·丘奇为首的“丘奇委员会”在20世纪70年代中期听证会上公布的文件。四是美国法律诉讼中公开的文件。

xiv 本书可能招来三种批评意见：一是本书与当今世界无关，因为它的内容皆为历史；二是本书存在偏颇之处，因为它基于不完整的信息呈现了一幅片面的图景；三是本书对事件的叙述存在过度简化现象。

请允许我预先回应一下。首先，国际贸易中的腐败行为具有一种基本特征，这种特征在现在和过去都一样。公司A希望决策者B授予其合同。因此，在一项成功的贿赂计划中，公司A需要将金钱或其他利益送给决策者B。为了达到目的，这笔贿赂交易需要被隐藏起来，最好是通过一个或多个中间人来实现。他们接收来自公司A的金钱或其他利益，并将其送给决策者B（中间人会从中抽取一部分钱作为对其时间和精力的补偿）。虽然贿赂计划可能很复杂，但肯定具有这种基本特征。国际贸易这种稳定的腐败模式意味着我们今天仍然可以从历史案例中总结出有价值的教训。

其次，关于腐败的证据必然具有片面性，毕竟秘密活动难以被发现和调查，即便对执法机构而言也很有难度。国际贸易中的贿赂计划往往跨越多个司法辖区。此外，涉案人员经常使用离岸司法辖区的空壳公司来保守秘密，因为在这些地方，通常没有人能说出谁是一家公司的实际控股人。比如，英国严重欺诈调查署对英国宇航系统公司的调查耗时六年才完成，涉及瑞士和其他离岸司法辖区的神秘实体。

一般来讲，公司记录下来的腐败证据通常比政府记录下来的证据详实一些，特别是公司文件有时会详细列出预期的受益人。但我们将在下文中看到，为了确保腐败交易不被曝光，英国宇航系统公司等军火公司保留的贿赂记录往往寥寥无几，甚至完全没有。

英国政府每年都会解密大量历史文件，但这并不是全部内容。首先，并非所有政府记录都会被保存下来。其次，官员们并不总是记录下自己知道的一切。（比如，20 世纪 60 年代，一位外交官曾经亲眼看到杰弗里·爱德华兹行贿的“有影响力的人”名单，但并没有记录这些人的名字。）最后，英国秘密情报局（SIS）或政府通讯总部（GCHQ）的信息几乎都未解密。[14]大部分官员并没有直接参与贿款的输送过程，他们所记录的大部分内容都是道听途说。然而，由于他们能够接触到高级管理人员，并且白厅的工作文化一直都非常注重准确性，因此，这些信息可能具有很高的可信度。

xv 只有在某些情况下，我才能证明 A 公司的贿款到了决策者 B 的手中。当然，在某些情况下，双方谈判的交易最终并未敲定。执法机构也会遇到这种问题，比如，20 世纪 70 年代，针对美国洛克希德飞机公司（Lockheed Aircraft Corporation）和英国利兰汽车公司（British Leyland Motor Corporation）的可疑交易开展调查的人就遇到过这种问题。“洛克希德特别审查委员会”在其报告中意味深长地解释道：

> 委员会及其律师、会计师不得不解决一个最令人烦恼和沮丧的问题，即在某个国家的销售中，究竟有多少佣金被顾问扣留，以及如果有的话，又有多少被用作政府官员或客户的不当回扣。[15]

我同意他们的结论，即“委员会认为，在许多案例中，洛克希德公司的某些款项仅仅是预付给了中间人，最终受益者其实另有他人”。[16]

过去九年，由于时间有限，我无法肯定地说已经在英国政府档案中发现了 20 世纪 60 年代中期以来军火交易腐败的所有证据。进一步的研究可能会描绘出一幅更完整的图景。我主要聚焦英国军火交易的主要客户，或者说有充分理由相信存在腐败的客户。对于本书中几乎所有的案例，都不太可能出现关于这些客户的新证据。如果你认为不应该基于部分信息就断定某种行为是腐败的，那就等于说腐败不存在。此外，基于不完整的信息对过去得出结论显然具有合理性。历史就是如此。最后，本书并没有完整地描述相关事件，一部分原因是出版社要求我写 7 万字，另一部分原因是我希望本书能让普通读者读懂。但我在陈述基本事实时已经非常谨慎了。因此，我相信本书不会产生误导性。

为了透明起见，我在本书中尽可能保留了原始文稿 xvi
和拼写方式。为了避免给读者造成困扰，我尽量避免使用缩写词。因此，我用"Britain"来指代英国，用"America"来指代美国。最后，为了让读者更好地了解书中描述的交易所涉及的金额规模，我使用英国和美国政府发布的 GDP 平减指数（分别下载于 2013 年 6 月 23 日和 2013 年 6 月 24 日）计算了这些金额相当于"今天"的多少价值。

本书结构大致按时间顺序排列，同时也根据主题排列，以保持不同章节之间的连贯性。因此，我偶尔会通过回顾过去或重新叙述的方式来介绍一个案例的新内容。

本书第一章介绍了贯穿众多案例的一条共同线索——英国与沙特阿拉伯的军火交易。这种贸易关系持续了大约 50 年，非同一般，充斥腐败。第二章审视了英国政府在 20 世纪 60 年代和 70 年代卷入贿赂计划的情况及英国官方的态度。之后，我在第三章和第四章描述了 20 世纪 70 年代英国军火公司对英国两个最大客户采用的贿赂计划。

接下来，我将英国和美国的情况进行了对比。在第五章，我将英国军火公司的行为与美国两家最大的军火公司——洛克希德公司和诺斯罗普公司的行为做了对比。我着重描述了两起军火交易腐败丑闻，一起在美国，另一起在英国，并解释了为什么它们导致美国出台了新的反腐败法案，而英国却没有出台类似法案。第六章和第七章阐述了英国政府在国内和国际舞台上都没有对腐败采取有效行动。在第八章，我描述了英国军火公司，尤其是英国宇航系统公司，在20世纪八九十年代是如何赢得交易的。第九章描述了英国宇航系统公司的腐败调查及其后果。

图表和插图列表

图表

1.1　王室的几个关键人物　3

8.1　涉及鸽子军购案的王室成员　206

插图

1. 英国飞机公司制造的“雷鸟 MK-1 型”导弹　8

2. 英国飞机公司制造的一架带有皇家空军涂装的“闪电 Mk-55 型”战斗机　12

3. 杰弗里·爱德华兹，20 世纪 60 年代担任英国飞机公司、英国联合电气工业公司和英国航空服务公司在中东的代理人　15

4. 莱斯特·萨菲尔德爵士，1969—1976 年任英国国防部国防贸易组织主管　44

5. 1967 年 5 月，英国首相哈罗德·威尔逊在唐宁街欢迎沙特阿拉伯国王费萨尔　51

6. 1998 年，阿卜杜拉与英国首相布莱尔在唐宁街见面 62
7. 伊朗国王（摄于 1971 年） 89
8. 弗兰克 · 库珀爵士，英国国防部常务次官
(1976—1982 年) 158
9. 英国宇航公司生产的具有防空、拦截功能的
“狂风”战斗机 208
10. 英国宇航公司生产的具有拦截、打击和
轰炸功能的“狂风”战斗机 208
11. 1985 年 9 月，沙特阿拉伯国防部长苏尔坦和
英国国防大臣迈克尔 · 赫塞尔廷在伦敦签署
第一份鸽子军购谅解备忘录 209
12. “台风”战斗机原型机 258

目　录

第一章　投机者:帮助英国斡旋沙特订单
(1963—1966)　1
第二章　密切配合:白厅卷入贿赂计划
(1968—1973)　31
第三章　否认欺诈:英国与沙特阿拉伯国民警卫队的交易
(1968—1972)　60
第四章　特殊关系:英国与伊朗国王
(1970—1978)　87
第五章　大相径庭:英美应对腐败丑闻
(1975—1976)　112
第六章　置若罔闻:英国政府未对腐败采取行动
(1976—1978)　144
第七章　无果而终:国际反腐为何受挫
(1975—1980)　172
第八章　一切照旧(1980—2001)　199

第九章　调查中断:英国严重欺诈调查署实施反腐调查(2004—2010)　239
结　论　277
注　释　287
索　引　348
致　谢　394

第一章
投机者：帮助英国斡旋沙特订单（1963—1966）

1

五十年前，沙特阿拉伯对于具有开拓精神的商人而言是一片未知之地。英国驻沙特阿拉伯大使记得，当时的沙特阿拉伯尚未融入现代世界，被外交官们称作“沙地废墟和岩石荒野”。[1]他回忆说，二战刚刚结束时，吉达（位于阿拉伯半岛中部、红海沿岸，如今是沙特阿拉伯第二大城市）位于“一堵古老的城墙后面，城墙遮掩着一群高大的珊瑚屋”。水“来自一个生锈的冷凝器，只是勉强地从海水中除去一些盐分，而制成品则由汗流浃背的搬运工用旧汽油桶送到我们手中”。首都利雅得遍布“泥屋和堡垒以及建有垛口的塔楼”，只能“通过沙漠小路……乘坐五天汽车方可抵达”。

自1938年发现石油之后，这个国家开始发生变化。到20世纪60年代初，吉达这座城市只能算是“慢吞吞地步入了20世纪”。[2]如今，这里已经有了“宽阔的道路，绿树成荫的大道，现代化的别墅、公寓和办公楼，把老城区挤成了一个杂乱无章的区域”。[3]利雅得拥有“宽阔的大道，两旁排列着现代建筑，是各个政府部门的办公场所”。沙特阿拉伯人通过“飘逸的长袍……无尽的苦咖啡和强悍的贝都因人仆从”延续着几个世纪以来的传统。

沙特阿拉伯这个国名取自开国君主伊本·沙特（Ibn Saud），他在20世纪的头几十年征服了阿拉伯沙漠的多个部落。自他死后，沙特阿拉伯一直由他的儿子们统治。

沙特阿拉伯王子们把王国看作是他们自己的领地。[4]对于这一现象，一位英国驻沙特阿拉伯大使曾发表过下面这番评论：[5]

> 沙特阿拉伯王室把整个国家视为自己的家族企业，把家族企业的利益置于其他一切之上，将其视为自己的固有权利。我不知道他们当中是否有人，甚至包括费萨尔国王本人，曾经对此产生过质疑。

2

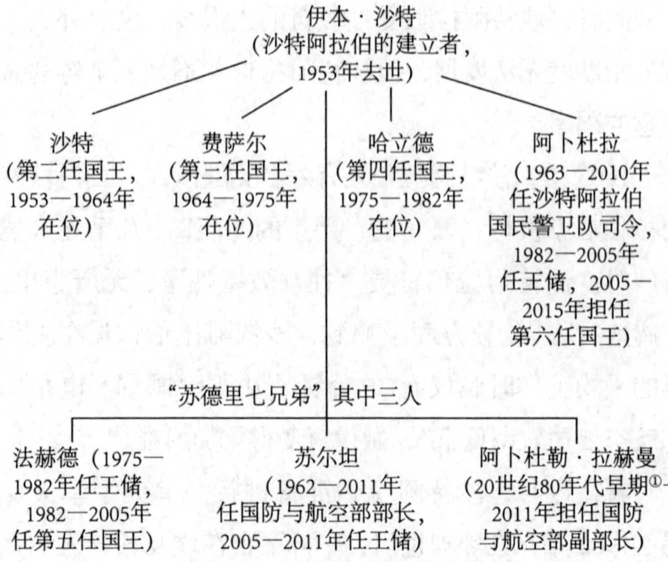

表 1.1　王室的几个关键人物

1953 年，沙特开国君主伊本·沙特去世后，沙特人 3
开始依靠石油过上了奢侈生活，利用这些新财富享受“快乐、宫殿和凯迪拉克”。[6]然而，继任的新国王沙特（Saud）是“一个愚蠢至极的人”，[7]到 1958 年，他的统治几乎让国家破产。[8]

随后，这个国家开始了多年的财政紧缩。国王沙特被兄弟们逼着把实权交给同父异母的弟弟费萨尔。费萨尔在六年内削减了三分之二的王子津贴。访客们在利雅得看到了许多尚未完工就被废弃的宫殿。[9]为了维持之前那种奢侈的生活方式，王子们需要新的收入来源。

---

① 译者：1978 年。

同时，沙特阿拉伯受过教育的人很少，没有外国公司的帮助就无法发展，但沙特阿拉伯并不是一个容易做生意的国家。

1963 年，沙特阿拉伯只有六名英国商人。[10]面对沙特阿拉伯官僚机构“真正的、严重的无能”，[11]几乎无人能够应对。沙特阿拉伯官员“往往效率低下，无所事事，贪腐盛行”。[12]伦敦方面了解到，沙特阿拉伯官员在工作日的平均工作时长仅有 45 分钟。[13]由于“邮局、电报局和航空公司效率低下”，做生意变得更加困难。[14]

就在这时，沙特阿拉伯准备进行一笔大型军火交易。1962 年，在邻国也门，一群军官在埃及领导人纳赛尔将军的启发下，推翻了执政的伊玛目。纳赛尔憎恨阿拉伯的酋长们，指责他们造成了阿拉伯世界的落后。他派兵阻止伊玛目重新掌权。沙特阿拉伯王子们感到害怕，因为他们“突然发现自己在边境上面对着一个致力于推翻君主制的强国”。[15]于是，他们想采购一批现代化武器。随着沙特阿拉伯石油收入每年以超过 10% 的速度增长，[16]他们负担得起。资历较深的王子们还可以利用军火交易获得贿赂，以恢复和增加自己的收入。

杰弗里·爱德华兹（Geoffrey Edwards）

为了在沙特阿拉伯赢得这笔重大交易，英国军火公司亟需一个商业代理人在幕后运作。现在也是如此，许

多公司要在根基不稳的国家寻求交易，就要雇佣代理人。代理人可以履行许多合法职责。英国国防部一位官 4
员指出，[17]他们可以

> “游说军官和文官，了解客户可用的资金规模，甚至能为客户获得贷款提供建议，他们还打探我们竞争对手的活动，并赞扬我们的设备和服务的优点”。

然而，他们往往也在贿赂计划中扮演着核心角色。

即便今天，公司依然经常无法密切监视其海外代理人的活动，20 世纪 60 年代的沙特阿拉伯肯定更是如此。因此，大多数公司不是根据代理人的工作时长付费，而是直接向代理人支付“佣金”，即从最终售价中拿出一定比例，作为对他们努力工作的奖励。这种报酬模式其实就是“不成功，不收费”。

英国军火公司需要这样一个投机者，此人必须了解当地情况，愿意忍受困难，能够与王子们打交道。杰弗里·爱德华兹就属于这种人选。1961 年，也就是爱德华兹 40 岁时，[18]他离开泽西岛圣奥宾，[19]在吉达租了一栋房子。[20]他是个重度酒鬼，[21]而沙特阿拉伯是一个禁酒国家，所以在沙特阿拉伯的日子对他而言有些煎熬。虽然外交官可以用外交邮袋将酒私自携带到这个干旱的穆斯林国家，但不幸的是，英国飞机公司的一位代理人警告说，携带酒精的商人将被“用下一班飞机送出这个国家”

"他们确实会搜查你的行李"。[22]

在沙特阿拉伯，所有重要决策均由国王及其同父异母的兄弟们掌控。爱德华兹很快就和两位资历较深的王子搞好了关系。一位英国外交官说，这是在这个国家做生意的唯一的、真正的途径。[23]爱德华兹与国防部长穆罕默德·本·沙特王子（Mohammed bin Saud）[24]及其1962年的继任者苏尔坦王子（Sultan）[25]建立了密切关系。许多想在沙特阿拉伯做生意的英国公司得知了爱德华兹的卓越人脉之后，纷纷将其聘为代理人。[26]

爱德华兹与"雷鸟"导弹采购

1963年初，沙特阿拉伯的几位王子担心埃及部署在也门的战机会轰炸到自己头上，便考虑在利雅得、吉达和塔伊夫（吉达附近山区的一个度假胜地，沙特阿拉伯王室在炎炎盛夏会到此避暑休憩）周围部署一个移动式防空导弹系统，用于击落入侵敌机。[27]

5 当时，英国飞机公司（British Aircraft Corporation，英国宇航公司前身）制造了一款代号为"雷鸟"（Thunderbird）的移动式防空导弹系统，供英国陆军使用。爱德华兹找到英国飞机公司，声称他是负责协助沙特阿拉伯采购某些主要国防设备（包括"雷鸟"导弹）的唯一代理人，这些设备由国防部长苏尔坦王子以及另一位王子阿卜杜勒·拉赫曼负责。[28]阿卜杜勒·拉赫曼王子是一位“大商人”，[29]是苏尔坦的亲兄弟，也是“幕后操盘者”。[30]阿卜杜勒·拉赫曼王子在访问伦敦期间，会见了英国飞机公司销售员阿莱德·桑森（Alec Sanson），“证实了杰弗里·爱德华兹对我们讲述的所有事情”。[31]

英国联合电气工业公司（British Associated Electrical Industries）是“雷鸟”导弹使用的雷达系统的制造商，该公司向英国飞机公司证实：“爱德华兹确实已在沙特阿拉伯财政部和国防部确立了自己最特殊的地位。”[32] 1963年7月底，爱德华兹在苏尔坦王子的家中安排桑森与苏尔坦王子本人以及阿卜杜勒·拉赫曼王子会面。[33]此次会面给英国飞机公司留下了深刻印象。英国飞机公司随后决定与爱德华兹合作。作为交易的核心人物，爱德华兹需要得到英国飞机公司的书面支持。因此，英国飞机公司致信苏尔坦王子，明确表示：

> “先生，无论是在贵部与我司之间传递（关于‘雷鸟’和其他设备交易的）文件，还是在沙特阿拉伯安排与此类交易相关的担保及其他财务事宜，我们完全信任爱德华兹先生。”[34]

沙特阿拉伯的重大决策受到政治人物个性的主导。一位英国驻沙特阿拉伯大使曾经嘲笑道：

> “我怀疑，在某些重要问题上，沙特阿拉伯没有系统地梳理信息和论据，更不用说制定政策文件

了，（费萨尔）只是与顾问讨论一下，吸收了大量未经分析和评估的事实与观点……便形成了自己的看法。这种体系（其实是缺乏决策体系）使他严重依赖顾问去了解情况。”[35]

一位大使形容沙特阿拉伯王室充斥着“错综复杂的攀比”。[36]然而，费萨尔“以各种不同的方式树立了个人
6 榜样”。[37]英国外交官认为，他是“迄今为止沙特阿拉伯所有王室成员中最令人印象深刻的人”，[38]并且“普遍认为他没有腐败”。他从不沉溺于大多数兄弟都沾染上的那些不良习惯和奢靡之举，而是生活简朴，每天早上亲自开车去办公室，甚至不带随从。[39]

图1 英国飞机公司制造的“雷鸟 MK-1 型”导弹。

图源：本书作者经米德兰航空博物馆允许拍摄

但他的榜样力量被许多臣民和同父异母的兄弟们忽视，而且英国驻吉达的外交官对伦敦方面说，“即使按照中东国家的标准，他的道德水平也不是特别高”，因为他习惯于“暗箱操作”。[40]

英国飞机公司很快知道了爱德华兹的方法。1963 年 12 月，英国飞机公司销售员阿莱德·桑森告诉该公司负责沙特阿拉伯市场的卡尔迪科特勋爵说，“雷鸟”导弹的合同价约为 1800 万英镑（约合今天的 2.8 亿英镑），代理人的佣金为合同价的 2%。

然而，桑森提交给卡尔迪科特勋爵的备忘录表明，[41] 英国飞机公司认为可能还有其他费用需要支付，于是桑森在备忘录中列出了其他款项，并承诺这些款项隐藏在报价方案里面。他说：“如果交易成功，英国飞机公司必须承认这些款项。”

他的贿赂清单上的第一条写道：“（3a）依合同价 7
5%支付给阿卜杜勒·拉赫曼王子（国防部长苏尔坦王子以及内政部长法赫德王子的兄弟），共 90 万英镑。”（这笔资金约合今天的 1400 万英镑。）第二条写道：“杰弗里·爱德华兹给国防委员会下属分支的官员支付一笔资金”，共 8000 英镑（约合今天的 12.5 万英镑）。第三条写道：“支付给国防委员会某些成员”，共 8 万英镑（约合今天的 125 万英镑）。最后一位是内政部长法赫德王子，他将获得 4000 英镑（约合今天的 6.25 万英镑）的奖金。他是阿卜杜勒·拉赫曼王子和苏尔坦王子的哥哥，1982年至2005年担任沙特阿拉伯国王。这些承诺出去的款项共计占合同价的5.75%。

桑森建议英国飞机公司不要直接出面支付这些秘密款项，而是应该先付给爱德华兹一笔“总佣金”，然后由爱德华兹出面“支付所有费用”，剩余的钱就是对他的奖赏。桑森建议，一旦从沙特阿拉伯官僚机构收到购买“雷鸟”导弹的采购意向书（附带首付款），就支付佣金。采购意向书中列明的首付款（200万英镑），其中将近一半（99.2万英镑）将由爱德华兹以回扣的形式支付出去。

两个月后，即1964年2月，卡尔迪科特勋爵对英国外交大臣卡灵顿说，爱德华兹“是一个海盗，而非绅士”。[42] 英国飞机公司另一位销售员戈登·杜吉德（Gordon Duguid）向英国驻沙特阿拉伯大使科林·克罗爵士（Sir Colin Crowe）吐露心声说，“觉得爱德华兹先生的经营方式不太令人满意”。[43] 但卡尔迪科特勋爵说，如果英国飞机公司要在沙特阿拉伯有效地开展业务，他就是公司需要的那种人。[44] 克罗“证实了杜吉德对沙特阿拉伯的印象，即这个国家完全腐败，整个体制依靠腐败的方式运作”。[45] 11天后，英国飞机公司正式任命爱德华兹为代理人。[46]

英国飞机公司向爱德华兹承诺，[47] 如果他向沙特阿拉伯出售任何“雷鸟”导弹、“闪电”战斗机、喷气式教练机、“堪培拉”喷气式轰炸机或“警惕者”反坦克导弹，他的个人分成（刨除他可能必须支付的其他费用）将占合同价的 1.5%。该协议将每年审议一次。英国飞机公司想知道爱德华兹究竟能给公司带来多少回报，所以规定爱德华兹“未经我们事先书面批准，不得代表公司承担任何义务或责任”。

沙特阿拉伯最终推迟了关于“雷鸟”导弹的采购决 8
策，[48]因为英国飞机公司直到 1966 年才能交付这款导弹。[49]沙特阿拉伯后来有了一项更加雄心勃勃的计划：采购防空系统。

爱德华兹与沙特阿拉伯防空系统采购

1963—1965 年，爱德华兹致力于推销英国的防空系统。这套系统由英国飞机公司、英国联合电气工业公司和英国航空服务公司三家公司组成的联合体共同制造。英国飞机公司制造的 40 架“闪电”战斗机将保卫沙特阿拉伯的天空。沙特阿拉伯飞行员将使用 25 架喷气式教练机接受培训，这些飞机也是由英国飞机公司出售的。英国联合电气工业公司提供的 9 个雷达站将使沙特阿拉伯能够引导“闪电”战斗机追踪目标。英国航空服务公司将提供培训、后勤和其他支持。沙特阿拉伯防空计划的最终价格为 1.18 亿英镑（约合今天的 16 亿英镑）。[50]在 20 世纪 60 年代末，英国驻沙特阿拉伯大使称其为“英国规模最大的海外防务合同”。[51]

图 2　英国飞机公司制造的一架带有皇家空军涂装的“闪电 Mk-55 型”战斗机。这是 1965 年末英国卖给沙特阿拉伯的 40 架“闪电”战斗机之一。34 架“闪电 MK-53s 型”战斗机的单价为 77.5 万英镑，其中 4.85 万英镑是代理佣金。

图源：本书作者经米德兰航空博物馆允许拍摄

9　到 1964 年夏季，爱德华兹已经担任了上述三家英国公司的代理人。[52]他们的竞争对手是美国洛克希德飞机公司（洛克希德·马丁公司前身）和诺斯罗普公司（诺斯罗普·格鲁曼公司前身）以及法国达索公司。

英国联合电气工业公司在爱德华兹被英国飞机公司聘为代理人三天后也发出聘请，[53]并承诺支付合同价的 7.5%作为佣金。1963 年 4 月，爱德华兹与阿卜杜勒·拉赫曼王子达成协议，作为“继续协助英国飞机公司向沙特阿拉伯出售雷达”的回报，阿卜杜勒·拉赫曼王子将获得合同价的3%。[54]1963年11月，英国联合电气工业公司致函阿卜杜勒·拉赫曼王子，承认："与（爱德华兹）在此事上有共同利益，我们将确认，所赚取的佣金将在约定时间立即支付。"[55]英国航空服务公司同意向爱德华兹支付合同价的5%作为佣金。[56]

爱德华兹知道，如果能让沙特阿拉伯王室那些资历较老的王子们支持这三家英国公司组成的联合体，那么他就能赢得这笔交易。毕竟，正如沙特阿拉伯国防部长苏尔坦王子对英国飞机公司所说，"对他们而言，买这架飞机和买其他飞机没什么区别"。[57]英国飞机公司销售员杜吉德向英国驻沙特阿拉伯大使科林·克罗爵士讲述了"爱德华兹先生的人脉以及向沙特阿拉伯国防委员会成员提供甜头的必要性"。[58]克罗对伦敦方面说："我的看法是，英国飞机公司希望利用爱德华兹先生作为渠道，通过他来获取一切利益。"爱德华兹向英国飞机公司吹嘘道：[59]"我和阿卜杜勒·拉赫曼·本·阿卜杜勒·阿齐兹王子（Abdul Rahman Bin Abdul Azziz）的伙伴关系是无价的，你在某种程度上知道这多么有助于与他的哥哥，也就是国防部长苏尔坦的合作。"

一个由沙特阿拉伯上校组成的委员会对竞争对手的飞机进行了评估。爱德华兹通知英国飞机公司和英国政府，该委员会最终推荐了英国飞机公司的40架"闪电"战斗机以及英国联合电气工业公司的雷达和"雷鸟"导弹。[60]

英国飞机公司迅速起草了一份采购意向书，供沙特阿拉伯签署。英国飞机公司要求沙特阿拉伯支付 10% 的订金。如果之后任何一方要退出交易，订金将由英国飞机公司退还。[61]

然而，英国飞机公司销售员杜吉德对其公司法务部说："爱德华兹昨天警告我说，一旦沙特阿拉伯支付了总价 10% 的订金，那么承诺行贿的沙特阿拉伯官员就会期待自己按比例得到回扣。"[62]杜吉德问他的同事，如果这笔交易最终没有达成，那么向沙特阿拉伯政府退还订金时是否要扣除贿款（可以想象，要求沙特阿拉伯官员退还贿款是很棘手的）。

10 英国飞机公司的律师对所谓的"回扣"非常敏感。[63]他们建议道："英国飞机公司不应被视为支付了此类款项，而且如果我们被要求向沙特阿拉伯政府退还订金，要声称此类款项可以扣除……直接注明支付回扣的行为是非常不可接受的。"因此，英国飞机公司管理层的最终决定是："在双方最终签署采购协议之前，不会支付任何特别佣金。"[64]

11 美国人和法国人没有放弃。美国诺斯罗普公司于 1964 年 3 月试图聘请爱德华兹为代理人，但遭到拒绝。[65]英国飞机公司向英国外交官转交了爱德华兹写的一份报告，其中提到了他正与法国代理人安排法国达索公司退出竞争。[66]

爱德华兹的主要问题是保持他在沙特阿拉伯人眼中

图 3　有人向一位英国外交官展示的文件披露："爱德华兹向一些有影响力的沙特阿拉伯人支付了款项，以赢得一笔巨额军火交易。"杰弗里·爱德华兹（左后），20 世纪 60 年代担任英国飞机公司、英国联合电气工业公司和英国航空服务公司在中东的代理人，被描述为一个"海盗"，而非"绅士"。

图源：《泽西晚报》（*Jersey Evening Post*）

的信誉。他需要确保自己"中间人"的角色是无可挑战的。1964 年 8 月，他以英国飞机公司代表的身份写信给该公司销售员杜吉德，提醒他要恪守他们之间的"君子协定"，因为"我们之间几乎没有书面协定"。[67]

爱德华兹抱怨道，如果沙特阿拉伯不把他视为英国飞机公司的关键人物，那么英国飞机公司在中东的另一位代理人埃德加·卡尔（Edgar Carr）的鲁莽干预可能破坏自己的计划。他说自己：

> “上周二在利雅得被沙特阿拉伯人要求提供个人的书面保证，即当合同进入最后阶段并在随后的合同期之内，我将按时支付所有应付款项。尽管我除了与你们签订的书面委托协议外，什么都没有，但我还是毫不犹豫地照做了。”

爱德华兹解释说，向沙特阿拉伯领导人作出这些保证非常重要，原因就是他们太贪婪，因为“沙特阿拉伯从未购买过他们真正需要的东西”，只有在“考虑了与自身利益相关的所有因素之后”，他们才能作出决定。爱德华兹能够满足沙特阿拉伯人的贪婪。他继续说：

> “我必须强调这一点，因为只要他们有一丝怀疑我对你们公司这桩交易的重要性降低了，他们就会觉得我之前作出的承诺或将不会兑现。感谢上帝，我过去几天在利雅得确认了我在他们眼中的地位。我认同‘闪电’战斗机和我们提供的其他所有设备最适合他们，但不要以为这个理由就足以促使他们把订单给我们。”

然后，他竭力向英国飞机公司陈述为何自己适合继续担任该公司主要代理人。首先，他声称自己帮助沙特阿拉伯提出了加强防御系统的理念，沙特阿拉伯才产生了达成这桩交易的愿望。其次，他宣称自己已经支付了大约 4.5 万英镑（约合今天的 67.5 万英镑）的费用，“出于对英国以及英国飞机公司的忠诚，拒绝了所有美国竞争对手给出的诱惑”。最后，他提醒英国飞机公司销售员杜吉德说，他与沙特阿拉伯国防部长苏尔坦王子及其兄弟建立了“珍贵的伙伴关系”。就这样，爱德华兹得以继续在沙特阿拉伯为英国公司效力。

对英国人而言，美国人堪称强大的竞争对手。当 12
时，美国人是沙特阿拉伯的主要军事装备供应商。美国人一直对沙特阿拉伯持有浓厚兴趣，早已在当地设立了阿美石油公司（ARAMCO）。该公司由美国四家石油公司共有，对沙特阿拉伯东部省的油田享有独家开采权。美国国务院担心一旦英国或法国同沙特阿拉伯达成军火交易，“将对我们在沙特阿拉伯长期以来的主导地位造成重创”。[68]此外，英国飞机公司一名高管说：“美国公司拥有雄厚资金……可以用于贿赂。”[69]

美国洛克希德公司的销售活动于 1964 年 12 月正式开始。他们的代理人阿德南·卡舒吉（Adnan Khashoggi）是一位著名的花花公子和掮客，与沙特阿拉伯国防部长苏尔坦王子关系密切。[70]爱德华兹毫不畏惧，在1965年初的情况报告中声称：

> “我对最终结果充满信心，并请你们记住，我与这些人都非常熟悉，并向你们保证，如果我对最终结果没有信心，我的商业直觉不会允许我继续目前的每月超过1000英镑的支出（约合今天的1.5万英镑）。”[71]

这份报告由英国飞机公司转交给了伦敦的外交官。英国飞机公司销售员格伦·霍布迪（Glen Hobday）有些慌张，抱怨道：

> “不幸的是，洛克希德公司似乎仍在拿钱开路，这种商业手段最难对付，我们除了亦步亦趋之外，别无他法。”[72]

1965年3月，美国高级将领访问沙特阿拉伯，代表美国公司游说国王费萨尔和国防部长苏尔坦王子。[73]如此一来，爱德华兹便向英国飞机公司索要更多资金。

霍布迪向卡尔迪科特勋爵及英国飞机公司其他董事汇报了最新动态。根据代理协议的要求，爱德华兹向霍布迪详细说明了自己正在开展的工作。霍布迪向他的老板们保证说，爱德华兹的朋友与合作伙伴是“一些非常有影响力的沙特阿拉伯人……爱德华兹能接触合适的人物”。[74]据霍布迪了解，“爱德华兹为合适的沙特阿拉伯人做了私密安排，以便他们从这笔交易中获利”。

一个月后，即1965年4月，霍布迪向英国飞机公司 13
提供了更多细节。[75]他要求其再支付72万英镑（约合今天的1075万英镑）的特别佣金。他告诉英国飞机公司：“我认为这是最后一次上调佣金。”作为回报，霍布迪要求爱德华兹在沙特阿拉伯签署采购意向书时拿到合同价10%的订金，并在签署最终合同时再拿到25%的货款。霍布迪解释说：“如果要在最终合同签署时支付爱德华兹要求的特别佣金，则需要沙特阿拉伯先行支付合理数量的订金。”他致信爱德华兹，承诺支付其额外要求的那部分特别佣金。

几个月后，英国和美国政府同意向沙特阿拉伯提供一项联合交易。五角大楼首席军火销售员亨利·库斯（Henry Kuss）告诉爱德华兹：“只要美国雷神公司能将‘鹰’式地对空导弹作为英国交易的一部分出售，美国政府就愿意在向沙特阿拉伯出售军用飞机方面避免与英国竞争。”[76]

1965年12月7日，沙特阿拉伯国防部长苏尔坦王子签署了一份采购意向书，承诺购买一套英国防空系统，合同价略高于1.03亿英镑（约合今天的15亿英镑）。英国政府知道其中包含了780万英镑的佣金（约合今天的1.12亿英镑），占合同价7.5%。[77]不久之后，沙特阿拉伯最终确定了需求，完成了内部审查程序，同英国飞机公司、英国联合电气工业公司和英国航空服务公司组成的联合体签署了最终的采购合同。

这开启了英国联合电气工业公司与沙特阿拉伯的军火交易关系，这种关系持续了近半个世纪，从未间断。从一开始，该公司就向沙特阿拉伯高层提供贿赂，英国政府对此一清二楚。

当然，英国政府从未打算让外界知道这件事。他们没有公开相关行贿文件。但卡尔迪科特勋爵在自己的私人文件中保存了15份与沙特阿拉伯防空设备采购相关的文件。他的家人把这些文件交给了伦敦市中心萨沃伊酒店后面的英国工程技术学会档案馆。我阅读这些文件时，惊讶地发现它们竟然完全未经审查。

爱德华兹之所以能在1965年成功拿下沙特阿拉伯的订单，得益于阿卜杜勒·拉赫曼王子的帮助。这位王子的律师后来解释说：[78]“王子提供了帮助……从而让英国联合电气工业公司获得了合同。”

14 对沙特阿拉伯的王子们而言，军火交易是好买卖。在1965—1966年的预算中，沙特阿拉伯国王费萨尔为王室的诸多王子预留了大约相当于1400万英镑的津贴（约合今天的2亿英镑）。[79]因此，这780万英镑的佣金（其中大部分支付给一小撮资历较深的王子）超过沙特阿拉伯王子们一半的官方收入。一位英国大使后来指出：[80]“尽管腐败在沙特阿拉伯早已存在，但以巨额军售佣金作为主要财富来源的模式……可能就是由此次防空设备采购开启的。”

英国政府在沙特阿拉伯防空系统采购中的角色

为确保交易成功，白厅在官方层面也付出了艰辛的努力。1964 年，在哈罗德·威尔逊担任首相的工党政府，罗伊·詹金斯（Roy Jenkins）出任航空部长。当时，该部政务次官约翰·斯通豪斯（John Stonehouse）曾经对英国实业家们发表过这么一番讲话：

> “那种认为部长和公务员应该与肮脏的商业世界保持距离的老观念纯属无稽之谈。推销英国产品是一项崇高的任务……政府在推动英国飞机走向海外方面会一直支持你们，你们必须把我部的所有人视为你们销售组织的延伸。”[81]

斯通豪斯回忆道：

> “我（在 1964 年 10 月）上任数周后，听说英国工业界有一个向产油大国沙特阿拉伯出售防空系统的好机会。这个消息是一位身材高大、体型肥硕的英国皇家空军前任上校告诉我的……杰弗里·爱德华兹并不是一个对阿拉伯事业充满道义和热情的神秘主义者。他参与其中是为了钱，而涉及的金额

> 非常大，订单总额可能达到数亿英镑，他起码要拿2.5%至5%的提成。”[82]

英国政府曾经亲自出面向沙特阿拉伯保证，“英国飞机公司是一家声誉很好的公司”，沙特阿拉伯“没有理由怀疑英国飞机公司及相关公司将不遗余力地履行自己的义务”。[83]当时，新任英国国防大臣丹尼斯·希利亲自致信沙特阿拉伯国防部长苏尔坦王子，告诉他白厅将“在能力范围内采取一切措施让各公司满足标准”。[84]

在销售过程中，斯通豪斯多次访问沙特阿拉伯。[85]他很了解情况。他写道：[86]

> “政府中的大多数人都不赞成聘请杰弗里·爱德华兹这个追求高额佣金的人担任军火销售员。但我不这么认为。在阿拉伯等地区，大部分佣金无论如何都要花在贿赂上，而且当英国的工厂亟须这笔交易，我们的国际收支亟须外汇时，又何必摆出一副自以为是的态度呢？”

斯通豪斯明白爱德华兹“必须向包括王室在内的各种联系人支付巨额资金”。[87]

英国航空部长詹金斯对首相哈罗德·威尔逊说这笔交易是“约翰·斯通豪斯的伟大胜利，他一直不知疲倦地说服沙特阿拉伯人购买英国产品”。[88]哈罗德·威尔逊表示认同，说："这是一个伟大的成就，请向他以及所有与他一起工作的人致以我最诚挚的祝贺。他的推销技巧对我们所有人来说都是一种极大的鼓舞。"[89]后来，威尔逊首相提名斯通豪斯担任枢密院成员，以表彰他"为促进出口提供的服务"。[90]

现有的英国政府文件表明，虽然白厅全力支持英国军火公司在沙特阿拉伯的销售活动，但政府官员和部长们对佣金知之甚少，因为这类安排均由爱德华兹负责处理。

七个月后，爱德华兹和英国飞机公司终于成功向沙特阿拉伯出售了 46 枚"雷鸟"导弹。[91]爱德华兹的佣金是合同价的 7.5%。[92]英国飞机公司销售员格伦·霍布迪由于曾在 1965 年管理过爱德华兹与沙特阿拉伯的防空设备采购谈判，在 1969 年的新年授勋中获颁"大英帝国勋章"。

20 世纪 60 年代中期的英国反贿赂法

20 世纪 60 年代中期，英国唯一涉及反海外贿赂的法律就是 1906 年实施的《防止腐败法》。该法规定，向任何代理人"腐败地给予""允诺"或"给予"任何礼物，以作为诱导或奖励，促使其在委托人的事务或业务中有所作为或不作为，或对委托人的事务或业务中的任何人表示好感或反感，均属违法。

16 该法于1978年受到英国司法官员的审查。[93]他们肯定地得出结论，要达到触犯该法的条件，贿赂的提议、允诺或支付必须在英格兰和威尔士进行。他们还认为，如果只在英格兰和威尔士发生了贿赂的提议或允诺，而实际支付行为发生在国外，那么只有在付款人和收款人之间达成协议时（换句话说，无中间人参与），才属于非法行为。检方还必须证明贿赂是“以腐败方式”提议、允诺或给予的，换句话说，检方要证明贿赂在受贿人所在国家是不允许的。

在这种情况下，爱德华兹向沙特阿拉伯人提出并支付了贿赂。根据我所看到的现有文件，英国飞机公司没有直接向任何沙特阿拉伯决策者提议、允诺或支付任何费用。受贿的（“有影响的沙特阿拉伯人”[94]）是“代理人”，而在沙特阿拉伯，交易的“委托人”是费萨尔国王。

费萨尔国王下令于1968年10月20日起禁止向沙特阿拉伯的任何代理人或代表支付军火交易佣金。目前尚不清楚此前是否有过类似的法令。因此，无法断定爱德华兹的任何提议、允诺或给予沙特阿拉伯人好处是否属于“腐败”，因为这些行为发生在1968年10月之前。

爱德华兹来自泽西岛，和受贿者一样住在沙特阿拉伯。因此，他的行为发生在英格兰和威尔士的管辖范围之外。

当然，英国飞机公司位于英格兰和威尔士，有关贿赂的通信也发生在那里。然而，司法官员认为（尽管不太确定）：

> “在英格兰或威尔士，公司的两名董事或员工达成协议，即他们或他们的公司或雇主将在国外向代理人提供腐败的礼物或提出贿赂承诺，这在英格兰和威尔士并不构成需要审判的罪行。”

维克斯公司在沙特阿拉伯的商业手段

对当时的英美公司而言，爱德华兹的推销手段很有代表性。20 世纪 60 年代晚期，维克斯造船工程有限公司（简称“维克斯公司”）是英国主要的军火公司之一。据报道，“与沙特阿拉伯政府关系密切的消息源对一艘潜艇进行了初步询价”，[95]随后由维克斯公司的负责人伦纳德·雷德肖（Leonard Redshaw）跟进。

雷德肖任命了一家黎巴嫩公司作为维克斯公司在沙 17
特阿拉伯的代理商，并给出六个月的时间让其赢得这桩交易。[96]伦敦温吉塔克贸易有限公司（Wingetac Trading Ltd）被任命为中间商。[97]

大约两周后，温吉塔克贸易有限公司告诉雷德肖：[98]“下一步，你们要给插手交易的各方人员制定佣金协议，其中包括以照顾沙特阿拉伯利益为名义支付的巨额佣金，占合同价的 10%。”该公司让雷德肖制定好佣金承诺方案之后发送给他。雷德肖签署了佣金承诺函，并送达了潜在的受贿人之后，很快得到了这样一个保证："你们讨论的潜艇问题以及相关合同安排，将在几周之内得到解决。"

温吉塔克贸易有限公司表示，[99]需要分别安排五笔佣金，但雷德肖只想给其一笔佣金总额，由其出面分发给不同的受贿者。温吉塔克贸易有限公司回复说，[100]这是不可能的，因为：

> "阿拉伯人互不信任，因此必须给不同的人分别安排佣金。事实上，我们的代理人也强烈地表示'我们的委托人是买家，如果供应商不遵守委托人给他们的佣金指示，我们就无法运作'。"

代理商告诉雷德肖，如果他不遵守指示，那么"这个项目可能花落别处"，而如果他照做，我们提出的交易就"不仅不会遭到反对，而且也不会面临任何竞争"。[101]最终，雷德肖如期制定了佣金方案。

雷德肖在维克斯公司总部的上司对这些令人不悦的行贿安排提出了质疑。温吉塔克贸易有限公司的一位合伙人写信给他，确认这些佣金要输送给"沙特阿拉伯官员"，并表示：[102]

> "自二战结束以来，我一直在与中东国家开展

> 此类业务，按照惯例，在任何交易中，都会向相关政府部门负责人提供佣金……我本以为维克斯公司多年来一直向各国供应武器，肯定熟悉这种做法……如果英国在这个阶段为了某些道德原则而失去数百万英镑的订单，那将非常遗憾，因为虽然这些做法在英国可能不被接受，但在中东却是惯例。”

雷德肖知道这些佣金最终会进入瑞士银行账户，于 18
是告诉瑞士对接佣金的人说：[103]

> “议定的12.5%的佣金将按照您与我公司商定的币种，存入您在瑞士选择的银行的相应账户中。”

关于此案的相关文件就此戛然而止，没有看到后续进展。但1973年英国海军的一份情报摘要列出了沙特阿拉伯皇家海军的战斗序列，表明这笔武器采购交易并未实现。[104]

诸如洛克希德公司这种美国军火企业也存在类似的行贿之举。比如，在土耳其，洛克希德公司将安卡拉的一位商人聘为代理人，向土耳其政府推销F-104星际战斗机。洛克希德公司的一位高管担心，“几乎没有迹象表明代理人向土耳其决策层提供了真正有意义的诱惑”。[105]洛克希德公司重新起草的协议将确保代理人“拥有足够的资金去收买真正有影响力的人”。[106]

就像英国飞机公司的卡尔迪科特勋爵完全了解佣金及其使用目的一样，洛克希德公司的高管也对此一清二楚。洛克希德公司一位审计员回忆道，公司总裁卡尔·科奇安（Carl Kotchian）在解释为何给一名代理人支付款项时，曾经给出过下面的说辞：[107]

> “这些款项与我们的营销工作有关。这个人（洛克希德公司在日本的代理人）拥有广泛人脉……总的来说，为了在世界各地销售飞机，你必须进行这种操作。你必须拥有一个人脉广泛的代理人，并给他钱。”

洛克希德公司还在瑞士的一家银行维持着一个账户，[108]该账户是以一名瑞士律师的名义设立的。[109]洛克希德公司向这位律师支付了报酬，打算让其代付给“对荷兰军火采购具有重大影响力”的伯恩哈德亲王。[110]

英国国防部成立军售部门

英国政府官员在武器销售过程中的参与度越来越高。20 世纪 60 年代中期，英国政府决定大力推动国际军火交易。虽然英国在二战结束时与美国一起主导了国际军火市场，但来自苏联和法国的竞争日益激烈。[111]与英国制造业的其他组成部分一样，军工产业也趋于衰落。

1961年，在亨利·库斯的领导下，美国国防部设立了一个旨在推动国际军火销售的组织，在短短三年内使美国国际军火销售规模扩大了三倍。[112]英国飞机公司董事会联合副主席纳尔逊勋爵等英国著名实业家向英国国防大臣抱怨说，英国军工产业趋于滞后。英国政府急于增加出口，想要增强这一传统工业的实力。 19

1965年，英国首相希利聘请著名商人唐纳德·斯托克斯爵士（Donald Stokes）为白厅提出改革建议，以"增加英国的军火出口"。[113]斯托克斯爵士直言不讳地告诉空军部长："许多军火销售之所以能达成，并非因为有人真正需要武器，而是因为其中涉及佣金。"[114]一周后，在与国防部常务次官的会面中，"唐纳德·斯托克斯爵士……表示，为了完成销售，经常需要行贿"。[115]

唐纳德·斯托克斯爵士的最终报告说，[116]政府的目标应该"不是维持我国军火出口的现有水平……而是要大幅增加出口"。然而，他承认支付佣金存在政治障碍，并建议政府遵循标准的商业惯例，雇佣代理人来做肮脏的工作。斯托克斯爵士委婉地写道：[117]

> "优秀的商业代理人将对国防部的海外销售团队产生最大的价值，因为他们除了能够提供额外的消息源之外，还比官员更适合提供非传统的诱惑。"

根据他的建议，英国国防部内部成立了"国防贸易组织”（Defence Sales Organization）。希利首相告诉议会，该组织将着力确保英国在国际武器市场上获得“应有的份额”，该市场价值 10 亿英镑（约合今天的 143 亿英镑）。[118]

外交部常务次官向英国全体驻外大使发了一份通知，宣称：“我们必须尽可能开发市场……如果没有拒绝推销军火的正当理由……我们应当尽力推销。”[119]他还告诉外交官们说：“国防贸易组织主管雷蒙德·布朗（Raymond Brown）先生及国防贸易组织办公室需要我们提供一切力所能及的协助。”

20 但如此一来，又引发了一系列问题：英国政府官员是否应该直接参与贿赂行为？底线应该划在何处呢？

第二章 21
密切配合：白厅卷入贿赂计划（1968—1973）

1966 年 7 月 1 日，英国国防部设立国防贸易组织，由英国瑞克尔电子集团（Racal Eelelctronics）联合创始人雷蒙德·布朗领导，积极向海外推销英国军火。国防贸易组织官员利用英国驻外外交官和军官（称为“武官”）收集信息，支持和推广英国军火公司及设备。在长达近 50 年的时间内，国防贸易组织的职能几乎没有变化。如今，该组织已并入英国贸易投资总署，更名为“国防与安全组织”。

白厅对贿赂的态度

唐纳德·斯托克斯爵士建议国防贸易组织雇佣代理人去支付“佣金”，这与该组织主管哈罗德·休伯特

（Harold Hubert）及国防部其他多位高官的态度和行为完全一致。唐纳德·斯托克斯爵士后来出任国防贸易组织的陆军装备销售主管。

休伯特对暗箱交易并不陌生。1965 年，他向杰弗里·爱德华兹出售了步枪和弹药。[1]爱德华兹将其运往沙特阿拉伯。伦敦方面建议“行贿沙特阿拉伯人都是爱德华兹的事，而不是国防部的事”时，[2]一位驻吉达的英国外交官回应说有理由相信沙特阿拉伯某些军官收受了贿赂，作为交换，他们针对英国交付的步枪给出了令人满意的评估意见。[3]

事实上，外交官们想远离贿赂。1964 年夏季，休伯特曾告知英国驻伊朗大使馆，表示希望“通过合适的当地代理人”出售武器，[4]而使馆却抗议说他这种做法是在“鼓励贪污”，[5]导致该计划被取消。休伯特并不后悔，他宣称自己“并不热衷对波斯人进行道德说教，我的任务是出售英国设备”。[6]

22 休伯特并未气馁。1965 年春，他任命黎巴嫩的一家公司——近东资源公司（Near East Resources）作为英国国防部在伊朗（他曾要求该公司在伊朗通过“走后门”进行销售[7]）、黎巴嫩、约旦和伊拉克的销售代理商，[8]因为该公司“对这些国家的高层有影响力”。[9]英国外交官对此非常不满，担心该公司会败坏英国政府的名誉。[10]有人嘲讽道，将军火销售“交到黎巴嫩商人手中……实在太可怕了”。[11]因此，英国国防部决定仅在黎巴嫩和约旦运用近东资源公司。[12]

英国国防部设立国防贸易组织之后，英国外交官们更不确定政府官员是否应该直接卷入腐败的军火交易。有人曾向英国驻委内瑞拉大使馆问道：[13]“在军火交易谈判中必然会有贿赂因素，而这种贿赂虽然隐蔽，却体现在交易中，政府是否准备通过代理人签订政府间的合同?”在委内瑞拉，“贿赂问题几乎肯定会发生”，但英国驻委内瑞拉大使已经命令使馆工作人员不要卷入其中。这位外交官警告说：“（对武器的）需求也可能来自其他方面，而从总统到下级官员完全是为了个人经济利益而采购武器，这种需求可以被代理人刺激出来，因为代理人会在他们面前挂出这种经济利益的胡萝卜。”

休伯特不屑一顾地插嘴说：

> “我完全不明白你的问题是什么……从事军火交易的人，即使他们坐在政府办公室里，也每天都在进行这种活动，而且他们在进行交易时知道在某个环节肯定涉及贿赂。显然，我和同事并不参与其中，但我们相信，我们交易链上的某些人会参与其中。他们不会告诉我们他们在做什么，我们也不会过问，我们只对最终结果感兴趣。”[14]

伦敦的外交官告诉英国驻委内瑞拉大使说，[15]他们接受“代理人应该在政府间交易获得佣金（在公司与政府间交易中当然也是如此），并且女王陛下政府收取的费用必须反映这一成本”。三个月后，英国财政部同意国防贸易组织聘用“声誉良好的个人或公司”作为代理，以便“在离开其协助便显然无法开拓市场的情形下推动出口”，并“按照能够体现其服务的、公平合理的标准去支付酬劳”。[16]

23 但要准确界定支付标准还存在一定难度。正如休伯特对英国驻委内瑞拉大使馆所说，代理商可以通过提供一些合法的服务来换取佣金，比如监视竞争对手的公司，了解客户可用于购买武器的资金规模，以及推广英国军火公司提供的设备和服务。休伯特同时指出，代理商也面临很大的风险，他们可能会用佣金来支付贿赂，许多英国官员和军火公司高管都假定、知道或有意让代理商以这种方式使用佣金。

国防贸易组织的商业代理人

1968 年，国防贸易组织一位官员告诉同事：“（在业务量大的地方）所有真正想出口的公司都有代理人。”[17]英国外交官们无法扮演这种代理人角色，因为他们“根据正式规定，这么做是错误的，而且也不能参与幕后谈判”。这位官员问道：“人们是否认为雇佣代理人是不恰当的？……当公司这么做时，原则上并不存在这样的顾虑。”

国防贸易组织很快在中东等地区聘请了多名代理人。在荷兰，国防贸易组织向一名代理人承诺了 5 万英镑（约合今天的 67.5 万英镑）的佣金，[18]以“协助推动向荷兰销售‘酋长’系列坦克，因为他被视为能对有影响力的人发挥作用”。[19]但这笔交易最终没有达成。

1969 年底，国防贸易组织在约旦任命谢哈达·图瓦尔（Shehadah Twal）作为代理人。[20]图瓦尔得到的承诺是合同价的 2.5% 为佣金，需要“随时报告任何销售进展”。英国驻约旦武官对国防贸易组织说：“图瓦尔曾与谢里夫·纳赛尔少将关系密切，我估计他们的关系依然如此。”[21]纳赛尔少将是侯赛因国王的叔叔、约旦陆军总司令。休伯特的副手声称：“在约旦军备采购方面，谢里夫·纳赛尔拥有重要话语权，我们需要与他保持联系，并提供他能接受的条件，不然就不太可能承接任何重要业务。”[22]布朗对英国国防大臣丹尼斯·希利说，图瓦尔之所以被雇佣，是因为英国国防贸易组织“需要利用此人向那些能够影响订单花落何处的人保证他们能通过代理人得到适当补偿”。[23]1970 年 11 月，国防贸易组织向约旦出售了 16 辆“百夫长”坦克。图瓦尔由于在“销售和招待方面产生了相当大的开支”，[24]于 1971 年获得了 6600 英镑佣金（约合今天的 6.9 万英镑）。[25]

国防贸易组织雇佣代理人并支付佣金的模式存在一 24
个显而易见的问题。如同今天一样，军火交易中的腐败几乎都会涉及贿赂买方国家的权势人物。在许多国家，即使腐败盛行，官方层面往往依然禁止贿赂，因为统治者知道他们的臣民不喜欢他们以权谋私，即使民众能预料到或怀疑这一点。这时，一旦将行贿行为公布出去，将会引发丑闻。如果英国政府参与贿赂计划，则可能严重影响英国与该国政府的关系。

英国驻伊朗外交官已经明确指出了这个问题，对伦敦方面说："伊朗国王及其政府宣布的政策是打击腐败。"[26]英国驻伊朗大使反对休伯特任命代理人，"这可能引发政治尴尬，在这种国家里，合法佣金和贿赂之间的界限从来都不易划清"。此外，英国政府也可能"被指责参与贿赂"。

贿赂也可能因为买方政府内部斗争而造成政治影响。如果一些权势人物得到了好处，而其对手没有得到，那么对手可能将代理人贿赂行为曝光，从而导致英国与一些权势人物之间的关系变得非常紧张。

20 世纪 60 年代末，国防贸易组织曾遇到此类问题。当时，英国海军中校甘特（Gaunt）多次访问沙特阿拉伯，向沙特阿拉伯人提供建议。他得到的一些"个人证据"[27]表明，"沙特阿拉伯一些高级军官只关心自己能从交易中获得多少财务收益"。甘特对同事们说，有四个派系的代理人在沙特阿拉伯激烈竞争，竭力施展自己对沙特阿拉伯高层的影响力。[28]最终，甘特向沙特阿拉伯推销英国海军装备的计划没有成功。

英国在黎巴嫩的一桩肮脏交易

在黎巴嫩，国防贸易组织试图通过贿赂去达成交易，结果卷入了该国内部的政治纷争。这个问题确实挺严重，因为英国外交和联邦事务部的一份“国别评估表”解释道，“对黎巴嫩事务的任何外部干预往往都会遭到憎恨，并容易被误解”。[29]

英国官员预料到黎巴嫩必然发生可疑的商业行为。 25
一位英国驻黎巴嫩大使写道：“在这个竞争激烈的市场中，经济力量（其中必须包括贿赂）通常占据主导地位。”[30]另一位则引用了市井流传的一句老话来表明黎巴嫩人往往不诚信：“就算与黎巴嫩人握个手，你都要数一下手指头是否还够数。”[31]

1969 年，英国一家城市商业银行威廉·勃兰特之子有限公司（William Brandt's Sons & Co. Ltd）和英国国防部顾问皮特·博南德（Peter Burnand）被要求向黎巴嫩军队提交一套武器采购方案。[32]黎巴嫩将通过威廉·勃兰特之子有限公司的贷款支付这笔交易。[33]

国防贸易组织审核了博南德提出的方案之后，于1970 年 4 月提交给黎巴嫩。[34]英国驻黎巴嫩大使称，英国计算报价时，“假定黎巴嫩可用于武器采购的资金，也就是从威廉·勃兰特之子有限公司获取的贷款为 800 万英镑（约合今天的 9800 万英镑），然后从中扣除相当可观的220万英镑（约合今天的2700万英镑），用于支付代理人佣金和其他中间人的回扣”。[35]

博南德在黎巴嫩聘请的代理人是一位知名商人，名叫阿卜杜拉·哈布雷（Abdullah Habre）。哈布雷是黎巴嫩国家自由党领袖、黎巴嫩前总统卡米勒·夏蒙（Camille Chamoun）的积极支持者。[36]一位外交官解释道：“在黎巴嫩信奉基督教的政治团体中，夏蒙这一派是最右翼的势力，通常被视为黎巴嫩的亲英派，夏蒙是黎巴嫩总理赛义卜·萨拉姆的坚定支持者。”[37]

威廉·勃兰特之子有限公司的一名员工在一份内部备忘录中详细说明了这些佣金的用途。他写道：[38]

> “博南德那套方案包含的佣金，主要由哈布雷在交易达成后支付给各位知名政治人物。这些政治人物随后将利用这些资金支持夏蒙角逐即将到来的（1972年）选举。”

尽管我没有看到有什么证据能够表明英国政府试图积极影响选举结果，但从政治层面看，这种佣金模式用起来确实很方便。

26 博南德与英国驻贝鲁特武官安东尼·考斯顿上校（Antony Cawston）交谈时，“坦率地谈论了阿卜杜拉·哈布雷的暗箱操作”。[39]国防贸易组织的参与至关重要，因为“除非博南德、哈布雷与国防部谈判人员保持联系，才能确保黎巴嫩相关官员能够拿到各自的回扣，否则这笔交易几乎不可能成功”。几天后，休伯特亲自到贝鲁特了解情况，之后报告说哈布雷“显然很有影响力，似乎已经付出很大努力去影响总理赛义卜·萨拉姆本人及其关键支持者以及那些可能会反对这笔交易的人”。[40]

博南德为黎巴嫩提出的武器采购方案囊括了多家英国公司制造的设备，包括英国艾维士汽车公司、英国飞机公司、英国戴姆勒公司、英国肖特兄弟公司以及英国维克斯公司。这些公司又都聘请了近东资源公司作为其在黎巴嫩的代理商，[41]该公司总经理苏莱曼·阿拉姆丁（Sulayman Alamuddin）据说是休伯特“个人和家族的密友”。[42]

这桩交易面临着一个严重的政治障碍，因为赛义卜·萨拉姆总理是“纳吉布·阿拉姆丁（Najeeb Alamuddin）的长期对手”，纳吉布·阿拉姆丁正是苏莱曼·阿拉姆丁的哥哥，因此，“不惜一切代价阻止博南德的交易取得成功就符合阿拉姆丁兄弟二人的利益，因为支付给哈布雷的佣金将被用于帮助他俩的对手维持权力”。[43]

休伯特写道：

近东资源公司似乎无法接触顶级政客。另外尤其值得一提的是，阿卜杜拉·哈布雷虽然声称已经开展了广泛运作，但这些活动无法核实。尽管如此，他们依然担任着艾维士汽车公司、英国飞机公

> 司、戴姆勒公司、肖特兄弟公司和维克斯公司的代理人，收取佣金，导致报价囊括了两套贿赂方案。[44]

此外，英国支付给近东资源公司的佣金将付诸东流，因为该公司“没有将这些资金用于那些似乎更有效的人身上”。

休伯特告诉威廉·勃兰特之子有限公司说：“虽然我们的报价必须包含哈布雷团队的巨额佣金，但如果报价定得太高，我们会面临极大的风险，不仅无法进入起跑线，更不用说赢得这场竞争了。”[45]他建议近东资源公司“与（博南德的人）哈布雷建立合作关系”。[46]休伯特告诉威廉·勃兰特之子有限公司说，国防贸易组织和外交官们认为，“如果白厅在贿赂计划中的参与度过高，可能招致丑闻，那么白厅可能决定不冒这个风险”。[47]

27 哈布雷最终未能促成这笔交易。英国驻贝鲁特武官考斯顿通知伦敦方面说，黎巴嫩总理赛义卜·萨拉姆已经公开表示，哈布雷向他提供经济诱惑，因此，哈布雷付出的努力变得声名狼藉。[48]博南德在1971年将佣金从最初的13%降低到10%，[49]但休伯特抱怨说英国的报价仍然“没有竞争力”。[50]

1971年，黎巴嫩总统苏莱曼·弗朗吉亚（Suleiman Frangieh）告诉英国驻黎巴嫩大使说，他想要跟英国达成一项政府间交易。于是，英国面临的处境开始扭转。休伯特和考斯顿决定放弃威廉·勃兰特之子有限公司和博南德，转而通过米尔班克技术服务公司（Millbank Technical Services）向黎巴嫩提交了一套报价方案。[51]

米尔班克技术服务公司是英联邦代办处（Crown Agents）的子公司，具有准政府机构的地位。英联邦代办处是英国为了向殖民地提供专业的金融和商业服务而设立的机构。米尔班克技术服务公司成立于1967年，协助英联邦代办处通过英国出口信贷担保署确保出口产品交付，并向客户提供信贷（后文将详细介绍该公司）。[52]该公司成立后不久，国防贸易组织就将其视为“一个充当可信中介的准官方机构”。[53]

不难理解，由米尔班克技术服务公司单独提出报价方案之后，威廉·勃兰特之子有限公司和博南德对遭到排挤感到不满，但休伯特及其同事拒绝为他们提供独家支持，[54]因为哈布雷已在黎巴嫩高层领导那里失去了信誉。此外，休伯特解释说，黎巴嫩新任国防部长埃利亚斯·萨巴（Elias Saba）坚持要求英国在军火交易中排除代理商和中间人。[55]

国防贸易组织通过米尔班克技术服务公司提出报价方案之后，一位名叫希迪亚克（Chidiac）的中间人在伦敦拜访了休伯特。[56]考斯顿告诉休伯特：“希迪亚克确实对夏蒙有影响力，而且在黎巴嫩军队总司令部拥有良好的人脉。”[57]在一次会议上，希迪亚克告诉休伯特说自己“不仅仅是夏蒙的支持者，还同黎巴嫩总统以及军队总司令加尼姆将军（Ghanem）有密切联系，加尼姆的儿子就在他的公司工作”。[58]随后，夏蒙告诉考斯顿说自己是希迪亚克的朋友，而且希迪亚克“在总司令部拥有一定的影响力”。[59]

休伯特向考斯顿解释道，希迪亚克想要的佣金是5%或者更低。[60]如此一来，同威廉·勃兰特之子有限公司和博南德提出的报价方案相比，米尔班克技术服务公司提供的报价方案更有竞争力。然而，国防贸易组织新任主管莱斯特·萨菲尔德（Lester Suffield）后来在访问贝鲁特时，“严重冒犯了夏蒙”。关于这一点，英国驻黎巴嫩大使馆代办给出过下面一番解释：[61]

> 28 1. ……夏蒙在谈判初期发挥了重要作用，确保我们的产品得到了对方的充分考虑。有一次，我亲自拜访他，清楚地感觉到他希望自己的努力能带来某种回报，比如，向他所属党派的基金捐款，助其为次年选举做准备。虽然夏蒙不是政府成员，但他是政府的主要支持者之一，具有非常大的影响力……他仍有可能增加我们分到的蛋糕份额，但如果他继续保持现在的情绪，肯定对我们的前景不利。
>
> 2. 黎巴嫩国防部长萨巴博士告诉萨菲尔德，他不应该与任何掮客有任何往来。萨菲尔德认为夏蒙只是几个掮客之一，没有按照预先安排会见夏蒙，导致夏蒙对此深感不满……
>
> 3. ……夏蒙将在巴黎待到9月27日……虽然我

们必须充分重视萨巴博士的意愿，但我们必须记住他不是固定不变的……我们应该告诉夏蒙，我们感谢他的努力（我认为萨菲尔德甚至没有作出这个姿态，所以特别令人不满），并向他保证他并未被排除在外。言下之意是，一旦合同安排妥当，米尔班克技术服务公司或制造商会给他好处。我建议国防贸易组织或米尔班克技术服务公司的某位高管应尽快前往巴黎，重新向夏蒙作出保证。

英国驻黎巴嫩新任大使保罗·赖特（Paul Wright）告诉伦敦方面，[62]由于萨菲尔德的失误，“（一）夏蒙可能（而且我认为很可能）需要予以关照；（二）无论萨巴博士对萨菲尔德说了什么，我们最终可能会发现这也适用于他或其他重要的黎巴嫩人”。保罗·赖特要求萨菲尔德促使夏蒙澄清两点：“首先，他到底想要什么以及要多少；其次，希迪亚克究竟是不是他的人。”[63]

米尔班克技术服务公司的一位经理巴兹尔·多弗（Basil Dove）拜访了在贝鲁特城外山区周末休憩居所的夏蒙。他随后提出了一个问题：[64]

伦敦有很多人声称见过夏蒙，让人觉得他们将能够影响英国武器销售的最终安排。夏蒙承认见过很多访客，但他希望通过他的朋友、常驻贝鲁特的伊拉克籍银行家查拉比（Chalabi）先生去达成适当

的安排……夏蒙接着说，希迪亚克在最近数月做了
很多事，应该通过查拉比得到应有的报酬。你们应
29 该告诉希迪亚克，“他不必担心，一切都会办好”。

图4　莱斯特·萨菲尔德爵士，1969—1976年任英国国防部国防贸易组织主管。他授权英国政府官员为科威特、黎巴嫩和沙特阿拉伯的贿赂计划提供便利，并允许英国公司为获得伊朗的超大军火订单而支付佣金。

供图：英国新闻联合社

之后，巴兹尔·多弗在伦敦安排了一次与夏蒙的会面，因为他希望“有机会围绕与查拉比合作的细节进行更加深入的讨论”。

虽然国防贸易组织现在是通过米尔班克技术服务公 30
司向黎巴嫩销售设备，但之前面临的问题依然存在。之前，参与贸易的那几家英国公司要向其代理人阿拉姆丁支付佣金（阿拉姆丁是黎巴嫩总理萨拉姆的对头）。现在，米尔班克技术服务公司也不得不向夏蒙支付佣金，虽然夏蒙的佣金低于哈布雷的佣金。

在军火交易中，代理人的地位并不稳固。代理人及其客户或许能够成功施加影响，获得改变人生的巨额佣金，但交易的隐蔽性和政治敏感性也会持续引发不安全感。政治气候的变化可能会让代理人及其客户被排除在交易之外，除非他们非常强大，否则根本没有机会补救。在最后关头被不公平地撬走巨额佣金，这肯定非常令人痛心。

英国在黎巴嫩的代理人都担心自己被踢出交易。有一天，希迪亚克出现在了英国驻贝鲁特大使馆，并对英国官员说："……夏蒙会亲自打理所有事情。"[65]

希迪亚克的说法意味着夏蒙现在确信一笔重大交易即将达成，并希望能摆脱对第三方的义务。希迪亚克非常担心所谓的第三方，因为一些军官、官员和其他有用的中间人一直都参与交易，但如果他们看不到进一步获得好处的前景，可能心怀不满。因此，希迪亚克表示正在考虑一个方案，即向夏蒙单独提供高达 1% 的佣金，而他自己拿 1%—2% 的佣金，其中包括用于让一系列中间人满意的资金。希迪亚克说，由于夏蒙不知道可能获得的佣金总额，这样的安排应该是可行的。

大约三周后，博南德和哈布雷向英国驻黎巴嫩大使馆透露了他们的担忧。考斯顿向伦敦方面报告说："他们显然担心威廉·勃兰特之子有限公司未来的动作，因为他们知道了米尔班克技术服务公司的报价。"[66]他们声称：

> 31 夏蒙没有支持威廉·勃兰特之子有限公司，而是为其他人指定了一个百分比……哈布雷在伦敦听到这一消息后感到震惊。哈布雷跟随夏蒙来到巴黎，并在那里向他提出了这两点说法。据哈布雷说，夏蒙否认了这两点，并表示他始终支持威廉·勃兰特之子有限公司，从未向英国人提及其他人的名字。

三天后，阿拉姆丁拜访了英国驻黎巴嫩大使保罗·赖特。他担心米尔班克技术服务公司的报价太高，告诉赖特说：[67]

> "如果米尔班克技术服务公司提供了确切的报价，似乎有失去订单的危险，他将被迫单独为维克斯公司和艾维士汽车公司的设备提供低于米尔班克技术服务公司的报价。"

赖特大使警告伦敦方面说：[68]

> “如果弗朗吉亚总统听到英国要在某种情况下付钱给夏蒙，可能会觉得女王陛下政府要干预1972年三四月份举行的选举，他就会取消整个交易。我不会排除阿拉姆丁为了踢走米尔班克技术服务公司而亲自泄露消息，如此一来，由于威廉·勃兰特之子有限公司和博南德已经出局，他就可以独自包揽整个交易……因此，且不提失去军火交易合同，我更担心女王陛下政府可能因为与夏蒙的关系而遭到干涉选举的指责。”

赖特大使指出，既然英国政府已经向黎巴嫩推荐了米尔班克技术服务公司，那么英国政府就“不能否认自己了解该公司行为，也不能否认应该承担的责任”。与其放弃夏蒙这个渠道，他提出了如下建议：

> “米尔班克技术服务公司正式任命查拉比（据我们所知，他是夏蒙目前选中的掮客），并支付给他佣金，以换取他提供的‘管理’服务……如此一来，我们就可以说，米尔班克技术服务公司自然需要有一个现场代表，并支付他一些费用。黎巴嫩人可能会看穿这一点，但他们无法提出令我们难以辩驳的理由来指责我们。”

32 伦敦方面同意了。几周后，考斯顿告诉休伯特说：[69]

> “查拉比告诉我，夏蒙担心佣金低于5%，因为5%的一部分是准备给总理萨拉姆的，而总理又因为此事不确定感到恼火。如果这是真的，那么这笔佣金就花得值了。”

尽管在幕后发生了上述种种运作，但最终黎巴嫩并未采购英国的装备。与此同时，黎巴嫩爆发了一场丑闻，给英国的佣金安排带来了更大的风险。

法国汤姆森休斯顿公司与黎巴嫩军方签订了一份出售“响尾蛇”地对空导弹的合同。英国驻贝鲁特大使馆向伦敦方面报告说：[70]

> “这笔交易背后无疑存在腐败的阴影。毫无疑问，一些重要人物从这笔交易中获得了大量好处，而在决定订购‘响尾蛇’导弹时，个人利益考量可能比国防需求更重要。”

随后，黎巴嫩爆发了一场政治风暴。外交官们向伦敦方面报告说，被指为法国这笔交易充当代理人的莉莉·萨德夫人（Mrs. Lily Saad）遭到了监禁。[71]

英国也没有幸免。黎巴嫩军队总司令加尼姆将军告诉英国驻贝鲁特武官考斯顿说，他确信“英国安排了可

观的佣金”。赖特向萨菲尔德建议道：[72]

> “应该向黎巴嫩人澄清事实，尤其是鉴于目前黎巴嫩针对法国的指控已被公开报道。黎巴嫩对英国的猜疑尚未见诸报端，但他们随时可能这么做，从而损害英国的声誉……我们存在的一个弱点当然是之前与夏蒙的沟通，我怀疑这是造成当前问题的根源。”

答案是撤回米尔班克技术服务公司的报价方案。由于米尔班克技术服务公司与夏蒙和查拉比的沟通已经超过一年，赖特得出结论说：“我认为现在把夏蒙排除在外也不会造成太大影响。他的影响力已经不如以前，我现在觉得白厅参与贿赂计划的不利影响超过了与他进一步联系带来的优势。”他建议道：“我们还应该坚决避免通过支付佣金去进一步影响黎巴嫩……对我们来说，尽量摆脱困境与争取订单同样重要。”[73]

然而，黎巴嫩一些高官的索贿要求持续让白厅感到 33
不安。1973 年，英国霍克·西德利公司试图向黎巴嫩国防部出售两架“霍克猎手”战斗机。英国驻贝鲁特大使馆告诉伦敦方面，一个中介透露说：“国防部长需要一定比例的佣金。”这一信息暗含着一种常见的威胁，即“没有佣金，就没有交易，并且会影响到未来英国设备的销售”。[74]

沙特阿拉伯国王费萨尔禁止军售贿赂

在中东国家纷纷开始禁止军售贿赂的背景下，英国政府参与贿赂的事情一旦败露，就会陷入重大麻烦。英国在黎巴嫩侥幸逃脱了一次。在威廉·勃兰特之子有限公司和博南德首次提出报价方案的一年之前，一宗军售丑闻导致沙特阿拉伯禁止了这类交易中的贿赂行为，导致英国要向沙特阿拉伯出售武器，付出的努力比杰弗里·爱德华兹那个鼎盛时期复杂得多。

20 世纪 60 年代初，沙特阿拉伯有意从艾维士汽车公司采购一批装甲车，供其军队使用。[75]国防贸易组织代表该公司，让爱德华兹及其他几位代理人在沙特阿拉伯运作，但未能成功。[76]1968 年 2 月，法国《世界报》竟然曝出沙特阿拉伯采购了 220 辆由法国潘哈德公司（Panhard）生产的装甲车。[77]

费萨尔国王发现了法国获得这份合同的原因。1968 年 5 月，伦敦方面得知这起丑闻“特别恶劣”，费萨尔国王已下令进行调查。[78]时任国防贸易组织主管的雷蒙德·布朗被沙特阿拉伯驻英国大使阿卜杜拉曼·阿赫莱西（Abdurrahman Al-Helaissi）告知，费萨尔国王对潘哈德公司的这个合同非常关注，并预计将采取“严厉措施”。[79]

1968 年 10 月 20 日，费萨尔国王下令禁止军火交易中支付佣金的行为。英国驻沙特阿拉伯大使馆向伦敦发回一篇新闻报道，该报道声称："沙特阿拉伯政府最近向所有飞机和军事设备生产公司发出通知，要求其立即停止向沙特阿拉伯境内的任何代理人或代表支付任何形式的佣金或报酬。"[80]沙特阿拉伯财政部的通知规定："所有合同必须包含承包商的声明，即他们不会为了签订合同向任何中间人或经纪人支付任何佣金。"[81]

这时，一旦沙特阿拉伯国王发现英国公司支付佣 34
金，可能将其永久逐出沙特阿拉伯。如果英国政府卷入了英国军火公司支付佣金的过程，那么考虑到费萨尔国王的个性，英国与沙特阿拉伯的关系难免受到严重冲击。

图 5　1967 年 5 月，英国首相哈罗德·威尔逊在唐宁街欢迎沙特阿拉伯国王费萨尔。1968 年 10 月，费萨尔下令禁止别国在与沙特阿拉伯的军火交易中支付佣金。

来源：S&G/S&G Barratts/EMPICS Archive；供图：英国新闻联合社

维克斯公司与费萨尔国王禁止贿赂

颇为尴尬的是，费萨尔国王发布禁贿令之际，正赶上维克斯公司向沙特阿拉伯军队出售坦克的关键时刻，而且这项交易得到了英国政府的大力支持。

35 禁贿令发布之前，沙特阿拉伯于 1967 年向维克斯公司订购了 175 辆坦克、无线电系统、相关备件以及培训和维护服务，[82]合同价高达 33842825 英镑（约合今天的 4.55 亿英镑）。[83]维克斯公司告知国防贸易组织说，他们每卖出一辆坦克以及相关的培训和维修服务，就要支付总价 10% 的佣金。[84]

英国驻沙特阿拉伯武官科林·菲茨帕特里克（Colin Fitzpatrick）建议维克斯公司任命国防部长苏尔坦王子的侄子扎伊德·苏德里（Zaid Sudairi）为其代理人。[85]但维克斯公司选择的代理人是阿里·阿里·雷扎（Ali Ali Reza），其家族是沙特阿拉伯最重要的商业家族之一，双方约定佣金为合同价的 7.5%，金额高达 2538212 英镑（约合今天的 3250 万英镑）。[86]维克斯公司一位销售员表示，雷扎家族“并不担心在沙特阿拉伯国内的军火代理身份被人知晓”。[87]

维克斯公司董事长莱斯利·罗文爵士（Leslie Rowan）请求英国政府支持他于 1968 年 10 月去沙特阿拉伯做推销。伦敦的外交官们希望英国政府这么做，表示：[88]“如果维克斯公司进入沙特阿拉伯市场，尤其是以这么大的规模进入，而大使馆的支持又不够，甚至完全没有支持，将严重削弱他们的机遇，反倒给竞争对手创造优势（竞争对手为法国人[89]）。”

10月16日，英国武官菲茨帕特里克与沙特阿拉伯军队作战部主任马基·图尼西（Makki Tounisi）将军讨论了罗文爵士沙特阿拉伯之旅的细节。菲茨帕特里克转告维克斯公司：“沙特阿拉伯军方似乎认为，尽管他们现在并不真正需要或想要坦克，但如果能游说他们，他们愿意接受相反的观点。”[90]他报告说：

“我的结论是，如果在罗文访问之前与图尼西将军达成坚定共识，即如果签订采购合同，他可获得合同价约3.5%的回扣，那么他将安排军事委员会批准采购维克斯公司的坦克。”

如此一来，图尼西将军这部分贿赂金额就是1184499英镑（约合今天的1500万英镑）。在菲茨帕特里克和图尼西会面后的第四天，费萨尔国王就颁布了禁购令。

禁购令颁布次日，维克斯公司董事吉姆·罗比（Jim Robbie）与阿里·阿里·雷扎通了电话。然后，吉姆·罗比对同事们说：[91]

36 > “我告诉雷扎，我们认为任何佣金问题都是他提出的，而且只跟他有关，跟我们无关。如果图尼西将军也提出佣金要求，则意味着我们原先承诺的总价7.5%的佣金不够，我们应该明白这一情况。雷扎的建议是我们应该再增加一点。事实上，我们的报价已经预留了相当大的谈判空间。雷扎强调，我们绝对不能在任何时候向任何沙特阿拉伯人透露我们正在使用代理人。”

这次通话一周后，维克斯公司董事长莱斯利·罗文爵士在英国驻沙特阿拉伯大使威廉·莫里斯的陪同下会见了费萨尔国王。后来，莫里斯大使给伦敦方面反馈说，费萨尔国王“警告罗文警惕那些试图获取不当利益的代理人……国王考虑的不仅仅是商业代理人，还有那些声称能够影响决策的政府官员”。[92]

多纳尔·麦卡锡（Donal McCarthy）在英国外交和联邦事务部主管阿拉伯地区事务，负责处理英国与沙特阿拉伯的关系。他惊恐地关注着这场大戏的动态。在英国驻沙特阿拉伯武官菲茨帕特里克关于图尼西将军索贿的电报到达伦敦的次日，他给莫里斯大使写了一封信。[93]

他开门见山地说，“我意识到在沙特阿拉伯获得高额合同需要谨慎地行贿”，但他承认图尼西的索贿要求让他“有些震惊”。麦卡锡表示自己“想象到了这样一种情况，即《费加罗报》可能会在法国潘哈德公司代表的帮助下，以《英国武官为坦克交易贿赂沙特阿拉伯将军》为标题将行贿行为大肆报道出去”。他承认“在这些事情上，界限很难划清”，并表示菲茨帕特里克武官不应卷入其中，因为：

> “这正中了沙特阿拉伯代理人的下怀。我虽然不能代表英国公司发言，但我认为大多数大型英国公司都宁愿对贿赂一事毫不知情，并希望当地代理人直接从他们的佣金中扣除这部分费用。雷扎家族应该知道如何妥善处理这件事。”

他在信尾总结道：“总体而言，我更希望看到此类事情通过外交电报系统以外的渠道进行传达。”

两周后，莫里斯大使向伦敦方面发回了一封标题为《沙特阿拉伯国防合同中的欺诈》的信函，[94]解释说沙特阿拉伯的图尼西将军与一名翻译人员讨论了回扣问题，菲茨帕特里克武官“只是旁听，没有参与任何讨论，这就表明无论贿赂与维克斯公司有何关系，都与他无关”。莫里斯大使同意菲茨帕特里克武官的说法，表示：“我们应该避免卷入这种欺诈行为，也不对此发表意见，但如果我们要给英国公司提供他们所需的帮助，就不能闭目塞听。”莫里斯最后说：“我本想以预防的方式建议维克斯公司的斯蒂芬森（Stephenson）在我们这里时销毁我们之间的书面沟通记录，但我没有这么做，你能安排他做这个事情吗？”一名下属询问他是否要安排一下这件事，莫里斯对这位下属说：“不用，就此打住吧。”

37 这名翻译人员是一名巴勒斯坦人，名叫哈桑·加布尔（Hassan Gabr）。据维克斯公司的销售员、退役上校伯纳德·希思（Bernard Heath）称，他是“苏尔坦王子手下的主要翻译人员，因此他知道很多正在发生的事情”。[95]

伯纳德·希思告诉同事们说：[96]

> “法赫德王子提出做我们的代理人，扭转坦克交易局面，达成对我们有利的条件，加布尔担心维克斯公司拒绝。加布尔说时间紧迫，法国方面找了有权势的人为其效力，并说法赫德王子还在伦敦，仍然愿意合作。我们重申，为了尊重国王的意愿，我们倾向于不使用代理人，但他坚持说来自其他国家的竞争对手都在使用代理人，如果不让沙特阿拉伯国防部长苏尔坦和军官们分一杯羹，交易就无法达成。”

伯纳德·希思提出了下面这个建议：

> “必须向雷扎家族施加压力，让他们调查哈桑·加布尔和法赫德王子的说法有多少可信度，弄清楚他们在帮助我们获得订单方面究竟能发挥多少

> 价值，并向我们提出明确的建议。如有必要，支付给这些人的佣金必须从雷扎家族的佣金中扣除。”

最终，虽然维克斯公司决定忽视费萨尔国王的禁贿令，但无法确定谁是最有效的代理人。因此，在1971年12月，沙特阿拉伯购买了200辆法国“AMX-30型”坦克。[97]英国驻沙特阿拉伯武官在一年多前就曾告诉伦敦方面，称“有传言说法国人再次支付了极高佣金（28%）”，[98]远高于维克斯公司提供的微薄的7.5%。

因此，维克斯公司及其他英国公司面临的挑战非常严峻。费萨尔国王的一些兄弟和沙特阿拉伯部长理事会的其他成员希望继续采用原来那套军火交易模式，鼓励英国公司忽视费萨尔国王的禁贿令。当然，有权向费萨尔国王推荐采购什么设备的正是这些人。

正如莫里斯大使对国防贸易组织主管萨菲尔德所 38
说，沙特阿拉伯军火交易领域“仿佛一个遍布猛兽的丛林，人们必须谨慎行动，一切充满不确定性。巨头与掮客之间充斥着猜疑，联盟和竞争的态势不断演变”。[99]为了记录沙特阿拉伯的情况，莫里斯大使于1969年1月开始撰写了一份关于沙特阿拉伯的信息汇编，或许可以用《沙特阿拉伯：谁给谁付钱》作为这份材料的标题。[100]他还在办公室里保留了一份关于腐败的文件。[101]

因此，国防贸易组织并不羞于同代理人打交道，他们确实也曾跟一些代理人打过交道。20世纪60年代末沙特阿拉伯以及20世纪70年代初黎巴嫩的事件说明了卷入贿赂所涉及的风险。在黎巴嫩，灵活的策略使英国人摆脱了困境，避免像法国人那样受到羞辱。在沙特阿拉伯，虽然英国官员们竭力帮助英国公司找到穿越丛林的路径，但他们并没有直接参与进去。

这些交易虽然金额不小，但远远赶不上今天这些动辄价值数十亿英镑的大单。20世纪60年代后期，中东石油产量每年增加约10%。到1970年，中东石油产量比1965年增加近67%。[102]中东那些专制统治者如今坐拥大量资金用于军火交易。那些位高权重之人及其追随者如今更加渴望分一杯羹，这丝毫不足为奇。

因此，当沙特阿拉伯和伊朗几乎同时给英国提供赢得超大订单的机会时，如何应对腐败问题就变得更加艰难，尤其是因为这两国要求与英国政府签署一份反对腐败交易的协定。

两笔超大订单的交易对象分别是沙特阿拉伯国民警卫队和伊朗战争部。为了赢得这两笔订单，英国政府不得不直接与中东最重要的两个人物打交道。

在沙特阿拉伯，这个重要人物指的是国民警卫队指挥官阿卜杜拉王子。当时，他还是部长理事会成员，极具影响力，40多年后的今天，他已经成了沙特阿拉伯国王。在伊朗，这个重要人物指的是统治者穆罕默德·礼萨·巴列维国王，他被称作“万王之王”。巴列维国王在20世纪70年代统治伊朗，但在1979年伊斯兰革命后被迫逃离，并在流亡一年后去世。

那么，英国政府官员面对两笔超大订单的诱惑，将 39
如何划清界限呢？

40

第三章
否认欺诈：英国与沙特阿拉伯国民警卫队的交易（1968—1972）

阿卜杜拉王子在 2005 年成为沙特阿拉伯国王。他的父亲伊本·沙特与多位女性育有子女，因此阿卜杜拉有很多同父异母的兄弟。

其中一些人被称为“苏德里七兄弟”，自 1962 年开始一直控制着沙特阿拉伯的国防与航空部以及正规武装部队。他们包括苏尔坦王子（从 1962 年到 2011 年去世一直担任国防与航空部长）和阿卜杜勒·拉赫曼王子（此人为杰弗里·爱德华兹在 20 世纪 60 年代赢得沙特阿拉伯防空系统采购合同时的主要代理人）。

1963 年，阿卜杜拉成为沙特阿拉伯国民警卫队的指挥官，这是沙特阿拉伯的第二支军队。根据英国内阁委员会的一份文件，[1]沙特阿拉伯王室维持着两支军队，因为他们深知在其他阿拉伯国家，正规军队对政权构成主要威胁。于是，沙特阿拉伯国王组建了一支“由贝都因部落成员组成的所谓白军”，作为王室的警卫部队。因此，阿卜杜拉在过去 50 多年一直是一位非常重要的人物。

苏尔坦王子掌管的国防与航空部同其他国家开展的军火交易充斥腐败。费萨尔国王对这种腐败倍感愤怒，于 1968 年 10 月颁布法令，禁止外国与沙特阿拉伯军火交易中存在代理人和佣金。

相比之下，在 1968 年之前，国民警卫队同其他国家开展的军火交易相对干净。英国驻沙特阿拉伯大使馆向伦敦方面解释说：“阿卜杜拉王子打算在政府之间进行交易，不会雇佣商业代理人。”[2]一位官员打趣说：“这对爱德华兹而言太糟糕了！”

英国官员促成“可以否认的骗局”

然而，在费萨尔国王颁布禁贿令一个月后，即 1968 年 11 月，一名黎巴嫩中间人对英国驻贝鲁特武官称自己能够“影响沙特阿拉伯国民警卫队向艾维士汽车公司采购‘萨拉丁’坦克的大单”。[3]

英国官员对此持怀疑态度，并拒绝了这名中间人， 41
因为阿卜杜拉之前曾表示他想直接与英国政府交易，而且费萨尔国王在一个月前已经禁止了代理人和佣金。但他们不能轻易忽视这种可疑的不速之客。因为正如国防贸易组织主管雷蒙德·布朗所说，[4]沙特阿拉伯是对英国商业最重要的地区之一，特别是在国防产品贸易领域。

图6　1998年，阿卜杜拉（左）与英国首相布莱尔（右）在唐宁街见面。阿卜杜拉从1963年到2010年担任沙特阿拉伯国民警卫队司令，2005年成为国王。

摄影：亚当·巴特勒（Adam Butler）；供图：英国报纸联合社

42 事实上，英国政府有能力查证这种人讲的话是否属实，因为英国在沙特阿拉伯国民警卫队派驻了一个军事代表团，常驻首都利雅得，指挥官为准将阿德里安·唐纳森（Adrian Donaldson）。

英国之所以派遣这个军事代表团，是因为大约6年前，即 1963 年 2 月，即将成为国王的费萨尔向英国请求派驻军事训练顾问，以便使国民警卫队成为一支高效的部队。外交大臣亚历克·道格拉斯-休姆告诉首相哈罗德·麦克米伦：[5]“如果当前的沙特阿拉伯政权能够存续，其主要支柱能够高效运作，对我们是有利的。”亚历克·道格拉斯-休姆设想往沙特阿拉伯派驻一个军事代表团，让其提供情报，明显且直接地支持沙特阿拉伯政权，并帮助英国处理与沙特阿拉伯关系中的一切困难。

英国军事代表团于 1963 年 8 月抵达沙特阿拉伯。1964 年，费萨尔迫使沙特·本·阿卜杜勒国王退位，自己继任国王。在这场权力斗争中，英国军事代表团通过制订国民警卫队保护费萨尔和占领利雅得的关键计划，为费萨尔和阿卜杜拉王子提供了很大帮助。[6]自此开始，这个英国军事代表团赢得了阿卜杜拉王子的信任，这不足为奇。

1969 年 1 月，英国外交官们同意由唐纳森调查那位黎巴嫩中间人的说法是否属实。[7]唐纳森告诉他们：

> “（此处已遭审查）已经向我明确表示，如果我们通过他进行操作，那么我们想从沙特阿拉伯国民警卫队获取任何东西，都能得到。
>
> （此处已遭审查）目前只希望通过贝鲁特进行操作，我知道这会带来很大的沟通问题，但我相信，如果现在建立了正确的机制，将会带来大量

业务。"[8]

英国驻沙特阿拉伯大使威廉·莫里斯指出，迫于费萨尔国王的禁令，"我们陷入了难以抉择的境地"。[9]最终，他支持艾维士汽车公司直接与这名中间人打交道，一旦双方对接的事情曝光，外交官们可以解释说：

> "我们不能强制要求英国公司执行沙特阿拉伯约束本国政府部门行为的法规。我们明确表示愿意进行政府间交易，但由于主动跟艾维士汽车公司接洽的这个人打着沙特阿拉伯政府部门的旗号，英方作出回应也无可指摘。"

43 然而，由于这封电报的内容已遭审查，我无法确定莫里斯大使所指的沙特阿拉伯政府相关部门负责人是谁。

外交官们向国防贸易组织的哈罗德·休伯特通报了莫里斯大使所谓的"可以否认的欺诈"计划。[10]休伯特说："（此处已遭审查）非常灵活，会按照我们期待的方式行事。无论如何，他可以从中分一杯羹，而且没有人会知道。"[11]唐纳森告知英国驻沙特阿拉伯大使馆："对方要求的佣金是7%。"[12]

关于黎巴嫩中间人及其沙特阿拉伯客户要求拿回扣，存在这样一条线索。1971年，莫里斯大使在发回伦敦的一份文件中写道："福斯图克（Fustuq）的历史在1970年2月11日大使备忘录的附件B中有详细说明。使馆建议，在阿卜杜拉明确表示他是自己人之前，不宜回应其无理要求。"[13]

1970年2月11日那份大使备忘录的附件B写道：

1968年末（此处已遭审查），黎巴嫩商人（此处已遭审查）开始与英国驻贝鲁特武官进行一系列接洽，表示能够确保英国向沙特阿拉伯国民警卫队销售军火。他通过一家名为（此处已遭审查）的公司进行运作，该公司的头面人物是一位支持夏蒙的政客……

1969年1月，我们指示唐纳森向（此处已遭审查）表明我们的困境：（此处已遭审查）曾告诉时任国防大臣丹尼斯·希利说希望政府与政府之间进行军火交易，并指示唐纳森在没有（此处已遭审查）的指示下，不要插手"萨拉丁"坦克的交易。其他人则打着他的旗号说了不同的话。那么（此处已遭审查）的意愿究竟是什么？（此处已遭审查）的答复是将唐纳森介绍给（此处已遭审查）。

在大使馆、外交和联邦事务部以及国防贸易组织之间进行协商后，一致同意让（此处已遭审查）与艾维士汽车公司进一步接洽。[14]

本章所依赖的大部分文件，都是在我同外交和联邦事务部在信息法庭打完一场官司之后披露给我的。当时，英国驻沙特阿拉伯大使威廉·佩蒂（William Patey）也提供了一些证据。法庭最终支持了我，但正如你在下文所见，一些文件仍然受到审查，部分内容被删。

44 然而，尽管艾维士汽车公司做了这些不光彩的事情，这笔交易依然风险重重。莫里斯大使担心，如果费萨尔国王发现唐纳森在撮合艾维士汽车公司、中间人和买家的过程中扮演了关键角色，那么英国与沙特阿拉伯的关系将受到严重损害，伦敦方面也会受到质疑。[15]

此外，艾维士汽车公司之前已经在中东任命了一个代理商，即近东资源公司，[16]但不希望这个代理商参与沙特阿拉伯国民警卫队这笔交易，也不打算向其支付正常的佣金，[17]因为如果给近东资源公司支付佣金，那么给另一个中间人的佣金就会减少。伦敦方面告诉莫里斯大使说："近东资源公司的苏莱曼·阿拉姆丁不愿意与阿德南·卡舒吉（Adnan Kashoggi）以及另一个潜在的代理人盖斯·法鲁恩（Ghaith Pharaoun）分享佣金，这会减少向沙特阿拉伯军队销售'萨拉丁'坦克的机会。后来，卡舒吉转而联系了法国潘哈德公司。"[18]由此可见，艾维士汽车公司没有告诉近东资源公司他们正在使用另一个代理商。[19]

当然，莫里斯大使意识到，一旦唐纳森卷入英国公司使用代理人的事情暴露，那么英国政府最简单的脱身

之策就是直接退出这笔交易。对此，他建议道：[20]

> “一个大胆、简单且纯粹的应对策略就是我去（此处已遭审查）那里，引用他对中间人的评论，强烈指责（此处已遭审查）腐败。我认为（此处已遭审查）不会感谢我们，被抛弃的将是唐纳森，而不是（此处已遭审查），英国使团将被撤回，订单也将转向其他地方。”

伦敦的外交官们认为他的想法“不太现实”。

1969年3月，外交和联邦事务部阿拉伯地区事务主管唐纳尔·麦卡锡（Donal McCarthy）会见了他驻贝鲁特的同事、武官、国防贸易组织主管休伯特以及艾维士汽车公司两名销售员，讨论下一步的行动。会议记录表明，问题在于中间人及其同伙

> “要求艾维士汽车公司出具一封信件，承诺在合同（即‘萨拉丁’坦克销售合同）签署后支付给他们7.5%的佣金。然而，艾维士汽车公司如果照做，就意味着将一份危险的文件交到了（此处已遭审查）的手上，该文件可能被别人以多种方式损害艾维士汽车公司的利益。它可以被拿给法国潘哈德公司的代表，以说服他提高佣金；它可以在合同签署后被用于敲诈艾维士汽车公司；立即被用来在

（此处已遭审查）面前败坏艾维士汽车公司的名声，以便竞争对手取而代之。艾维士汽车公司销售员意识到，在这种商业交易中，所有这些风险相当普遍……虽然预付全部或部分佣金之后就不需要出具任何书面信件，但艾维士汽车公司肯定不会采取这种做法”。[21]

45 麦卡锡表示：

“如果这封信泄露出去，它本身并不会对女王陛下政府造成严重的伤害。女王陛下政府当然会与艾维士汽车公司划清界限，但会尽可能地帮助艾维士汽车公司收拾残局……至关重要的是，女王陛下政府必须完全置身佣金交易的任何事务之外，如果这笔交易被曝光，并与女王陛下政府扯上关系，那么将对英国的官方和商业利益造成广泛的、不可接受的损害。”

休伯特鼓励艾维士汽车公司忽视沙特阿拉伯国王的禁贿令，大胆采用代理人。他说：

“希望艾维士汽车公司能记住，这笔交易可能为开拓沙特阿拉伯市场提供一个入门机会。沙特阿拉伯国民警卫队要成为一支更加先进的部队，将需要更多装备。这笔交易对国防贸易组织也有好处，因为它可能促使沙特阿拉伯政府聘请米尔班克技术服务公司去维护这些坦克，之后也可能开展其他业务合作。总的来说，英国装备的良好性能非常重要。同样，艾维士汽车公司目前在沙特阿拉伯没有业务，即使佣金问题暴露，他们也没有什么损失。他指出，维克斯公司虽然在沙特阿拉伯拥有价值约4000万英镑的资产，但依然愿意安排佣金的事情。”

艾维士汽车公司提议给近东资源公司提供一些好处，以便让他们保持沉默。在场的人表示赞同，并同意艾维士汽车公司写一封中间人想要的承诺信，而英国官员们将停止与中间人会面。

英国官方参与贿赂的尴尬

后来，国防贸易组织一名资历较浅的成员在贝鲁特给米尔班克技术服务公司引荐了中间人。[22]该公司向外交和联邦事务部阿拉伯地区事务主管唐纳尔·麦卡锡解释说，如果沙特阿拉伯国民警卫队从艾维士汽车公司购买了“萨拉丁”坦克，那么他们可能会竞标一份装备维护合同。这个中间人致信米尔班克技术服务公司，[23]“请求被任命为该项目的咨询工程师［（此处已遭审查）应该是一名合格的工程师，而该项目确实包含建筑元素］……佣金是合同金额的8%”。

46 对此，麦卡锡指出：[24]

> “我们英国政府能够轻松地摆脱与艾维士汽车公司的关系，但不能轻易地摆脱与米尔班克技术服务公司的关系，毕竟它是英联邦代办处的子公司，具有准政府机构的性质。米尔班克技术服务公司咨询我们是否认为其贿赂计划将导致女王陛下政府过于尴尬……我最后说，我一点也不喜欢这个计划，但我认为要想拿下这笔业务，除了行贿之外，别无他法。”

大约两周后，米尔班克技术服务公司正式雇佣了中间人。[25]

麦卡锡抱怨道：[26]“沙特阿拉伯的佣金禁令很好，但据我所知，遵守这个禁令不利于获得订单，而如果违反禁令，与（此处已遭审查）合作，可能会确保获得订单。”他向沙特阿拉伯驻英国大使阿卜杜拉曼·阿赫莱西抱怨道：“我的个人观点是代理禁令正在变成一出闹剧，只会阻碍那些遵纪守法的公司，而（此处已遭审查）却肆无忌惮地逃避禁令，将回扣作为军火交易的条件。”[27]阿赫莱西并不感到惊讶。

中间人未能给艾维士汽车公司及米尔班克技术服务公司争取到合同，英国外交官们也越来越不相信他说的话。其中一位外交官写道：

> （此处已遭审查）也许是枚有用的棋子，但我不相信他具备一个真正的代理人应有的特质或组织能力。沙特阿拉伯的军火大单都是由地位很高的人以及某些专业的组织掌控的，这些人都在沙特阿拉伯高层有人脉，而这些组织负责对接地位较低的官员，并协助投标方准备报价。只有自下而上的一系列官员都坚定地推荐和支持某个公司的产品时，有权拍板的决策者才愿意同这个公司签署合同……因此，英国公司如果无法获得阿德南·卡舒吉或卡迈勒·阿德姆这类人的帮助，很难最终签订合同。（卡迈勒·阿德姆是费萨尔国王的妹夫，当时担任沙特阿拉伯情报机构负责人，是极具影响力的人物。）（此处已遭审查）的人似乎很难应付这些人提出的反对意见。[28]

英国驻沙特阿拉伯大使馆的外交官们感到不安。莫 47
里斯大使的副手詹姆斯·克雷格（James Craig）向伦敦方面抱怨说：

> “这件事拖得越久，我就越不喜欢……有些政府愿意参与见不得光的交易，而我认为女王陛下政府十分正确地没有参与进去……使馆可以提供一定

程度的帮助：我们可以就代理人的选择提供建议，有时我们可以核实代理人的信息，也可以提供某些类型的信息（比如，X 娶了 Y 的妹妹）。但我们不能也不应该告诉一家公司应该贿赂谁，不应该贿赂谁。如果我们没有全面、准确、详细地掌握关于沙特阿拉伯商业和政府的内幕信息，就不能也不应该提供这样的建议，而如果我们不亲自踏入泥潭，就无法掌握这种信息。我本就认为，我们显然不应该做这种事，撇开道德不谈，即使我们这样做了，能否成功也非常值得怀疑。

但在沙特阿拉伯，这就是当地代理人扮演的角色。比如，布克尚（Buqshan）就为英国气垫船公司（British Hovercraft Corporation）做了这些事。（私下里告诉你，该公司向布克尚支付了合同金额约 20% 的佣金，估计其中约四分之三流向了内政部。）”[29]

然而，在即将达成交易之际，伦敦方面确实希望英国驻沙特阿拉伯大使馆就贿赂问题提供建议，并告诉克雷格：

“虽然我们理解你的感受，但我们不能完全置身事外。如果我们有明确的线索，比如贿赂某人可能会赢得合同，而且外国公司会通过贿赂赢得合同，那么就不能坐视不管和隐瞒信息。我们不必用这么多话告诉一家公司‘应该贿赂谁，不应该贿赂谁’（但如果我们确定这一点，却没有传达，那我们就可能忽视了促进出口的职责——当然，我们不会透露消息来源）。我们当然可以对一家公司说，如果以正确的方式接触X或Y，可能会发现他们能够扭转一桩交易的结果。”[30]

1969年9月，休伯特得知近东资源公司的阿拉姆丁发现了英国公司与中间人的安排之后说：

“如果（此处已遭审查）曾经能够发挥作用， 48
但如今已被排挤出去，无法从这笔交易中分一杯羹，那么我认为这些人会极力确保这个项目在当前商业安排下不会成功。”[31]

1969年9月，莱斯特·萨菲尔德成为国防贸易组织的负责人。1970年初，莫里斯大使给他写了一封题为《向沙特阿拉伯出售武器》的信。[32]莫里斯解释说，“腐败问题显然至关重要”，并继续写道：

16. 虽然我们知道有些销售是不收佣金的，比如向沙特阿拉伯国民警卫队出售“警惕者”反坦克导弹以及向约旦出售武器，但我们必须接受这样一个事实，即在正常情况下，一家公司要么接受佣金体系，要么放弃销售，只有这两个选项。我们认为，在过去一年里，我们与外交和联邦事务部及国防部就此问题进行了大量沟通，我们对于佣金制度提出以下总体指导意见：

(a) 英国政府官员无论在这里，还是其他地方，都应尽可能多地了解这个体系，并将相关信息提供给公司。

(b) 英国政府官员应该避免直接参与武器销售环节。

(c) 应该鼓励公司聘请当地顾问，以便为他们提供信息，并代表他们处理这些事务，而不是依赖政府官员。

(d) 必须向公司明确，在这个问题上，他们要自主决策，并承担相关风险。

(e) 英国政府机构不得在未经部长批准的情况下支付贿赂，而且部长们不要批准这种事情。因此，如果要在政府间的销售中支付佣金（真实的服务费用除外），相关安排须由生产和销售设备的私营企业去做。

(f) 国防贸易组织和大使馆之间应该进行最充分的信息交流，至于公司是否应该让政府官员知道其机密信息，以及在多大程度上知道其机密信息，存在较多分歧。

> 17. 这些规则是基于权宜之计，而非道德考量。从道德上讲，应该建议公司拒绝接受佣金制度，无论这样做会带来什么后果……这些规则的理由是：
>
> (a) 如果真如我们所料，佣金安排曝光之后成为公开丑闻，那么女王陛下政府的声誉容易受损；
>
> (b) 佣金体系要求公司通过代理人（或顾问）开展工作，但公司过度倾向于让政府官员为他们效劳，并认为这理所应当；
>
> (c) 我们目前在沙特阿拉伯国民警卫队军火采购方面遭遇的麻烦表明，如果政府官员过多地卷入其中，将会造成什么危害（参考附件B）；
>
> (d) 整个佣金体系错综复杂，涉及大量内幕和隐秘信息，很多事情不可信，导致政府官员无法给公司提出确切建议。

沙特阿拉伯的中间人不停地在贝鲁特骚扰英国商人。49
英国驻沙特阿拉伯大使馆了解到，这位中间人接触了两位英国商人，为其介绍了梅迪科公司（METICO）。[33]英国驻沙特阿拉伯大使馆了解到梅迪科公司正是福斯图克的公司（福斯图克是阿卜杜拉王子的亲信）。[34]外交官们描述道，其中一位商人“被带到梅迪科公司的办公室，在那里，（此处已遭审查）向这位商人保证说将为其安排合同的事”，另一位商人被告知“如果他不任命梅迪科公司为代理商，将无法获得这笔业务”。[35]

1970年初，艾维士汽车公司与这位中间人的代理协议到期。他们在三个月前已经将此消息通知了在沙特阿拉伯的官方代理人阿拉姆丁。[36]

由于英国赢得沙特阿拉伯国民警卫队采购合同的希望似乎比较渺茫，外交和联邦事务部的外交官们开始思考下一步该怎么办。该部处理沙特阿拉伯事务的官员比尔·富勒顿（Bill Fullerton）认为，如果艾维士汽车公司雇佣卡舒吉（Khashoggi）作为代理人，或许能得到更多机会，[37]因为卡舒吉是“沙特阿拉伯最有权力和最富有的中间人之一，确实擅长运作和谈判”。[38]富勒顿沉思道：“虽然卡舒吉可能不受（此处已遭审查）的待见，但如果最终结果是（此处已遭审查）采购了‘萨拉丁’坦克，并按照他自己要求的百分比拿到了回扣，那么他可能不会太介意卡舒吉的介入。”[39]然而，富勒顿的新上司、英国外交和联邦事务部阿拉伯地区事务负责人安东尼·阿克兰（Antony Acland）反驳道：“几乎没有空间让（已删除）和卡舒吉均获得自己要求的佣金。如果真是这样，（已删除）将担心卡舒吉的参与会减少自己可获得的金额。”[40]

阿克兰向莫里斯大使指出：

“由于这位中间人在真正重要的地方似乎没有必要的影响力，因此，如果英国的交易要取得成功，在某个阶段可能需要一个更强大的中间人。你的观点认为公司应该首先聚焦谈业务，然后再期待中间人的出现，这无疑是正确的开始方式，但如此一来，如果没有出现一个具备足够影响力的中间人，接下来应该怎么办呢？我赞同英国国防部的主张，不应该亲自帮公司寻找合适的中间人，但公司是否应该在某个阶段事先这样做呢？”[41]

阿克兰提出了一项新策略： 50

“我们一定要尝试这种直接的方法，并给它一个发挥作用的机会。如果在适当的时候没有任何结果，我们可能会建议艾维士汽车公司对（此处已遭审查）施加一些压力，并说如果他不能自己完成这笔交易，为什么他不找一个能完成的人来帮助他呢？如果这同样没有结果，我们认为可能需要建议艾维士汽车公司进一步与卡舒吉或您推荐的其他中间人商讨此事。”[42]

与此同时，艾维士汽车公司收到了一封来自（此处已遭审查）的信，[43]这家黎巴嫩公司负责处理（此处已遭审查）的业务，他们迫切要求重新讨论之前的代理协议。由于艾维士汽车公司没有更好的选择，他们在 1970 年 4 月续签了代理协议。[44]

米尔班克技术服务公司与中间人

他们之所以续签代理协议，是因为当时有一笔新的、更大的交易摆在眼前。沙特阿拉伯国民警卫队即将扩编，扩编后将包含 11 个战斗群和 1400 多辆装甲车，需要大量武器、弹药和技术支持。国防贸易组织估计这笔交易的价值将高达 7500 万至 8000 万英镑（约合今天的 8.5 亿至 9 亿英镑）。[45]他们告诉英国外交和联邦事务部阿拉伯地区事务主管阿克兰说："应该支付 7.5% 的佣金，总共约 600 万英镑（约合今天的 6800 万英镑）。"[46]现在，沙特阿拉伯希望英国国防部、艾维士汽车公司和米尔班克技术服务公司组成的联合体提出一个武器采购方案。

英国国防贸易组织希望主承包商是米尔班克技术服务公司，而非艾维士汽车公司。萨菲尔德说：

> "这是因为，无论在沙特阿拉伯开展何种业务，通常都要考虑一个因素，即需要支付佣金，而且由于阿卜杜拉王子希望任何采购都看起来像是政府间交易，我们建议阿卜杜拉王子说一个折中办法就是通过米尔班克技术服务公司提供英国的一揽子报价方案。"[47]

至于佣金问题，国防贸易组织告诉阿克兰说： 51

> “艾维士汽车公司已经自行作出了佣金安排。此前，外交和联邦事务部不愿让米尔班克技术服务公司作出类似安排，是因为它与政府部门存在密切联系，而讨论佣金问题之后，我们已经知道沙特阿拉伯允许外国公司聘请顾问。如果米尔班克技术服务公司这次能谈出一个各方都能接受的佣金，将大大有助于通过合适的交易方案。他们将完全自行负责，不需要向国防部请示。”[48]

莫里斯大使的副手詹姆斯·克雷格被派往贝鲁特，向中间人反馈他之前付出的努力。克雷格告诉他的同事说：“我们的会面安排得像詹姆斯·邦德电影里的情节一样，我被带到（此处已遭审查）位于一座山上的房子和中间人共进午餐。”[49]在那里，他告诉中间人说：“女王陛下政府不会参与，也不想知道任何非正规的支付。”他还直截了当地说：“在我们看来，整个过程中，每个人都发挥了作用，只不过（此处已遭审查）最终没有作出采购‘萨拉丁’坦克的决定。”

克雷格还对同事们说：“后来，那个中间人及其助手高傲地说根本不存在什么非正规的支付，只有合法的佣金。当我试图揭穿他们的虚伪时，他们怒气冲冲地在房间里来回踱步。”

克雷格问他们为什么在争取“萨拉丁”坦克订单时失败了，中间人听了之后，“觉得自尊心受到了伤害，一直说他不能接受‘失败’这个词，所以我撤回了这个词，换了一个委婉的说法”。克雷格总结说：“之后我们去了赛马场，坐在马主厢房里，我只待在那里看了第一场比赛，（此处已遭审查）的马跑了倒数第一名和倒数第二名，但愿这不是什么凶兆。”

米尔班克技术服务公司和中间人之间签署的协议草案表明，代理期限为五年，“除非因收到沙特阿拉伯有关部门的指示而阻碍了本协议的执行”。[50]米尔班克技术服务公司与沙特阿拉伯军队或国民警卫队签订的任何合同，均应向中间人的瑞士银行账户支付合同价的 7.5% 作为佣金。

52 双方于 1970 年 6 月 12 日（周五）签署最终版的代理协议。6 月 15 日（周一），米尔班克技术服务公司告知英国外交和联邦事务部说：“（此处已遭审查）将于本周早些时候到访国防部，可能是周二。”[51]

阿克兰告诉莫里斯说：“国防部对这项交易已经敲定或即将敲定感到乐观，当然很想好好接待（此处已遭审查）。”[52]时任英国国防部空军副参谋长温特伯顿勋爵（Winterbottom）被要求亲自接待访客阿卜杜拉。[53]

然而，在会晤期间，“（此处已遭审查）仍心存担忧，认为他的交易应该与英国政府进行，以便不会出现关于中东国家代理商佣金的问题。”[54]一位外交官评论说：

“（此处已遭审查）只想走过场式地提一下沙特阿拉伯的官方立场，他之所以让女王陛下政府参与进来，仅仅是为了证明交易是诚信的，从而增强其向（此处已遭审查）部长理事会提交采购方案时的说服力。”[55]

英国驻沙特阿拉伯大使馆提出的建议是，米尔班克技术服务公司和艾维士汽车公司

“应该让（此处已遭审查）承担起责任，兑现他在合同中承诺的服务。

3. 只要女王陛下政府在沙特阿拉伯人的眼中仍然是主要参与方，公司就应受到女王陛下政府的指导。任何偏离这一认知的行为都会危及整个交易。正如之前所强调的那样，这一行动旨在为（此处已遭审查）提供保护，一旦为中间人支付佣金的事情暴露，政府还可以否认与这件事的关联。公司在政府间交易合同之外的责任是向（此处已遭审查）或其公司（此处已遭审查）支付约定的佣金，但这与女王陛下政府无关”。[56]

然而，由于这些文件已经受到审查，无法确定这个获得保护的中间人究竟是谁。

1970 年 10 月，休伯特与米尔班克技术服务公司和艾维士汽车公司的销售人员一同访问了沙特阿拉伯，讨论了扩张后的国民警卫队将需要什么装备，[57]并在 1971

年春季向阿卜杜拉王子提交了一份武器采购方案。[58]米尔班克技术服务公司提供的英国装备方案将耗资约1.12亿英镑（约合今天的12亿英镑）。萨菲尔德报告说："阿卜杜拉王子对我们的方案表示满意，并表示将把方案提交给部长理事会。"[59]

53 为了这笔交易，英国人起草了一份谅解备忘录。英国国防部的计划是，"米尔班克技术服务公司将处理交易中涉及福斯图克的问题，即佣金安排"。[60]但这笔交易最终也没有达成。

1971年7月，休伯特和萨菲尔德访问了英国驻沙特阿拉伯大使馆，讨论下一步该怎么做。他们"想知道福斯图克是不是正确的人选"。[61]莫里斯大使指出，"关键是费萨尔国王支持国民警卫队的大规模扩张计划，而福斯图克对此完全没有控制权"。他们同意将谅解备忘录"赶在最早的时机提交给阿卜杜拉王子"。[62]然而，"这个时机应该是……阿卜杜拉王子发出信号的时候，而不是等着福斯图克发出信号，毕竟事实已经证明他每次对时机的把握都有问题"。[63]

美国人半路截和

1971年11月，英国得知沙特阿拉伯已经邀请了美国、法国参与竞标。[64]萨菲尔德说："这桩买卖的规模太大了，王室其他成员经不住诱惑，纷纷站出来反对阿卜杜拉王子提出的采购方案，并建议允许他们自己的客户，也就是美国、法国的公司也参与竞标。”[65]阿卜杜拉王子的主要竞争对手是苏尔坦王子。苏尔坦王子利用费萨尔国王对英国的不满，去阻挠英国与阿卜杜拉王子的报价方案。

费萨尔国王之所以对英国不满，是因为他觉得自己很脆弱。自 19 世纪中叶以来，英国一直负责波斯湾沿岸酋长国的安全，这些酋长国被称为“中立国”。英国计划在 1971 年底从波斯湾撤军，让沙特阿拉伯和海湾地区的其他酋长国负责各自安全。

费萨尔国王曾经希望推动海湾地区九个酋长国团结起来，组建一个“阿拉伯酋长国联盟”，以改善英国撤军后的海湾安全，但各酋长国统治者之间的竞争关系错综复杂，导致这一目标无法实现。1971 年 7 月，英国人意识到巴林和卡塔尔不会加入任何联盟。[66]费萨尔国王迁怒于英国，最后还指责英国未能说服阿布扎比酋长国解决与沙特阿拉伯之间的边界争端。

1971 年夏季，在阿卜杜拉王子出国之际，苏尔坦王 54
子说服了费萨尔国王报复英国人。休伯特及其同事们向阿卜杜拉王子提出的报价方案本来属于商业机密，但这个方案的一个副本却被交给了卡舒吉。卡舒吉将其转交给了美国公司（他是美国公司的代理人），并要求美国人提出报价方案。[67]随后，美国人获得了沙特阿拉伯国民警卫队的采购合同。

阿卜杜拉王子在接下来的五个月里没有告诉唐纳森发生了什么事。[68]1972 年 1 月，他终于开口了，当时休伯特正在吉达。在英国驻沙特阿拉伯大使馆（位于吉达）的一次讨论中，莫里斯大使同意游说费萨尔国王改变主意。休伯特报告说：

> “这在很大程度上取决于费萨尔国王是否愿意将其国防力量完全交到美国手中（美国人当时已是沙特阿拉伯军队的主要供应商）。如果国王愿意这样做，那么我们似乎只能指望卡舒吉先生慷慨地分给我们一些面包屑。如果他犹豫不决，那么我们可能会有一个好点的结果。”[69]

如果有必要，休伯特和外交官们对行贿卡舒吉不会感到不安：

> “如果只有卡舒吉能帮忙达成交易，那就跟他合作。他的个人要求可能会很高，但在沙特阿拉伯做生意就是这样，国王的法令中不包括 25% 的人。我们要么给卡舒吉提供他想要的回扣，要么就退出。”

这意味着英国要放弃福斯图克。于是，休伯特继续说：

> “米尔班克技术服务公司必须尽量压低福斯图克的佣金。他声称（此处已遭审查）从7.5%中拿走了6.5%，所以1%应该可以作为谈判的基础，尽管毫无疑问（此处已遭审查）的贪婪会迫使他试图从两个中间人那里各拿一些好处。”

休伯特认为这是可行的，因为“（此处已遭审查），无论他如何虚张声势，都不会踏入英国法庭起诉违约”。

休伯特在返回伦敦后的两周内会见了卡舒吉。休伯特报告说，卡舒吉向他表示想为英国政府效力，但同时又想确保任何政府与政府之间的生意都能保护他的佣金。休伯特当然对卡舒吉表示不会干涉英国公司给他支付佣金，但没有对他的第一点发表评论。[70]

休伯特还报告说： 55

> “卡舒吉知道福斯图克，因为他先提到了这个名字，但我不清楚他是否知道详细安排。他给我留下的一个印象是，他根本不担心福斯图克这个对手以及我们目前给福斯图克的承诺。”[71]

然而，1972年2月初，沙特阿拉伯国民警卫队正式拒绝了英国的方案。后来，福斯图克在国际赛马界做得非常成功，但在国民警卫队合同的竞争中，他却败下阵来。

于是，米尔班克技术服务公司取消了与福斯图克的代理协议。[72]国防贸易组织告诉莫里斯大使说，米尔班克技术服务公司

> “原本就不喜欢与福斯图克现有的协议……他们设想过这样一种情况：以后通过其他渠道在沙特阿拉伯获得了大单，仅向福斯图克支付一些小额的惠给金”。[73]

1973年3月19日，沙特阿拉伯同美国公司签署了一份关于沙特阿拉伯国民警卫队现代化的谅解备忘录。[74]由美国国防部管理的沙特阿拉伯国民警卫队项目经理办公室至今依然存在，大部分工作由美国诺斯罗普·格鲁曼公司旗下的维内尔公司（Vinnell Corporation）承担。

为了这桩金额超大的交易，英国政府的所作所为已远远超越了使用代理人赢得订单的程度。英国外交官和国防贸易组织的官员均深度参与了贿赂计划的制订过程。由于这笔军火交易，英国与中东国家关键人物费萨尔国王之间的关系也变得风险重重。

然而，英国却在20世纪70年代同伊朗国王建立了一种更为有利可图的特殊关系。

第四章 56

特殊关系：英国与伊朗国王（1970—1978）

英伊军火交易是英国外交关系的重要组成部分，对英国具有重大价值，这类似于英国同沙特阿拉伯之间的关系。伊朗的长期重要性源于其资源以及地理位置（位于波斯湾一侧，扼守霍尔木兹海峡，世界上许多油轮都经过这里，并与苏联接壤）。成立于 1909 年的盎格鲁—波斯石油公司（Anglo-Persian Oil Company）就是英国石油公司的前身。

二战后，盎格鲁—伊朗石油公司（Anglo-Iranian Oil Company）“成为英国最大的单一海外投资……而且上缴给国内财政的税款远远超过向伊朗政府支付的土地使用费”。[1]不出所料，许多伊朗人希望挑战英国对该国最重要自然资源的控制，因此，伊朗总理穆罕默德·摩萨台将石油工业国有化。1953 年，在美国总统艾森豪威尔和英国首相丘吉尔授权下，美国中央情报局和英国秘密情报局联合策划了推翻摩萨台政权的政变。伊朗国王向英国秘密情报局的特工承诺将在政变发生后颁布罢免摩萨台的法令。[2]1953 年 8 月 15 日，第一次政变失败，国王逃离伊朗。[3]之后不到一周，第二次政变成功，国王返回伊朗，他知道自己之所以能保住王位，要归功于英国人和美国人。

伊朗成为英国的关键盟友之一。伊朗是中央条约组织的成员，该组织是一个针对苏联的军事联盟。1970 年，哈罗德·威尔逊领导的工党政府希望与伊朗建立密切关系，以确保英国从苏伊士运河东部撤军后不会打破波斯湾的安全形势。伊朗国王愿意承担维护波斯湾安全的责任，成为抵抗苏联的一个堡垒，并愿意配合英国维护印度洋安全。英国对伊朗国王在这些事务上的配合感到高兴。[4]不仅如此，伊朗国王还同意放弃对巴林的领土要求。[5]

57 伊朗国王还对世界油价产生了巨大影响。1971 年，在伊朗国王领导下，石油输出国组织增加了石油生产商的收入，而在 1973 年，他提出了更高的要求。英国外交和联邦事务部的一份内部历史文件解释说，[6]伊朗国王正在“损害英国至关重要的利益，即获得安全且价格稳定的石油供应”。但外交官们得出的结论是“英国对伊朗的依赖超过伊朗对英国的依赖”，因此，与伊朗国王保持良好关系是英国重要的优先事项。

图 7　伊朗国王（摄于 1971 年）。这一年，伊朗与英国签署第一笔巨额军火交易合同。英国国防贸易组织负责人莱斯特·萨菲尔德授权向国王的亲信沙普尔·里波特（Shapoor Reporter）支付佣金，并认为这些佣金将用于“国王基金”。

供图：英国报纸联合社

在 20 世纪 70 年代的大部分时间里，伊朗是英国军火的主要采购国，领先于沙特阿拉伯，占 1972 年至 1978 年英国军火出口总额的 24%。[7]英国与伊朗的第一笔巨额交易是 1971 年 1 月向其出售“酋长”坦克。[8]米尔班克技术服务公司在两国军火交易中发挥了关键作用，就像它试图帮助英国赢得黎巴嫩采购合同和沙特阿拉伯国民警卫队采购合同时所做的那样。 58

特殊关系的开始

哈桑·图法尼安将军（Hassan Toufanian）在伊朗战争部负责军事工业发展和军火采购。根据英国驻伊朗的外交官们描述，伊朗国王“情绪不稳且疑心极重”，[9]并认为“图法尼安在坦克交易上没有公正行事，而且被德国人贿赂”。[10]德国“豹”式坦克是英国“酋长”坦克的竞争对手。

英国驻伊朗大使馆对国防贸易组织负责人萨菲尔德说，国王将向伦敦派遣一位名叫沙普尔·里波特（Shapoor Reporter）的特使。[11]里波特1921年出生在德黑兰，[12]二战期间曾供职英国驻德黑兰大使馆，之后成为一名记者，他还曾担任伊朗国王的第二任王后索拉雅（Soraya）的英文教师，[13]与国王关系密切，但在从事新闻工作和教学工作期间充当了英国秘密情报局的特工。[14]1955年，里波特获得了英国公民身份。[15]

英国驻伊朗大使馆说，里波特“有权直接向国王汇报，国王将决定是否继续交易”。[16]国王的选择很奇怪，因为“里波特不是坦克专家”。外交官们表示，保密至关重要，因为里波特的使命“没有透漏给图法尼安”。

萨菲尔德回复英国驻伊朗大使馆时说：“感谢在周五之前提供建议，告诉我们应以何种态度对待里波特，以及他与国王的亲密程度。这是否表明需要在某个环节给予回报？”[17]英国驻伊朗大使丹尼斯·赖特爵士（Denis Wright）在一封电报中回复道：

> “里波特是国王亲近、信赖的心腹。国王之前 59
> 用他传递过特别敏感的信息，还让他代表伊朗政府谈判各种交易。他在伦敦金融城有良好的人脉，比如斯托克斯勋爵（Stokes，正是斯托克斯的建议促成了国防贸易组织的设立）。”[18]

这封电报继续写道：

> “里波特问我们应该与谁讨论他的佣金。像这么大的交易，他预期的佣金相当可观。我们告诉他要和你讨论这个问题……我认识里波特 17 年了……他的观点和建议可能会受到自身利益的影响，尤其是金钱利益。”

里波特在伦敦会见了米尔班克技术服务公司和国防贸易组织的官员。伦敦的外交官对英国驻伊朗大使馆说，[19]里波特会立即将国防贸易组织的报价方案提交给伊朗国王。之后，国防贸易组织预计图法尼安会批准采购合同，在一封发给英国驻伊朗大使馆的电报中表示：“聘用米尔班克技术服务公司的费用已包含在国防部的设备报价之中，而且如果谈判成功，里波特的费用也将被支付。此外，仅供你们参考，里波特那部分费用是为‘国王基金’预留的，占合同价的 1%。”

里波特返回德黑兰时，带回了米尔班克技术服务公司总经理罗伊（R. G. Roe）的一封亲笔信，信中描述道：

> “我司希望向伊朗政府供应一批‘酋长’坦克及相关设备和弹药，您为此次交易提供了一定的咨询和顾问服务。若最终合同按照我们与您讨论的条款签订，且供应设备的合同价符合我司提议数额，即大约 5600 万英镑，我司将安排向您支付为促成合同签订而提供咨询或顾问服务的费用。
>
> 关于您的费用，适用条款为合同价（离岸价）的 1%……平均分为五期支付。”[20]

60 里波特还带回了一封英国国防大臣卡灵顿勋爵致伊朗国王的亲笔信。[21]信中表达了卡灵顿勋爵“对陛下授权大英帝国勋章获得者沙普尔·里波特先生与我部官员讨论采购方案表示赞赏……我相信，现在提出的方案将完全得到陛下政府的接纳”。我没有看到任何证据表明卡灵顿勋爵被告知了米尔班克技术服务公司与里波特之间的佣金协议。

接下来一周内，国王两次会见里波特。第二次会见后，英国驻伊朗大使馆告诉国防贸易组织说：国王接受了提案，“将给图法尼安新的指示，但不会透露里波特所扮演的角色”。[22]

1970 年圣诞节前三天，里波特告诉英国驻伊朗大使馆说，国王将采购数百辆“酋长”坦克。[23] 1971 年 1 月，伊朗政府果然同米尔班克技术服务公司签订了价值 5230 万英镑的合同（约合今天 6 亿英镑），采购 360 辆“酋长”坦克。同年 6 月，他们又以 6220 万英镑（约合今天 6.5 亿英镑）的价格采购了另外 437 辆“酋长”坦克。[24]

20 世纪 60 年代中期，英国在伊朗无法赢得大型军火交易，但里波特成为米尔班克技术服务公司的代理人之后，国防贸易组织就可以通过“走后门”的方式打开武器销售局面。此时，英国迎来了伊朗的大量订单，伊朗国王采购英国武器的订单几乎都是通过米尔班克技术服务公司达成的。1974 年 12 月，伊朗国王又向米尔班克技术服务公司订购了 1500 多辆坦克，其中大部分是“酋长”坦克的升级版。[25]

在伊朗国王的支持下，米尔班克技术服务公司此时得以迅速扩张。1975 年，库珀斯与莱布兰德会计师事务所（Coopers & Lybrand）的报告显示，米尔班克技术服务公司的营业额从 1971 年的 700 万英镑（约合今天 7300 万英镑）增加到 1974 年的约 6000 万英镑（约合今天 4.53 亿英镑）。[26] 到 1974 年底，该公司总共与其他国家签订了 49 份采购合同，其中 37 份来自伊朗。同伊朗的军火交易占该公司采购合同总额的 84%，导致其“对伊朗国防部门产生了依赖性”。[27]

在1973年的英国新年授勋仪式上，里波特因“服务于英国在伊朗的利益”而获封爵士。[28]1974年，即第三笔巨额坦克交易合同签订的那一年，他“奉国王陛下之命”要求将佣金提高到1.5%。[29]英国满足了他这个要求。但这并没有阻止他要求更多。1975年1月，里波特写信给萨菲尔德，要求英国在伊斯法罕的一个军事工业综合体项目提供2%的回扣，并说“我的一位朋友告诉我，沙特阿拉伯人要求的回扣是25%”。[30]

61

伊朗国王的反腐败运动

与此同时，伊朗国王发起了一场反腐败运动。[31]1974年夏季，他对美国驻伊朗大使理查德·赫尔姆斯（Richard Helms）说本打算在上个月将他信赖的宪兵司令法鲁克尼亚（Farouknia）晋升为四星将军，但当得知法鲁克尼亚一直从走私者那里收受贿赂后，就把他投进了监狱……现在，那些不诚实的人最好小心了，因为他要去找他们算账。[32]

1976年，伊朗总理阿米尔·阿巴斯·侯维达（Amir Abbas Hoveyda）成立了一个五人反腐败高级委员会。[33]英国外交官指出：

> “伊朗帝国海军最近因贿赂和腐败问题发生了

> 一场清洗，包括海军司令及其副手、一些海军上将和级别更低的人员。我们相信，目前在伊朗帝国海军内部发现的腐败主要涉及民用建筑领域……没有迹象表明英国公司卷入其中。”[34]

伊朗战争部的所有承包商都被要求签署一份宣誓书，[35]明确表示：“本协议包含的产品和服务报价……不包含为报答任何代表、代理人、顾问、咨询师或第三方的服务而支付的佣金、回扣或费用。”好在米尔班克技术服务公司由于具有英国政府背景，才能免签宣誓书。[36]

20 世纪 70 年代中期，英国大臣们被告知：

> “向伊朗出售军火以及提供技术援助的谈判通常在政府与政府之间进行，具体合同由米尔班克技术服务有限公司处理……这一安排是根据伊朗国王的明确意愿达成的，以减少各级部门发生贿赂和腐败的风险。”[37]

但实际上，伊朗国王想把所有的贿赂都留给自己及其核心圈子。

62

英国与伊朗的腐败丑闻

一家英国公司试图获得在伊朗建造医院和提供装备

的合同，这期间爆发了丑闻，成为英国在伊朗遭遇麻烦的最初迹象。有人在编辑伊朗宫廷大臣阿萨杜拉·阿拉姆（Asadollah Alam）的日记时，概述了当时发生的事情：

> “这家英国公司的主要代理人是一位著名的英国贵族，此人的政治生涯因卷入性丑闻而受损。这位贵族误以为自己在伊朗当地的合作伙伴已将贿款转交给了阿拉姆。当受到指控时，阿拉姆感到愤怒，声称对整个事件一无所知。后来，他收到了时任英国驻伊朗大使安东尼·帕森斯爵士（Anthony Parsons）深表道歉的信。”[38]

这位英国贵族“在伊朗当地的合作伙伴”就是里波特。帕森斯大使向里波特询问佣金去向时，里波特说自己代表伊朗国王与克莱沃特本森银行（伦敦金融城的一家银行）合作运营了一个伊朗国王的私人基金，并将合同中的佣金投入到了这个基金中。[39]该基金的收入用于没有预算拨款的事情，比如资助牛津大学圣安东尼学院的波斯研究。帕森斯大使和萨菲尔德怀疑里波特打着国王的旗号诱骗米尔班克技术服务公司雇佣他，然后把佣金装进了自己的腰包。但他们认为，一旦被国王发现，后果将非常严重，所以里波特绝不敢尝试这样的“惊天骗局”。[40]

米尔班克技术服务公司现在决定重新审视与里波特的关系，并请资深律师约翰·马修（John Matthew）给出意见。他们被告知这种关系是完全合法的。[41]不幸的是，我没有在任何文件中看到马修先生的意见，但官员们在其他文件中提到了这一点。

马修列出了三个主要标准，只有满足这些标准，才能避免腐败指控：

> （1）以当时的标准来判断，佣金费率必须是合理的；
>
> （2）除非交易双方都知情，否则一方不应向另一方的雇员、员工或代理人支付任何费用；
>
> （3）如果委托了代理人，那么委托方（指出口商）不应在账簿中隐瞒这种费用，如果怀疑（更糟的情况是明明知道）这些费用被用于贿赂，当事方应该格外谨慎。[42]

然而，委托方（指出口商）的代理人用自己拿到的 63
佣金“向合同另一方的员工支付费用”时，马修的建议是：“一般而言，委托方（指出口商）没有义务去追查其向代理人支付的款项，也没有义务询问该代理人如何使用这些款项。”[43]

就伊朗而言，这些款项的最终接收者是伊朗国王，是该国的最高权威。根据英国 1906 年《防止腐败法》，向国王支付款项并非贿赂。此外，里波特同时充当双方的代理人。英国国防部一位官员写道："米尔班克技术服务公司仍在使用沙普尔·里波特爵士作为代理人这一事实，我们和伊朗人都一清二楚。"[44]此外，按照当时的标准，1%或1.5%的佣金比例显然是比较低的。

与此同时，另一场丑闻正在酝酿，有可能严重损害英国与伊朗国王的关系。20世纪70年代初，国防贸易组织同伊朗谈判"酋长"坦克交易时，伊朗人需要在美国公司与英国公司生产的无线电装置之间作出选择，这些无线电装置将安装到伊朗即将采购的坦克上。大卫·兰德尔中校（David Randel）当时担任英国国防贸易组织的通信顾问，英国瑞克尔电子集团的两名员工为其提供了贿赂，认为他能够对伊朗施加影响，诱导伊朗选择其生产的无线电装置。最终，伊朗人果然选择了该公司的无线电装置。[45]

英国官员们得知瑞克尔电子集团与兰德尔的关系之后开展了调查。1974年，伊朗国王得知了此事。[46]兰德尔于1976年4月被捕，[47]并根据1906年《防止腐败法》第一条受到指控，[48]即"为了影响英国同伊朗和阿曼的国防设备合同，向英国瑞克尔电子集团索取和收受腐败款项"。瑞克尔电子集团的两名员工也受到起诉。三人均于1977年底在伦敦中央刑事法院受审。1978年1月，涉及伊朗的有关指控坐实之后，三人被判入狱。

国防贸易组织的这名官员的受贿虽然令英国政府尴

尬，但真正的麻烦是，在米尔班克技术服务公司开始与里波特合作时，兰德尔参与了“酋长”坦克交易的谈判。在兰德尔受到审判的前夕，他的律师曾经暗示道：“如果案件继续审理，兰德尔会在法庭上声称女王陛下政府也参与了同样类型的腐败支付。”[49]

这也导致伊朗国王陷入十分尴尬的境地。据英国外 64
交和英联邦事务部的内部历史文件记录，到 1976 年，“伊朗社会已经呈现出普遍的病态”，伊朗国王“未能兑现他为所有伊朗人大幅增加财富和改善社会服务的承诺，伊朗也远没有跻身工业化国家行列”。[50] 1976 年 10 月，国王公开承认了自己的错误。1977 年 8 月，他被迫屈辱地解散了政府，包括长期担任总理的侯维达。到 1977 年 11 月兰德尔开始接受审判时，德黑兰已经爆发了一系列学生抗议活动。

英国外交官和官员迫切希望避免在兰德尔的审判中提及米尔班克技术服务公司与里波特之间的佣金安排，因为军火交易涉及国王本人的财务安排鲜为人知。美国国务卿亨利·基辛格告诉美国驻伊朗大使馆，对国王涉嫌卷入重大国防合同的核查并未发现任何负面信息。[51]

多年来，国防部官员一直向部长们保证，米尔班克技术服务公司与里波特之间的佣金安排“在任何方面都没有不当之处”，但他们并不认为这种安排合法到能够经受住审查的程度。[52]当英国外交官与英国国防部讨论兰德尔案件时，一位记录员写道：“米尔班克技术服务公司和国防部相信沙普尔·里波特爵士将这笔款项支付给了伊朗国王基金（但没有证据），这是一家众所周知的伊朗慈善机构，国王和王后（国王的第三任王后法拉赫）都对其非常关注。”[53]他们可能很难坚持认为“这是一个完全合法的安排”，[54]因为他们不知道里波特爵士如何处理自己得到的佣金，并且只能说他们“没有理由认为他将其直接用于腐败目的”。至于国王基金，帕森斯大使回忆道，“要发现它的确切运作方式是不可能的，要判断其道德标准也是不可能的”。[55]

萨菲尔德在审判中提供了证词，证实里波特收到了100万英镑（约合今天的470万英镑）的“酋长”坦克合同佣金。[56]一周后，在议会中，英国国防部国务大臣表示：“夏普尔·里波特爵士作为英国公民，多年来一直担任米尔班克技术服务公司的唯一顾问，负责对伊朗销售国防装备……因此获得了报酬。”[57]

65 伊朗国王及其顾问们对这场审判并不满意。帕森斯大使回忆说：

> “由于伦敦发生了一场涉及官员腐败的审判，我们的关系在1977年底变得异常微妙，因为这场审判中出现了对国王不利的指控。我经常会见时任宫廷大臣侯维达和国王本人，讨论这场审判的进展，这段日子对我来说确实艰难。”[58]

图法尼安要求英国将米尔班克技术服务公司支付给里波特的佣金退还给伊朗。[59]这时，关于款项的真相就很重要了。如果这笔钱没有流向国王，那就表明英国国防部被里波特骗了（一旦承认这一点，英国国防部就会非常尴尬），他们几乎无法拒绝退款。如果国王确实收到了这笔钱，那么一旦英国拒绝退款，实际上无异于在伊朗高官面前指责国王的虚伪，这显然会激怒国王。萨菲尔德的证据仅与伊朗的一笔军火交易有关，但事实上，里波特从米尔班克技术服务公司那里收到的资金总额高达700万英镑（约合今天的3300万英镑）。[60]

于是，帕森斯大使与里波特再次进行了深入的交谈，里波特解释道：

> “该基金是1953年国王被迫逃往罗马后（当时中情局第一次政变失败）设立的一个应急基金。这笔收入用于国家事业，由多个渠道提供资金，包括英国国防合同中为里波特支付的佣金。”[61]

几天后，当帕森斯大使会见国王时，国王愤怒地表示无法容忍任何人暗示他收取了英国付给里波特的佣金以及里波特是国王的朋友。[62]这进一步让英国官员感到恐慌。英国国防部官员、外交官和秘密情报局官员试图查明真相。

英国外交和联邦事务部常务次官迈克尔·帕利塞爵

士（Michael Palliser）向英国国防部常务次官弗兰克·库珀（Frank Cooper）发送了帕森斯大使得出的结论，这些结论是：

66 “证据充分证明，里波特长期以来一直是帮助国王处理海外投资的众多人员之一，里波特的具体责任是打理国王在英国克莱沃特本森银行持有的一个或多个账户。然而，没有独立证据证明里波特在国防设备销售中收取的佣金已经交给了国王。”[63]

国防贸易组织一位前官员回忆道：

“萨菲尔德曾经对我说，有人明确告诉他（据称是里波特打着国王的旗号提出的），在谈判的某个阶段，必须拿出合同金额的 1% 送给国王基金（一个由国王支配的慈善基金，用于各种慈善事业）……萨菲尔德相信里波特是在执行国王的意愿。”[64]

这位官员认为，里波特之所以要求提高佣金，应该是执行国王的意愿，因为“萨菲尔德经常见到国王，如果里波特白纸黑字写下来的事情不是真的，那么他冒的风险就很大”。

贿赂是为了影响决策而支付的款项。令人惊讶的是，英国官员们虽然相信这笔钱是应国王这个决策者的要求而支付给国王的，却认为这种安排是适当的。

最后，帕利塞爵士告诉外交大臣戴维·欧文（David Owen），要查证支付给里波特的款项的确切去向是不可能的，他仍然认为这些款项是“合法的”，因为它们不是秘密的。[65]当时，在政权承受压力的情况下，伊朗国王应该做的事情显然就是公开抛弃里波特这位老部下。

特殊关系的结束

此外，当时伊朗人对“酋长”坦克及其使用的发动机失去了信心。伊朗人可能会取消购买“酋长”坦克的升级版，当时价值约 8.7 亿英镑（约合今天的 37 亿英镑）。[66]英国别无选择，只能与国王合作，维持良好关系。

国防贸易组织的新任主管罗恩·埃利斯（Ron Ellis） 67
同意与图法尼安合作，以“绅士的方式”摆脱里波特，不再支付未完成合同的佣金，对已经支付给里波特的款项保密，并通过谈判达成英国与伊朗之间的军火交易谅解备忘录。[67]

处理与里波特的关系非常棘手。英国国防部官员将国王否认与里波特的关系视为“赤裸裸的谎言”。[68]有人调侃说，国王“正以激发出一场复仇的方式重写历史……但愿里波特已经归还了王宫后门的钥匙”。[69]

第一个问题是米尔班克技术服务公司写给里波特的

信件，信中承诺米尔班克技术服务公司每次签订合同，都会给他佣金。国防贸易组织没有这些信件的副本（这些信件由米尔班克技术服务公司保存），但认为它们不太可能“包含任何有效期或终止条款”。[70]（米尔班克技术服务公司给里波特的信列出了他在第一笔“酋长”坦克交易中获取的佣金，其中并未包含这些条款。[71]）里波特可能以违约为由提起诉讼，这将进一步加剧尴尬局面。到 1978 年 3 月初埃利斯被派去与里波特谈判时，伊朗的局势已经进一步恶化了。当年 1 月份，在库姆的一次反国王暴乱中，一些抗议者被杀害。[72]到了 2 月中旬，在大不里士又发生了一次暴乱，伊朗政府动用了“酋长”坦克进行镇压。[73]这种形势下，如果进一步披露“国王基金”的信息，可能导致伊朗局势愈发严峻，并导致英国与伊朗国王的关系彻底破裂。

埃利斯向里波特解释说，既然里波特一直声称这笔钱是给国王的，如果不按照国王的指示停止付款，那么国王自然就会知道，从而可能会损害二者未来的关系。里波特极力辩解，但他无法反驳这个观点的内在逻辑。[74]

里波特同意解除代理关系，但要求获得赔偿。埃利斯虽然认为里波特不会以违约为由提起诉讼，但依然建议给他支付 5 万到 10 万英镑（约合今天的 23 万到 47 万英镑），“只是为了让我们完全放心”。

这时，对国防贸易组织来说，一件幸运的事情是英国国内税务局开始调查里波特的所得税申报表。[75]这使埃利斯能够趁机对其施压。里波特同意从 1978 年 1 月 1 日起取消他与米尔班克技术服务公司之间的代理协议，“前提是能够以令他满意的方式解决英国的税务调查”。[76]

第二个问题是里波特与英国秘密情报局的长期合作 68
关系。迈克尔·帕利塞爵士向欧文解释道：

> “里波特与英国的合作关系可以追溯至大约 35 年前。二战期间，他曾受雇于英国驻伊朗大使馆，担任低级职员，但战后不久，因与国王关系密切，被‘我们的朋友’（白厅对英国秘密情报局的委婉代称）吸纳为特工。这种密切关系源于他父亲阿德希尔·里波特（Ardeshir Reporter）曾经协助国王的父亲雷扎·巴列维（Reza Pahlavi）掌权。1953 年摩萨台政权期间，国王逃往罗马，之后恢复国王地位。里波特就在这次颠覆摩萨台政权的行动中发挥了作用（当时英国秘密情报局在伊朗的线人接受美国中情局调配）。”[77]

迈克尔·帕利塞爵士继续说道：

> “关于里波特与‘我们的朋友’（指英国秘密情报局）的关系，后者愿意结束合作。事实上，这段关系已经沉寂多年。（伊朗宫廷大臣阿萨杜拉·阿拉姆的日记显示，国王小圈子里的人早在 1969 年就

> 知道里波特为英国秘密情报局效力。[78]）然而，他们急于安排一次友好的分手，以最大限度降低里波特通过向媒体讲述故事的方式自证清白的风险。（他显然觉得自己受到了伊朗人的迫害，并被英国人抛弃。）我刚得知，这件事是上周在巴黎与里波特的一次会面搞定的。里波特被告知这段关系必须结束，并且国王也将被告知此事，他便坦然接受了。”

然而，里波特继续为其他英国军火公司效力。整个70年代，

> “国防贸易组织不时发现里波特向从事国防产品交易的公司索要佣金，而且在米尔班克技术服务公司提供的佣金比例之外提出额外要求。一些公司征求国防贸易组织的意见，我们提供的建议是不要给他支付任何款项，因为国王已经禁止了所有代理佣金，但我们不知道英国公司究竟在多大程度上采纳了这些建议。显然，瑞克尔电子集团应该知道答案，正如大卫·兰德尔的审判过程暴露出来的那样，他们向里波特支付了约3%的佣金”。[79]

69 英国飞机公司在1976年利用里波特赢得了伊朗的一份合同，为伊朗提供了60多套“长剑”自行式导弹设备。1977年，英国飞机公司被国有化，并更名为英国宇

航公司（British Aerospace，现在的英国宇航系统公司前身）。对大卫·兰德尔的审判结束后，国防贸易组织询问了英国宇航公司与里波特的关系。[80]英国宇航公司表示“没有与里波特断绝联系的意图”，因为在他们看来，里波特“仍然受到国王的信任”。由于新的谅解备忘录将禁止佣金，他们正在与里波特制定一项“新安排”，并向国防贸易组织透露了此事，但这一点在现有文件中并未记录。

伊朗国王的垮台及后果

1979 年 1 月，伊朗国王逃亡国外。由于需要同新上台的伊斯兰革命政权建立良好关系，英国拒绝为这个当时已经罹患癌症的昔日盟友提供庇护。[81]1980 年 7 月，这位国王在开罗去世。

国王垮台后，审判大卫·兰德尔的过程曝光出来的内幕开始对里波特产生影响。他向国防贸易组织主管罗恩·埃利斯抱怨道：

> “你无疑已经看到了英国某些——即使不是全部——‘尊贵’的媒体对我表现出的所谓善意!!结果就是我在德黑兰的家被洗劫一空，实际上就是被伊斯兰革命委员会接管了!!! 这就是我多年来为英国效力得到的回报。你可能还有兴趣知道，尽管

> 你曾信誓旦旦地向我作出过保证，但税务部门仍在与我打一场我预计必输的仗。”[82]

英国政府现在对里波特保持警惕。当他向英国央行——英格兰银行申请突破外汇管制，以便与妻子在泽西岛成立一家公司时，外交官提请情报部门进行调查，因为

> “沙普尔·里波特爵士的活动让我们感到担忧。他在英国拥有房产。我们可以假设，由于他过去的活动，当前伊朗的革命政府会密切监视他，尤其是他们会寻找他是否直接策划或帮助国王的支持者策划反革命活动”。[83]

70 但事实上，跟里波特打交道只是英国政府面临的一个小问题。官员们告诉首相吉姆·卡拉汉及大臣们说：[84]

> “伊朗变局给西方利益带来了重大打击，西方失去了一个可靠的军事盟友及其提供的军事和情报设施。在我们撤出后，海湾地区稳定的主要保障被移除了。”

官员们警告说，英国对伊朗的出口将减半，一年内将损失 3.5 万个工作岗位。他们还估计“国防部门的出

口销售将受到严重限制”。

英国与伊朗总共发生过约50笔军火交易。[85]1979年2月6日，伊朗撤销了其中6笔交易的合同，价值19亿英镑（约合今天的80亿英镑）。这些合同支撑了两万个工作岗位。米尔班克技术服务公司一名高级商务官员后来回忆道：

> “当革命发生时，国防部与皇家军械厂（该厂负责制造伊朗采购的坦克）内部出现了类似恐慌的局面。军事合同的出口审批被全面撤回。国防部面临着皇家军械厂内部大规模裁员和组织混乱的噩梦般前景。当然，这也对分包商产生了连锁反应。可以说，英国国防工业的一个重要部门面临着局部崩溃的紧迫风险，随之而来的便是在政治和工业领域造成的不良后果。”[86]

幸运的是，伊朗人已经收到的武器基本上都已完成付款。因此，最大的潜在损失来自英国出口信贷担保署担保的合同。据英国各部估算，政府可能会因英国出口信贷担保署担保的合同遭到撤销而损失约1.14亿英镑（约合今天的4.2亿英镑）。[87]此外，他们预计，为伊朗制造“酋长”坦克的利兹兵工厂将出现大量裁员（仅“酋长”坦克的交易就需要雇佣一万人）。 71

由于失去了伊朗的订单，利兹兵工厂在接到英国军队的新订单之前，需要连续五年维持至少50辆坦克的年产量才不至于倒闭。[88]因此，英国同意尝试向约旦出售一些先进的“酋长”坦克。[89]1979年11月，侯赛因国王采购了274辆坦克，价值2.66亿英镑（约合今天的9.5亿英镑）。[90]

伊朗伊斯兰革命后，英国外交大臣戴维·欧文授意做一份秘密调研报告，分析为什么英国外交官以及其他许多人未能预见伊朗事态的发展。[91]该报告于1981年完成，指出：

> “英国驻伊朗大使馆以及外交和联邦事务部都认为没有必要报告伊朗领导人的私人财务活动，特别是巴列维家族的活动，因为他们将腐败视为伊朗的一种生活方式。他们认为，无论巴列维家族怎么做，伊朗人都会认为他们在敛财，并将其视为统治阶级的正常行为。国王基金虽然公开宣称是一家慈善机构，但如今已知其曾收取伊朗石油收入的一部分供国王私人支配，当时并未引起特别关注。现在看来，巴列维家族的一些成员及其同伙，包括萨瓦克（即令人畏惧的秘密警察机构）的负责人，无视法律、中饱私囊的行为，极大地助长了民众对该政权的不满……当时若能更深入地认识到腐败的严重程度以及民众对此的反应，将有助于大使馆进行政治分析。”

在伊朗和沙特阿拉伯，英国政府都助长了腐败行为。英国官员和外交官知道谁在受贿、何时受贿以及金额。他们通过英联邦代办处的子公司米尔班克技术服务公司安排交易，以规避伊朗当地的法规，或在沙特阿拉伯为军火交易披上毫无道理的合法外衣。

军火交易堪称外交关系的一个重要组成部分。如果向外国高层支付回扣的消息曝光，可能导致其政权不稳，或加剧其本就存在的问题。然而，英国人和美国人很快就会发现，国外的腐败可能给其国内政治带来爆炸性影响。

72

第五章
大相径庭：英美应对腐败丑闻（1975—1976）

今天，一些人仍然认为贿赂在世界许多地方被视为一种生活方式。但早在20世纪70年代，美国国务院的一项研究就发现“几乎所有外国政府都有禁止官员腐败的法规”。[1]

20世纪70年代中期，只有少数英美出口公司在海外支付贿赂。在英国，首相卡拉汉得知，“我们约10%的国际贸易可能涉及通常认为不当的一些做法”。[2]大约在同一时期，美国500强公司中有117家承认向外国政府官员、政客和政党支付了可疑或非法款项。[3]

直到1975年，那些在海外行贿的英美公司都能逍遥法外，两国都没有有效的法律去阻止它们。在英国，正如我们在前文所见，官员们往往纵容可疑的支付行为，有时甚至亲自提供协助。

即使出口国或进口国的当局发现了严重的腐败行为，也有强大的动机促使他们不予采取行动。在出口国，除了其他因素外，这些动机包括政治层面的尴尬、失去合同对国内就业的不良影响以及对外交关系的破坏。在进口国，即使政府禁止贿赂，但要对最有权势的人及其亲属和同伙采取行动，也堪称一项需要巨大勇气的任务。

然而，有些丑闻影响太大，无法置若罔闻。在美国，20 世纪 70 年代的“水门事件”导致 450 多家美国公司在国内外支付的可疑或非法款项曝光。[4]美国公众尤其关注洛克希德公司。随后，美国出台了打击海外贿赂的法律，即 1977 年的《反海外腐败法》。与此形成鲜明对比的是，英国在 20 世纪 70 年代决定掩盖军火交易腐败丑闻，低效的反贿赂法律直到 30 多年后才有所改变。

洛克希德公司丑闻 73

1972 年，美国民主党全国委员会位于水门大厦的办公室遭到非法侵入（民主党是时任美国总统理查德·尼克松的政治对手）。针对该案的调查曝光了诺思罗普公司（美国最大的军火公司之一）董事长兼首席执行官汤姆·琼斯（Tom Jones）授意向尼克松的连任竞选活动非法捐款 15 万美元。[5]

诺思罗普公司的董事们委托恩斯特 & 恩斯特会计师

事务所（Ernst & Ernst）调查“不当行为的严重程度”。[6] 作为政府机构，美国证券交易委员会调取了审计报告，却未公布关于该公司在海外支付资金的情况。

同时，参议员丘奇（Church）主持的一个参议院调查委员会负责调查美国公司对国家外交政策的影响。[7] 与英国议会组建的调查委员会不同的是，丘奇委员会有权调阅审计文件。因此，丘奇才获得了恩斯特 & 恩斯特会计师事务所的审计报告。[8]

1975 年 6 月 9 日，丘奇委员会开始对诺思罗普公司举行听证会。丘奇本人在开场时宣布，诺思罗普公司的文件“详尽地揭露了一个肮脏的贿赂故事”。[9] 次日，汤姆·琼斯作证时表示，至少在一桩案件中，诺思罗普公司与美国另一家重要的军火公司——洛克希德公司存在完全相同的安排。[10]

丘奇委员会和美国证券交易委员会调阅了洛克希德公司自 1970 年以来所有与支付海外佣金相关的文件。[11] 1975 年 8 月，洛克希德公司在一份新闻稿中承认，自 1970 年以来，“已向顾问们支付了 2.02 亿美元的佣金和其他款项”。[12] 洛克希德公司财务高级副总裁作证称，“我们知道或认为可能流向政府官员的款项总额为 2200 万美元”，[13] 这一数字后来被修正为 3000 万至 3800 万美元（约合今天的 1.02 亿至 1.29 亿美元）。[14] 丘奇委员会在 1975 年 9 月至 1976 年 3 月之间举行了一系列听证会，公开了洛克希德公司的海外贿赂安排。

1976 年 2 月，洛克希德公司总裁卡尔·科奇安 74
（Carl Kotchian）向丘奇委员会透露，[15]一名荷兰高级官员收受了洛克希德公司的贿赂，据说是朱莉安娜女王的丈夫、战争英雄、荷兰军商两界极具影响力的伯恩哈德亲王。[16]伯恩哈德亲王否认了这一指控。荷兰首相约普·登厄伊尔（Joop den Uyl）成立了“三人委员会”（Commissie van Drie）开展调查。[17]

登厄伊尔在调查报告的前言中表示，该委员会发现“飞机制造商试图对采购政策施加不当影响”，但没有发现他们成功的证据。[18]他写道：

> “委员会得出的结论是，伯恩哈德亲王深信自己的立场坚不可摧，自己的判断不会受到影响，于是最初过于轻率地参与了一些交易，而这些交易必然会给人留下他收受贿赂的印象。后来，他又对外国公司某些不光彩的要求和提议持开放态度。最后，他采取了一些完全不被接受的举措，这些举措必然导致他本人和荷兰的采购政策在洛克希德公司的眼中——现在必须补充的是，在其他人的眼中——受到质疑。”[19]

英国驻海牙大使向伦敦方面解释说，起诉可能会迫使朱莉安娜女王退位，并引发一场削弱荷兰君主制的宪政危机。[20]荷兰议会投票决定不起诉伯恩哈德亲王。后来，他迅速辞去了所有军政职务，“消除了这一政治定时炸弹的威胁”。[21]

丘奇委员会还揭露了洛克希德公司为了向意大利空军出售 C-130 运输机而贿赂意大利高层的行为。洛克希德公司的一份文件解释说，洛克希德公司的意大利顾问建议将飞机价格额外提高 5%，以便“为意大利政党提供捐款”。[22]该顾问告诉洛克希德公司说：“必须准备好每架飞机高达 12 万美元的贿款。”[23]科奇安对丘奇委员会说：“贿款是为做成某些事情而付出的代价。”[24]

洛克希德公司在 1971 年获得了一份采购 14 架 C-130 运输机的合同。这笔交易的贿款总额达到了 201.8 万美元（约合今天的 900 万美元）。[25]1972 年 1 月，洛克希德公司向意大利空军交付了这些飞机。

75 丘奇委员会于 1976 年 2 月公布了与这笔交易相关的文件，震惊了意大利。英国驻意大利大使馆警告伦敦方面说，这起事件的政治影响比中央情报局资助一些意大利政党的消息更为严重。[26]一位外交官指出，中央情报局和洛克希德公司丑闻是导致意大利政局恶化的两个重要原因，他希望意大利人能够“从共产主义的边缘回头”（这两起丑闻确实阻止了意大利共产党的崛起，该党在 1976 年 6 月意大利选举中的得票率排名第二）。[27]1979 年 3 月 1 日，意大利前国防部长马里奥·塔纳西（Mario Tanassi）、前空军司令迪利奥·法纳利（Diulio Fanali）以及洛克希德公司顾问、人脉广泛的律师奥维迪奥·勒费布尔（Ovidio Lefebvre）均被判有罪。[28]法纳利的朋友、意大利军火巨头芬梅卡尼卡集团（Finmeccanica）前总裁卡米洛·克罗恰尼（Camillo Crociani）也担任过洛克希德的代理人，他逃往墨西哥，并在缺席的情况下被判有罪。[29]

洛克希德公司这种隐秘交易也延伸到了亚洲。在日本，洛克希德公司通过贿赂手段成功向全日空航空公司出售了“L-1011 三星”客机（L-1011 TriStar）。他们在日本的官方代理商是丸红株式会社（Marubeni Corporation）。科奇安后来回忆道：“丸红株式会社总经理大久保俊治（Toshiharu Okubo）建议我向首相田中角荣承诺支付金钱。”[30]

1972 年 10 月 29 日，日本政府宣布全日空航空公司将采购“L-1011 三星”客机。[31]洛克希德公司通过丸红株式会社分两次向田中角荣支付了贿款——1973 年 6 月支付了 85 万美元（约合今天的 370 万美元），1974 年 1 月支付了 90 万美元（约合今天的 360 万美元）。[32]洛克希德公司还向其他有关人员支付了贿款。[33]

田中角荣在洛克希德公司丑闻曝光之前的 1974 年辞去首相职务，原因是某杂志揭露了他与朋友、亲属卷入了可疑的商业交易。[34]1976 年 2 月，科奇安向丘奇委员会作证，日本开始进行调查。1976 年 8 月，田中角荣（受贿）和大久保俊治（行贿）均被起诉。[35]田中角荣于 1976 年被捕，撼动了当时执政的自民党，首相三木武夫被迫在当年年底辞职。[36]田中角荣和大久保俊治后来都被判有罪。[37]

洛克希德公司在荷兰、意大利、日本和其他国家都进行了可疑支付。1974年，洛克希德公司的审计人员要求律师就洛克希德公司在包括沙特阿拉伯和日本在内的四个国家的支付行为发表意见。律师表示，这些支付“不违反加利福尼亚州（洛克希德总部所在地）或美国的任何法律”，[38]但后来的事实证明，他们这个意见是基于一些错误的假设。[39]

76 美国政府对洛克希德公司丑闻的回应

当时，如同英国一样，美国也没有专门定性海外贿赂为非法的法律，但根据美国的其他现行法律，某些贿赂行为是非法的。[40]由美国进出口银行或美国国际开发署资助出口的美国公司支付特别佣金是非法的，美国公司为海外付款申请税收减免也是非法的，如果这些付款是在美国发生的，则属于贿赂。美国公司为赢得海外业务而行贿，牺牲了其他美国出口商的利益，可能触犯《反垄断法》。

美国政府可以根据《证券法》调查丘奇委员会揭露的贿赂问题。这些法律是在1929年华尔街大崩盘之后出台的，旨在保护股票和债券投资者免受公司虚假陈述、欺骗和欺诈之害。这些法律强制公司公开披露“重要”

信息，其定义是“一般谨慎投资者理应了解的事项”。负责监管证券交易的美国证券交易委员会认为，公司在海外支付的可疑或非法款项属于“重要”信息，如果数额巨大、与重要业务有关或反映了公司的管理质量，则应予以披露。[41]

美国证券交易委员会于1975年启动了一项自愿披露计划。美国公司只要独立调查过去五年中存在问题的付款，禁止进一步付款，并向美国证券交易委员会披露他们所做的事情（可以不指出收款人的姓名），就不太可能面临法律诉讼。[42]最终，450多家公司承认支付了超过3亿美元的可疑或非法款项。[43]

美国证券交易委员会主席罗德里克·希尔斯（Roderick Hills）告诉国会：

> “报告最多的交易是向外国政府官员支付款项， 77
> 以促使其颁布或选择性执行有利于交易的税务、海关或其他法规；帮助公司获得或延续外国政府的合同；说服外国政府低级官员履行其正常职能；满足外国政府官员的敲诈要求……在最近参与自愿披露计划的注册者中，有50%报告了第二常见的交易，即以不当的方式向外国代理商支付款项。为获得业务而反复使用的手法包括支付过高的销售佣金、向外国商务代理人或顾问支付过高的报酬，或通过虚开发票向买方的采购代理人提供回扣。这些款项直

> 接支付给私营部门潜在买家的管理人员或采购官员，或以过高的佣金或咨询费的形式支付，然后作为贿赂转交给政府官员，以影响政府合同决策……报告的大多数滥用资金行为都涉及公司财务记录造假或不完整。”[44]

1976 年，美国国内税务局开始调查数百家美国出口商“复杂的海外商业计划，这些计划都超出了正常的内部审计控制范围，旨在产生大量现金，用于非法或不当用途，并非法减少应税收入”。[45]调查结果表明，到 1976 年底，在接受调查的约 800 家大公司中，有 270 多家公司存在“秘密资金或非法活动”的迹象。[46]

美国政府对洛克希德公司采取了严厉的反腐败举措。[47]美国紧急贷款担保委员会是一个政府机构，为那些一旦倒闭就可能对美国经济造成严重影响的大公司提供贷款担保，该委员会虽然继续支持洛克希德公司，但前提是该公司不得再进行任何形式的可疑支付。美国证券交易委员会获得了法院的强制令，允许其全面调阅洛克希德公司的记录。1976 年 4 月，洛克希德公司同意成立特别审查委员会，以调查和报告之前的交易行为。[48]

洛克希德公司特别审查委员会的报告于 1977 年 6 月发送给所有股东。[49]报告称，委员会掌握的事实清楚地表明洛克希德公司在向外国政府销售产品时存在可疑行为，包括贿赂。[50]此外，

> “洛克希德公司的一贯做法是向外国顾问支付高额佣金，并相信佣金的很大一部分将通过政治献金、贿赂、向客户的员工支付贿赂以及向试图勒索公司钱财的有影响力的人支付款项等手段为洛克希德公司的产品争取有利的决定。”[51]

大约在洛克希德公司特别审查委员会成立之际，杰 78
拉尔德·福特总统成立了调查美国公司可疑海外支付问题的特别工作组。他表示：“很明显，有大量美国公司卷入了向外国官员、政治组织或商业代理人支付可疑款项的行为。”[52]他正在采取的行动，“旨在维护国际市场的道德行为和我们自由企业制度的持续活力”。1976 年 6 月，他宣布将提请国会通过一部法律，要求美国公司披露为影响外国政府官员而支付的款项，并禁止伪造公司财务记录。[53]

美国实施禁止海外贿赂的新法律

1977 年，吉米·卡特就任总统。他决定更进一步地支持海外反腐立法，“以刑事处罚禁止外国贿赂”。[54]1977 年底，美国国会通过了《反海外腐败法》。

国会希望禁止“有意影响外国的官员、政党或政治职位候选人的行为或决定”的款项。众议院关于该立法草案的一份报告称，海外贿赂是不道德的，违背了美国公众的期望和价值观，侵蚀了公众对自由市场制度的信心，导致不良的经济结果（因为劣质公司可以通过贿赂赢得合同），并损害所有美国公司的声誉。[55]

重要的是，该报告声称贿赂是不必要的，因为美国证券交易委员会表示，“在披露贿赂的每一个行业中……规模相当的公司都宣称他们没有必要作出此类行为”。众议院希望在贿赂被定性为非法之后，美国公司能够抵制外国官员的勒索。

众议院还明确指出了披露海外贿赂在外交层面造成的影响：

79 “不当付款的披露往往会令友好国家的政府感到尴尬，降低美国在外国民众中的声望，并让那些怀疑美国公司在其国家政治进程中施加影响的国外反美人士更加坚信不疑。比如，1976 年曝光的洛克希德贿赂丑闻动摇了日本政府的政治基础，并为反对深化美日关系的人士提供了有力的把柄，以在两国之间制造隔阂。另一个案例是，荷兰的伯恩哈德亲王因被指控从洛克希德公司收受了 100 万美元的贿赂而被迫辞去公职。在意大利，据称洛克希德、埃克森、美孚石油等公司向该国政府官员支付贿赂，侵蚀了民众对政府的支持，并危及了美国的外交政策，不仅影响意大利甚至地中海地区，还波及整个北约。”

《反海外腐败法》禁止所有美国公司向外国官员（或其代理人）、政党或候选人提供或支付贿赂。另外，如果“有理由知道”某个中介机构会将其获得的部分款项用于贿赂，按照这部新法律规定将禁止向中介机构支付款项。美国证券交易委员会发现，大多数贿赂行为都涉及秘密资金和财务记录造假。[56]新法律要求所有接受美国证券交易委员会监管的公司保持准确和完整的账目，并建立适当的内部会计控制制度。

国会还对军火交易中的佣金问题采取了行动。1976年6月，《武器出口管制法》出台。[57]现在，美国公司被要求向国务院报告军火交易中支付的所有佣金。佣金必须“合理”，且“不得支付给通过不当手段招揽、推销或以其他方式促成此类销售的人，或自诩能够这样做的人”。

杰弗里·爱德华兹的佣金纠纷

1975年，当美国丘奇委员会开始对诺斯罗普公司举行听证会时，英国一家军火巨头的可疑交易也面临着曝光风险。但英国政府的处理结果却与美国大相径庭，问题在于爱德华兹在20世纪60年代中期成功向沙特阿拉伯出售防空系统时所作的佣金安排。

80 简要回顾一下。1965 年 12 月 7 日，沙特阿拉伯国防部长苏尔坦王子签署了一份采购意向书，承诺从英国飞机公司购买 40 架“闪电”战斗机和 25 架喷气式教练机，从英国联合电气工业公司购买 9 个雷达站，并从英国航空服务公司购买培训、后勤和其他支持服务。这三家公司都承诺给杰弗里·爱德华兹支付佣金。前两家公司都明白（英国航空服务公司可能也明白）爱德华兹肯定会将部分佣金支付给某些资历较深的王子，以便这些王子能在采购英国产品的过程中谋求私利。

在签署采购意向书之前，这三家公司无法制订最终计划，因为它们尚未掌握沙特阿拉伯要求的所有技术细节。[58]因此，英国联合电气工业公司和英国航空服务公司的价格需要接受技术调查，这些调查随后在沙特阿拉伯展开。[59]这为沙特阿拉伯围绕合同细节讨价还价提供了充足空间。

尽管这些公司组成了沙特阿拉伯防空联合体，但这只是一个表面性质的联合，三家公司各自与沙特阿拉伯谈判合同。由于这三家英国公司不团结，沙特阿拉伯很容易获得更有利的条件。

英国飞机公司于 1966 年 5 月率先签订合同。他们告诉英国政府，每架“闪电 MK－53 型”战斗机的价格（单价 77.5 万英镑，约合今天的 1070 万英镑）中包含了 4.85 万英镑（约合今天的 67 万英镑）的“代理费”（即 6.3%的佣金）。[60]售出的 40 架“闪电”战斗机中有

34 架是“MK-53s 型”。

现在，苏尔坦王子可以对英国联合电气工业公司和英国航空服务公司采取强硬态度。如果这两家公司不能满足他的要求，整个交易就会泡汤。英国政府官员也意识到，“这些公司已经为谈判投入了很多资金，一旦谈判失败，将蒙受重大损失，并可能面临严重的财务困境”。[61]到 1966 年 10 月，英国飞机公司已经开始为沙特阿拉伯生产“闪电”战斗机，并产生了约 250 万英镑（约合今天的 3400 万英镑）的成本。[62]

苏尔坦王子有充分的理由采取强硬态度。沙特阿拉 81
伯部长理事会同意以略高于 1.03 亿英镑的价格从英国采购防空系统之后，在制定预算时又额外增加了 10% 的资金，因为最终的调查结果具有不确定性。

然而，英国联合电气工业公司在计划中的雷达站点进行了调查，发现那里的温度范围会导致其雷达无法正常运转。与沙特阿拉伯在采购意向书中报出的 1.865 亿英镑预算相比，更强大（当然也更昂贵）的雷达将耗资 2.57 亿英镑（增长了 38%）。[63]英国航空服务公司也进行了技术调查，但后来沙特阿拉伯又要求他们提供大量额外的服务。[64]

当英国联合电气工业公司和英国航空服务公司相应提高价格时，苏尔坦王子威胁要取消交易。谈判恢复后，他要求大幅降价，并最终得逞。英国联合电气工业公司告诉爱德华兹，这笔交易亏损了。因此，为了防止整个交易中止（这将意味着他拿不到任何公司的佣金），爱德华兹同意放弃他从英国联合电气工业公司获得的所有佣金，[65]并“告知了那些有权从其佣金中分一杯羹作为服务酬劳的各种朋友”。[66]

直到1967年9月，沙特阿拉伯才与英国航空服务公司签署了最终版的合同。防空计划的最终成本商定为1.18亿英镑（约合今天的16亿英镑）。[67]

爱德华兹同意在一个条件下放弃他应该从英国联合电气工业公司获得的165万英镑佣金（约合今天的2300万英镑）——即其他人也不得从英国联合电气工业公司获得任何佣金。然而，英国联合电气工业公司秘密承诺向黎巴嫩中间人安东尼·卡穆赫（Antoine Kamouh）支付20万英镑（约合今天的275万英镑），并在1967年春季向他支付了10万英镑（约合今天的135万英镑）。[68]卡穆赫在贝鲁特炫耀他的成功，但沙特阿拉伯人在贝鲁特的人脉很广，卡穆赫拿到佣金的消息很快传到了沙特阿拉伯。英国驻沙特阿拉伯大使威廉·莫里斯向伦敦方面报告说：“卡穆赫获得佣金的消息已经传开，爱德华兹的债权人因此断定他们遭遇了背叛。”[69]

沙特阿拉伯与英国航空服务公司签订合同后，英国飞机公司的卡尔迪科特勋爵在1967年11月致信爱德华兹，感谢他为赢得这笔交易而承受的“辛苦、不便和严重不适”。[70]爱德华兹表示：“对英国联合电气工业公司佣金一事感到非常生气和深切关注，你可能已经知道这一点，这让我在沙特阿拉伯感到非常尴尬。”[71]

爱德华兹于1968年1月见到了卡尔迪科特勋爵。次 82
日，爱德华兹又写了一封信给卡尔迪科特勋爵，告诉他卡穆赫“曾说过他是唯一能够确保英国航空服务公司获得合同的人……我知道这个黎巴嫩人所收到的钱并没有分给任何沙特阿拉伯人”。[72]

爱德华兹愤怒地表示“自费为英国联合电气工业公司效力了七年，为他们争取到了一个价值2200万英镑的采购合同，结果却发现一些冒牌代理人收走了本应属于我的佣金”。由于卡穆赫从英国联合电气工业公司拿到了佣金，爱德华兹便认为自己放弃佣金的协议现在已经无效了。最后，他以威胁的语气结束了这封信：

> “我已经咨询了法律专家，他们确认我有权要求全额佣金，而且我认为我提出的以10万英镑（约合今天的135万英镑）作为和解金是非常慷慨的。你们可以确信，如果和解不成，我将立即对英国联合电气工业公司提起诉讼。”

英国飞机公司内部的一份备忘录证实：

> “沙特阿拉伯王室现在已经知道卡穆赫收了佣金，阿卜杜勒·拉赫曼王子已经明确告诉杰弗里·爱德华兹和英国通用电气公司的杰克·鲍德温（Jack

Baldwin，当时英国联合电气工业公司已与英国通用电气公司合并，但仍以英国联合电气工业公司名义运营），除非他能通过爱德华兹获得一些佣金，否则沙特阿拉伯将不再给通用电气公司或其他英国公司任何订单。这令英国飞机公司格外担忧，因为如果英国公司目前这种令人失望的情绪持续下去，那么另外一个金额很大的飞机订单很可能会被法国抢走。”[73]

爱德华兹和阿卜杜勒·拉赫曼王子起诉英国联合电气工业公司

英国联合电气工业公司拒绝让步。因此，爱德华兹于 1969 年 5 月对其提起诉讼，要求获得 7.5% 的佣金，即 165 万英镑。[74]（1974 年，他还要求获得比基准利率高出 2% 的利息。）[75]英国外交官听到了一个谣言，称爱德华兹最初提出索赔是因为他受到了阿卜杜勒·拉赫曼王子的压力，要求他按照他与王子之间的协议支付王子应得的金额。[76]

83 三周内，卡尔迪科特勋爵向莫里斯大使通报了此案，表示必须阻止此案开庭，并已经尝试劝说英国通用电气公司总经理阿诺德·温斯托克以 25 万英镑（约合今天的 300 万英镑）和解（当时劝说结果未知）。[77]

在英国飞机公司，公司秘书布莱恩·库克森（Brian

Cookson）担心“起诉状及其随之而来的宣传将不可避免地影响公司”。[78]英国联合电气工业公司已经受到了影响。卡尔迪科特勋爵 1969 年 1 月的亲笔记录称，英国联合电气工业公司的杰克·鲍德温被“要求解决阿卜杜勒·拉赫曼的问题，在问题解决之前，苏尔坦王子很难与英国联合电气工业公司打交道”。[79]沙特阿拉伯行政机构的延误打乱了英国联合电气工业公司的生产计划，导致公司成本增加了 400 万英镑（约合今天的 4500 万英镑）。[80]

爱德华兹曾向阿卜杜勒·拉赫曼王子承诺，将支付英国联合电气工业公司设备安装成本的 3% 作为佣金（66 万英镑，约合今天的 900 万英镑）。阿卜杜勒·拉赫曼王子认为爱德华兹私吞了自己应得的那部分佣金，于 1970 年 10 月起诉了英国联合电气工业公司，要求获得自己应得比例的佣金。[81]

伦敦的外交官们担心，如果此案不能庭外和解，那么英国与沙特阿拉伯的关系将受到严重影响。1973 年的石油危机导致西方通货膨胀加速，沙特阿拉伯不仅是英国重要的石油来源，还是阿拉伯半岛的主导力量。沙特阿拉伯使用石油收入的方式，对国际金融体系的稳定，[82]乃至对英国新工党政府的命运，都具有至关重要的影响。

由于这个案子的文件包含“一旦开庭讨论就可能会损害英国与沙特阿拉伯关系的内容”，[83]爱德华兹和英国联合电气工业公司同意“采用一种编辑和编码系统，以便在法庭上使用这些文件，而不会公开其敏感内容”。编辑和编码工作由外交官监督。[84]

尽管采取了这种预防措施，但在1974年初，外交官们认为，鉴于向沙特阿拉伯人披露英国联合电气工业公司的商业惯例可能对英国商业利益造成损害，英国政府可能会考虑“收买”爱德华兹。[85]但他们后来决定，“他们的担忧并不值165万英镑”。[86]

英国政府担心，如果阿卜杜勒·拉赫曼王子在诉讼中迫使英国联合电气工业公司披露文件，

84 > “沙特阿拉伯人将能够获取有关英国联合电气工业公司商业惯例的信息……这无疑将对英国企业在沙特阿拉伯开展业务的机会产生严重影响，并可能破坏英国与沙特阿拉伯在多个领域的关系，尤其是英国联合电气工业公司和英国通用电器公司在沙特阿拉伯以及其他阿拉伯国家的商业前景将受到严重损害。此外，英国联合电气工业公司在1965年的最初谈判中（该谈判是爱德华兹案的诱因），同英国飞机公司和英国航空服务公司一起向沙特阿拉伯人提供了慷慨的信贷条款，沙特阿拉伯仍然欠着英国联合电气工业公司1000万英镑（约合今天的7500万英镑），这笔资金将面临风险”。[87]

阿卜杜勒·拉赫曼王子知道爱德华兹给自己作出了

什么承诺，也知道英国联合电气工业公司向卡穆赫支付了佣金，但他和其他王子可能不知道爱德华兹签下的其他协议。这些协议的曝光可能会引发嫉妒。

经过多年的法律纠纷，爱德华兹案定于1975年6月开庭。[88]英国联合电气工业公司“根本不热衷于”和解。[89]然而，阿卜杜勒·拉赫曼王子已对自己的案件失去兴趣。英国联合电气工业公司以原告不愿应诉为由成功向法院申请撤销该案。[90]

英国飞机公司仍然害怕爱德华兹案会走上法庭并公开揭露令人尴尬的秘密。在听证会前一个月，英国飞机公司要求一些有影响力的政界人士向英国通用电气公司总经理阿诺德·温斯托克施压，迫使他同爱德华兹和解。[91]

外交官们强烈支持英国联合电气工业公司提出的建议，即此案应该闭门聆讯（即不在公开场合审理）或闭门仲裁（即通过一个公正的仲裁庭来解决争议），因为

> “女王陛下政府关心英国与沙特阿拉伯的关系，为了促进英国商业利益，希望避免公开审理。一旦佣金/贿赂的详细情况被公开，可能会在沙特阿拉伯引起不满，进而减少英国未来进一步获得合同的机会”。[92]

爱德华兹和英国联合电气工业公司同意根据1970年

《司法行政法》第 4 条进行仲裁，并任命了埃夫利法官（Eveleigh）。听证会于 1975 年 6 月 4 日举行。[93]

85

美国诺斯罗普公司与沙特阿拉伯

在大西洋彼岸的美国，丘奇委员会针对诺斯罗普公司的第一个听证会将在五天后开始。英美两国政府都不希望曝光各自公司在沙特阿拉伯的可疑交易。

美国政府早已知道，在与沙特阿拉伯的政府间军售（即“外国军事销售”）中，多年来一直存在支付巨额佣金的现象。

早在 1969 年，诺斯罗普公司由于向沙特阿拉伯出售 F-5 战斗机受挫，便寻求“当地代表”的帮助。在对多家中东销售代理公司进行调查后，诺斯罗普公司选定了两家注册地点位于列支敦士登的公司，一家是“三合财务公司”（Triad Financial Establishment），另一家是“三合国际营销公司”（Triad International Marketing）。这两家公司（以下简称“三合公司”）的首要实控人都是商业掮客阿德南·卡舒吉（Adnan Khashoggi）。后来，三合公司因诺斯罗普公司未支付佣金而对其提起诉讼。法律诉讼中的一份判决透露了内幕。[94]

1970 年 10 月 4 日，诺斯罗普公司与三合公司签订了为期一年的代理合同，[95]任命其担任在沙特阿拉伯的独家代理，为其服务支付佣金。[96]1971 年 7 月，诺斯罗普公司与沙特阿拉伯就“和平鹰”计划（销售 F-5s 战斗机及全面技术支持方案）七个阶段中的第一个阶段达成了协议。[97]

“和平鹰”计划（由五角大楼作为对外军售计划的一部分进行管理）是诺斯罗普公司的大生意。该计划共计七个阶段，最终耗资 42 亿美元。诺斯罗普公司向五角大楼提交了报价，然后五角大楼向沙特阿拉伯政府发送了报价函。当沙特阿拉伯政府接受并返回报价接受函时，即成为五角大楼与沙特阿拉伯政府之间的协议，而五角大楼则与诺斯罗普公司签署了国防承包合同，由该公司交付相关产品和服务。[98]

在“和平鹰”计划的前三个阶段，沙特阿拉伯政府签署的报价接受函将诺斯罗普公司向三合公司支付的佣金列为一个单独项目。[99]五角大楼认可并允许将这些佣金支付给代理人在美国和瑞士的银行账户。在法律诉讼中，诺斯罗普公司表示，在 1978 年之前，“三合公司承诺并确实贿赂了沙特阿拉伯官员，以影响他们对‘和平鹰’计划的决策，为诺斯罗普公司争取业务”。[100]

这些佣金数额庞大。第三阶段的佣金超过 550 万美元（约合今天的 2500 万美元）。[101]在 1975 年 1 月达成的第四阶段中，诺斯罗普公司又售出了 60 架 F-5s 战斗机，并承诺向三合公司支付 2300 万美元的佣金（约合今天的 8400 万美元）。[102] 86

尽管诺斯罗普公司在提交给五角大楼的文件中写明

了按项目支付的佣金，但这些佣金现在已从沙特阿拉伯政府签署的报价接受函中省略。在第五阶段，诺斯罗普公司承诺向三合公司支付约 4500 万美元的佣金（约合今天的 1.63 亿美元）。[103]

1975 年 5 月，丘奇委员会针对海湾石油公司启动第一个听证会。在此听证会启动两个月前，五角大楼决定要求沙特阿拉伯批准“和平鹰”计划最近两个阶段的佣金。[104]美国人在 1975 年 3 月向苏尔坦王子通报了三合公司在第五阶段的佣金情况，[105]并在 1975 年 5 月通报了第四阶段的佣金情况。[106]

诺斯罗普公司董事汤姆·巴杰（Tom Barger）前往沙特阿拉伯提醒苏尔坦王子说，三合公司的佣金可能很快就会公之于众。[107]美国驻沙特阿拉伯大使馆警告华盛顿方面说，“如果王室成员被牵连进来，我们将面临痛苦的时刻”。美国驻沙特阿拉伯大使詹姆斯·艾金斯（James Akins）指出，“在一份价值 3 亿美元的合同中，4500 万美元的佣金堪称一桩天大的丑闻。我们给出的所有借口，比如英国、法国和日本的情况更糟，都将站不住脚”。[108]他还准确地预见到：

> “英国、法国或日本政府不太可能做任何会让沙特阿拉伯政府尴尬或揭露其公司不当行为的事情。我们美国必须认识到，无论对方有什么反应，我们都会最先受到冲击。”

在爱德华兹案开庭前一天，汤姆·巴杰在开罗会见了苏尔坦王子，[109]并让他看了恩斯特＆恩斯特会计师事务所的审计报告中关于三合公司的那部分内容。苏尔坦王子感到愤慨，并要求丘奇委员会暂停听证会，以避免沙特阿拉伯政府遭到“抹黑”。他提到，“不管之前对诺斯罗普公司的飞机投入多少，以后都要放弃通过美国国防部进行的一切采购”。

苏尔坦王子可能感觉到了自己的不利处境，因为费萨尔国王在三个月前被一位王子暗杀，导致沙特阿拉伯政府更迭，苏尔坦王子同父异母的兄弟兼主要竞争对手、国民警卫队司令阿卜杜拉王子被任命为第二副首相，在王室权力斗争中领先于他，而且苏尔坦王子身为国防部长，国防部门的丑闻可能会波及他。

美国政府游说丘奇委员会，防止提到沙特阿拉伯高 87
层人员的名字。[110]诺斯罗普公司的法律顾问也做了同样的事情，但丘奇委员会拒绝将恩斯特＆恩斯特会计师事务所的审计报告保密。[111]

爱德华兹案听证会在伦敦举行的当天（6月4日），美国国务院表示：“诺斯罗普公司向卡舒吉支付款项的披露对诺斯罗普公司的未来以及美国与沙特阿拉伯关系造成的影响，将取决于还有哪些收款人被曝出来。”[112]

美国国务院继续说道：

“如果苏尔坦王子、图尔基王子（国防与航空部副部长）或王室其他成员的名字与收受诺斯罗普公司贿赂存在牵连，我们估计诺斯罗普公司将遭受严重影响，美国和沙特阿拉伯关系可能也会受此影响。在这种情况下，指控几乎肯定会在美国和其他地方引起广泛关注……

5. 无论如何，苏尔坦王子都会对其部门的腐败指控非常敏感，因为他最终肯定担责……

8. 具有讽刺意味的是，相对来说最廉洁的美国公司和对沙特阿拉伯资金慎之又慎的美国政府，似乎都有可能在这些听证会上名声扫地，而那些在军火交易中从未被道德问题困扰过的人反而受益。”

爱德华兹诉英国联合电气工业公司案结局

美国国务院这个预测是准确的。在伦敦，爱德华兹的律师正在为他的案子积极辩护。[113]在听证会前夕，爱德华兹阅读了英国联合电气工业公司披露的文件，并声称自己放弃了165万英镑的佣金之后，英国联合电气工业公司仍在沙特阿拉伯军售合同中净赚了209万英镑。在与一位英国外交官的非正式交谈中，英国联合电气工业公司的一位会计师证实了这一点是真实的。[114]

6月5日，诺斯罗普公司承认曾向阿德南·卡舒吉支付款项，以确保两名沙特阿拉伯将军不会阻挠F-5战斗机的采购。[115]一周后，丘奇委员会对诺斯罗普公司的听证会结束。虽然腐败问题已被公开讨论，但美国国务院欣慰地指出，“迄今，除了哈立德·本·阿卜杜拉以外，苏尔坦王子或王室其他成员未被指控收受佣金”。[116]另外三个在此次听证会上被点名的沙特阿拉伯人是两名将军和卡舒吉。

美国对诺斯罗普公司这个案子的大规模报道很可能 88
影响了英国联合电气工业公司在爱德华兹案听证会上的应对策略。英国联合电气工业公司的首席律师表示，他将询问爱德华兹“处置英国飞机公司和英国航空服务公司提供的非常可观的额外款项（即秘密基金）的情况”。[117]爱德华兹拒绝提供关于他“代表公司支付资金”的文件。[118]

6月13日（周五），出席听证会的英国外交官帕特里克·班纳曼（Patrick Bannerman）看到了爱德华兹手中的文件。他写道：

> “他们披露了向一些有影响力的沙特阿拉伯人支付款项的详细情况。爱德华兹先生还告诉我，他无论如何都不会在口头证词中透露姓名。这样做会背叛沙特阿拉伯朋友对他的信任，甚至可能危及他们的地位和他自己的安全。我认同这些文件以及与其相关的任何口头证据在政治上都是极其敏感的。”[119]

6 月 14 日（周六），苏尔坦王子掌管的沙特阿拉伯国防与航空部发布了一份声明称：“如果一些公司向代理人支付佣金以换取真实或虚构的服务，沙特阿拉伯政府对此类支付行为一无所知，不会批准，也不会容忍。”[120]沙特阿拉伯政府要求美国提供所有关于“给沙特阿拉伯武装部队两名军官支付报酬、佣金及其他款项”的相关文件。这份声明还威胁称，“任何偏离并背叛政府信任的人，一旦被证实，都将受到公正的处罚”。

6 月 16 日（周一），在伦敦，爱德华兹案的听证会休庭四天，以便对特别敏感的付款文件进行额外编码。[121]休庭后，爱德华兹立即告诉英国联合电气工业公司说希望和解。

班纳曼写道：

> “爱德华兹非常担心泄密……越来越担心自己的安全以及那些收过钱的人的安全。诺斯罗普公司揭露的事以及费萨尔国王遭侄子暗杀对沙特阿拉伯一些人地位的影响加剧了他的焦虑。”[122]

89 至于英国联合电气工业公司，“当他们看到爱德华兹先生对他们的意图——调查秘密基金——感到非常担忧时，便极力推动这方面的调查，希望借此迫使爱德华兹先生撤诉”。[123]最终，爱德华兹提出撤诉。作为回报，英国联合电气工业公司为其支付了5万英镑（约合今天的30万英镑）的诉讼费用。双方于6月19日（周四）达成和解。[124]

外交官们“都松了一口气，因为这件可能令人尴尬的事情已经私下解决了”。[125]国防贸易组织的官员们也松了一口气。[126]现在一切可以恢复正常了。

与此同时，在美国，苏尔坦王子发表公开声明的六天后，即6月20日（周五），美国政府告知诺斯罗普公司不允许为“和平鹰”计划的第四阶段支付佣金。[127]7月9日，五角大楼向所有与沙特阿拉伯、科威特、伊朗和以色列签订军售合同的公司发出了一份通知，要求所有公司证明其合同价格中不包括任何未经买方国家书面批准的直接或间接代理费。[128]7月28日，诺斯罗普公司终止了与三合公司的合同。[129]8月，当沙特阿拉伯政府签署了一份关于“和平鹰”计划第三阶段延期的接受函时，全面禁止了佣金支付。沙特阿拉伯为“和平鹰”计划第五阶段至第七阶段签署的报价接受函中均未包含佣金。[130]

接下来轮到了洛克希德公司。1975年9月，董事长丹尼尔·豪顿（Daniel Haughton）告诉丘奇委员会，洛克希德公司向卡舒吉支付了1.06亿美元的佣金（约合今天的3.85亿美元）。[131]丘奇委员会公布的一份洛克希德公司1973年8月的备忘录称，该公司“确实无法知道所谓的私下补偿究竟是分给了沙特阿拉伯官员，还是仅仅停留在了顾问的银行账户上”。[132]

在豪顿作证几天后，沙特阿拉伯内阁颁布了第1275号法令，全面禁止在沙特阿拉伯武器采购中支付佣金。[133]然而，令美国政府宽慰的是，丘奇委员会“没有提及可能收受贿赂的外国政府官员的身份……丘奇参议员宣布已删除这些名字，以避免给相关国家带来不必要的尴尬和困难”。[134]

90 然而，此时美国证券交易委员会仍在试图获取洛克希德公司的文件，一场法庭诉讼迫在眉睫。美国国务卿亨利·基辛格致信美国司法部长爱德华·列维（Edward Levi），请求不要透露“据说接受洛克希德公司秘密付款的友好国家政府官员的名字”，因为一旦披露这些名字，“将对美国在国外的重要外交利益产生严重后果”。[135]但公司总裁卡尔·科奇安（Carl Kotchian）1976年2月向丘奇委员会所作的关于荷兰、意大利和日本的证词，导致洛克希德公司顾问的名字进入了公众视野。

诺斯罗普公司的麻烦还没有结束。其外部董事的一项调查报告发现，该公司已向外国销售代理人支付了3000万美元。该调查报告称，“大量款项……支付给个人或组织，其负责人是外国政府时任官员，或当时与外国官员有密切联系的人”。[136]1979年，三合公司起诉诺斯罗普公司，要求支付拖欠的佣金（诺斯罗普公司在1975年夏季取消了与三合公司的代理协议后，未支付这些佣金）。由于这些佣金应在《反海外腐败法》生效前支付，因此在诺斯罗普公司与三合公司随后的诉讼中，这些佣金被视为合法。法庭裁定诺斯罗普公司拖欠三合公司3150万美元（约合今天的6500万美元）。[137]随后，双方卷入了旷日持久的诉讼，但美国最高法院在1987年维持了原判。[138]

与此同时，卡穆赫于1973年在巴黎遇害。[139]此前，英国联合电气工业公司本应向爱德华兹支付佣金，却分文未给爱德华兹，转而向卡穆赫支付了佣金。据作家安东尼·桑普森（Anthony Sampson）称，他的遇害“与英国向利比亚出售武器的佣金有关”。[140]

后来，爱德华兹主要住在泽西岛和巴巴多斯岛，常在两地之间穿梭。据播音员艾伦·惠克（Alan Whicker）所说：“他常在家中款待有趣的人，从二战时期的战斗机飞行员道格拉斯·巴德到巴巴多斯总统，再到来自中东的各种神秘人物。”然而，有一天，“他回到巴巴多斯的家中，停止进食，只是喝酒，直到死去……留下了一位年轻的妻子和两个年幼的孩子，他无论清醒还是醉酒，都令人十分怀念”。[141]如今，泽西岛每年都会举办一场“杰弗里·爱德华兹让磅赛”，作为对他的纪念，比赛地点在泽西岛赛马俱乐部。

关于苏尔坦王子，有英国外交官表示：

> “他通过审批国防采购合同赚得盆满钵满，1975年，他的名字与诺斯罗普和洛克希德丑闻一起出现在西方媒体上，但这似乎没有危及他在沙特阿

拉伯的地位。”[142]

91 在此几年前，莫里斯大使更为直截了当地说：“苏尔坦王子在所有合同中当然都有腐败利益。”[143]

苏尔坦王子的兄弟阿卜杜勒·拉赫曼王子在 1978 年出任国防与航空部副部长，[144]之后在这个职位上工作了三十余年。英国严重欺诈调查署调查英国宇航公司与沙特阿拉伯之间的鸽子军购案期间，他一直担任该职。

20 世纪 60 年代和 70 年代，英美军火公司都在海外行贿。英国飞机公司、联合电气工业公司、维克斯公司、艾维士汽车公司、米尔班克技术服务公司，以及美国洛克希德公司、诺斯罗普公司都计划通过行贿赢得采购合同。两国政府都知道这些佣金已经列入计划或已经支付，并尽可能将这些细节保密。

然而，美国证券交易委员会的调查以及随后美国国会丘奇委员会的调查，直接催生了一项新法律，禁止美国公司在海外行贿，并禁止在对外军火交易中支付可疑佣金。

反观英国，爱德华兹的交易一直被保密，至今依然如此，但我在信息法庭击败英国外交和联邦事务部之后，涉及英国政府与英国联合电气工业公司秘密法律斗争的文件才被迫公布出来。

英国政府由于对海外行贿一直保密而没有陷入丑闻，也没有出台禁止海外行贿的新法律。仅一年后，国防贸易组织依旧批准了与沙特阿拉伯的两项新的政府间军售的巨额佣金。五角大楼无法做到这一点，从而使得英国在国际军火交易中比美国具有竞争优势，英国甚至打算充分发挥这种优势。然而，这种做法意味着要尽可能地对自身丑闻进行保密。

92

第六章 置若罔闻：英国政府未对腐败采取行动（1976—1978）

美国洛克希德公司的丑闻产生了严重后果：荷兰女王的丈夫名誉扫地，日本一位前首相以及意大利多名军政要员被判有罪。美国政府被迫对本国企业的海外行为进行限制，但政府自身未受波及。

在英国，政客和官员担心类似的丑闻及后果发生，而且他们还面临另一个问题：与美国不同的是，在20世纪70年代中期，英国许多大公司都是国有或部分国有。因此，任何可疑交易一旦公开，都可能导致政府官员被指控批准或容忍海外贿赂。首相卡拉汉及同僚和各级官员需要与腐败保持距离。

20世纪70年代，英国公司并非没有受到腐败指控的困扰。但与美国不同的是，这些丑闻遭到了压制，政府未采取有效行动去解决海外腐败问题。

英国石油公司及佣金支付

英国石油公司被推到了聚光灯下。20 世纪 70 年代中期，英国政府持有该公司大量股份（后于 20 世纪 80 年代售出），但该公司管理层在日常业务经营上享有独立决策权。

1976 年 4 月，英国石油公司董事长戴维·斯蒂尔（David Steel）向英国政府通报了《星期日泰晤士报》（*Sunday Times*）和格拉纳达电视台（Granada Television）的调查。斯蒂尔表示：“记者们发现，1969—1974 年，英国石油公司每年向意大利石油工业协会支付约 20 万英镑（约合今天的 1050 万英镑），并且知道这些资金很可能被用于某些非商业目的。”[1]其他大型石油公司也有类似行为。

在报道发表前两天，内阁秘书对首相卡拉汉说，任 93
何公开调查都可能激怒意大利政府，并损害英国石油公司的声誉。[2]这可能会导致意大利政府怀疑英国政府是否正在“调查英国公司在中东等地区的类似行为”，因为在这些国家，为了获得订单，某种形式的高额佣金已成为公认惯例。

《星期日泰晤士报》指责英国石油公司“通过行贿得到意大利的青睐”。该报声称，英国石油公司在意大利进行了“秘密的政治捐款……其中政治捐款是根据意大利政府的倾向性立法使公司获得盈利的百分比来计算的”。[3]

1976 年 4 月 15 日，英国大臣们决定询问英国石油公司这些指控是否属实，多位高官与董事长斯蒂尔、公司秘书和总经理进行了面谈。官员们报告说：

> “《星期日泰晤士报》的报道属实。英国石油公司和其他石油公司在意大利向所有属于联合政府的政党（即排除了在野党）支付了款项。这些付款通常与政府对行业的财税优惠的幅度挂钩……英国石油公司表示，他们的做法是回应施压的方式，而不是自行其是。他们并没有从这些交易中获利，只是减少了损失。在意大利的其他许多工业部门，此类付款是常见做法……这些款项从伦敦支付到收款方指定的一个瑞士的银行账户。英国石油公司认为这些都是在业务过程中产生的合理费用。”[4]

英国石油公司还承认，“为了在希腊、土耳其（可能还有其他国家）推动业务，已向这些国家的官员支付款项”。在沙特阿拉伯，“英国石油公司签署了价值 4000 万英镑（约合今天的 2.4 亿英镑）的合同，向黎巴嫩、沙特阿拉伯的三位中间人支付了高额的佣金，多达 800 万英镑（约合今天的 4800 万英镑）”。这笔付款未被

《星期日泰晤士报》曝光。

英国政府新建了一个“关于特殊佣金与类似付款的 94
部级工作组”，该工作组同意不对海外行贿的英国企业进行调查。[5]英国财政部首席秘书乔尔·巴内特（Joel Barnett）告知议会，虽然政府乐于“根除贿赂和腐败”，但大臣们认为要实现这个目标，需要采取有效的国际联合行动。[6]英国政府在采取海外反腐行动方面承受的压力并不大。[7]

仅一个月后，英国石油公司的活动再次引发了尴尬。它旗下从事软件业务的子公司——西康公司（Scicon）希望向沙特阿拉伯内政部出售警方通讯和计算机网络。西康公司认为沙特阿拉伯王储法赫德已将该合同许诺给了法国公司。[8]英国首相卡拉汉看到了一份“秘密报告”（换句话讲，这份报告来自英国秘密情报局或政府通讯总部）。[9]该报告称，沙特阿拉伯情报机构负责人卡马尔·阿德哈姆（Kamal Adham）希望向王储法赫德施压，使英国公司也能参与竞标。[10]

阿德哈姆之所以帮助英国公司，目的不仅仅是让沙特阿拉伯获得最优惠的交易。1974 年 5 月，西康公司聘请位于吉达的“阿拉伯电子项目公司”（AEP）担任未来十年的代理商，[11]并同意通过瑞士的银行账户向该公司总经理支付 20%的佣金。[12]随后，西康公司竟然先后赢得了几份合同。

作为接受美国证券交易委员会监管的少数英国巨头

之一，英国石油公司决定加入美国证券交易委员会的自愿披露计划，因此需要进一步了解“阿拉伯电子项目公司”的详细情况，结果发现该公司的实控人竟然是阿德哈姆。[13]由于这份新合同的价值高达 5 亿英镑（约合今天的 26 亿英镑），[14]就不难理解为何阿德哈姆希望英国公司参与竞标了。如果西康公司成功中标，阿德哈姆的“阿拉伯电子项目公司”可能会获得合同价 20% 的佣金，大约 1 亿英镑（约合今天的 5.2 亿英镑），这对阿德哈姆和该公司而言算是一笔非常可观的回报，值得他们投入宝贵的时间。

英国石油公司不清楚该公司总经理阿卜杜勒·拉乌夫·哈利勒（Abdul Rauf Khalil）是否是公职人员，便询问了伦敦的外交官。伦敦的外交官向英国秘密情报局和英国驻沙特阿拉伯大使馆进行了核实。[15]使馆告知伦敦：

> “阿卜杜勒·拉乌夫·哈利勒是一名公务员，从沙特阿拉伯官方领取固定薪水。他是卡马尔·阿德哈姆的首席助理，后者是沙特阿拉伯情报总局局长，享有部长级待遇。他代表卡马尔·阿德哈姆（并可能也代表自己）从事私人业务。由于卡马尔·阿德哈姆还担任国王的特别顾问，并且被国王特别授权从事私人业务，因此我们推测阿卜杜勒·拉乌夫·哈利勒也获得了这样的授权。阿卜杜勒·拉乌夫·哈利勒目前代表卡马尔·阿德哈姆为西康

公司和联合体的其他成员提供咨询。这个联合体希望竞标沙特阿拉伯内政部庞大的警察通讯项目……在未来的谈判中，阿卜杜勒·拉乌夫·哈利勒和卡马尔·阿德哈姆的建议和支持将是一个关键因素。”[16]

阿卜杜勒·拉乌夫·哈利勒对英国石油公司表示： 95

“第一，认为自己不是政府雇员，而是卡马尔·阿德哈姆的私人助理，并受雇于他。第二，卡马尔·阿德哈姆拥有23家公司，其中‘阿拉伯电子项目公司’只是其中之一。当然，沙特阿拉伯国王哈立德批准过这些活动。第三，沙特阿拉伯的政府官员有权参与商业事务。”[17]

英国驻沙特阿拉伯大使约翰·威尔顿（John Wilton）认为不必认真对待沙特阿拉伯禁止佣金的第1275号法令。[18]当时距离洛克希德公司丑闻曝光仅仅数月，但威尔顿告诉伦敦方面说：

“洛克希德公司仍然在这里销售‘三星’客机，而且诺斯罗普公司和卡舒吉似乎没有受到影响。从沙特阿拉伯的立场来看，我相信，只要目前的沙特阿拉伯政权仍然存在，英国石油公司向阿德哈姆和

> 哈立德支付款项的事情即便泄露出去，也不会给我们造成任何伤害。（如果这些消息被我们泄露出去，我们将会受到指责，但这似乎也不会给美国人造成多大伤害。）”

英国贸易部官员对这一解释感到满意，建议首相卡拉汉致信沙特阿拉伯国王，请其支持西康公司竞标。他们告诉卡拉汉，佣金的接受者“可能是沙特阿拉伯政府官员”。[19]此外，他们还警告说，英国石油公司即将向美国证券交易委员会提交的声明可能会公开揭露西康公司支付贿赂的情况。

不出所料，卡拉汉对此表示怀疑，并拒绝致信沙特阿拉伯国王。[20]贸易部大臣埃德蒙·德尔（Edmund Dell）随后解释说，法赫德正在期待这封信，如果不发送，西康公司将退出竞标。[21]

96 卡拉汉很不情愿地改变了主意，并斥责了德尔，告诉他：“确保不要再发生类似的情况，即不能因为事先给外国政府发出某个通知而限制我的选择自由。”[22]

后来，英国政府收到了英国石油公司向美国证券交易委员会提交的关于沙特阿拉伯的声明预审稿。该声明将西康公司称为“英国石油公司的子公司”，将沙特阿拉伯称为“P 国”（Country P）。[23]这份预审稿的部分内容如下：

“该子公司已与P国签订了七份服务合同。每份合同都显示子公司均同意向代理人或代理机构支付一笔可观的佣金。在某些情况下，政府官员在这些代理机构中拥有利益关系，但这种利益是在P国政府知情和同意下维持的。与其他国家的代理佣金相比，P国的佣金较高。但英国石油公司认为，其子公司在P国支付如此高额佣金的经历并非独一无二。P国的每项佣金安排均由该子公司或其母公司董事会批准的正式合同加以规定，支付出去的款项作为佣金或咨询费入账，英国石油公司的独立审计师充分了解这些款项。”

从卡拉汉的角度来看，相对幸运的一点是西康公司在沙特阿拉伯行贿的实情并未全部浮现出来。西康公司最终并未赢得合同。英国石油公司于1977年5月向美国证券交易委员会提交的最终报告含糊其辞，几乎没有提及接受佣金的个人或国家。[24]

国防贸易组织在科威特的“卑鄙手段”

直到20世纪70年代中期，国防贸易组织内部的官员们仍沿用着旧的方式。在科威特，该组织采用了一位外交官所谓的“卑鄙手段”。[25]

1972年夏季，科威特政府在伦敦的首席军火采购官员通知英国，代理商将被“正式排除在军火合同之外”。[26]随后，英国驻科威特大使约翰·威尔顿（John Wilton）向国防贸易组织建议说：“实际上，制度不会改变，任何人想要在这里销售武器，代理商/中介商都是必不可少的，因为只有他们能准确地知道要搞定谁以及如何搞定。”[27]

97 一年后，国防贸易组织开始与科威特就出售165辆“酋长”坦克进行谈判，在这桩交易中，英国的竞争对手是美国和法国。在新闻发布会上，科威特国防部长萨阿德（Saad，1978—2003年任首相，2006年短暂担任埃米尔）表示：“我们绝对拒绝让军火公司拥有代理商，也拒绝通过任何中间人或经纪人进行交易。”[28]

国防贸易组织和米尔班克技术服务公司通过两个渠道谈判这笔交易。[29]国防贸易组织官员比尔·琼斯（Bill Jones）在一份记录中向英国财政部法制处的一位官员讲述了第一个渠道的情况：

> “英国瑞克尔电子集团的销售主管弗兰克·努尔丁（Frank Nurdin）显然与科威特陆军首席信号官法哈德·阿尔·哈加尔（Fahad Al Haggar）上校是密友。努尔丁告诉国防贸易组织主管莱斯特·萨菲尔德爵士，法哈德上校可以帮助英国政府获得科威特的‘酋长’坦克采购合同……法哈德告诉比尔·琼斯，英国政府如果不向法哈德支付5%的佣

金，将无法获得合同。琼斯在车里见到了法哈德，随后又去了他家。他问法哈德为什么要5%的佣金，法哈德说科威特装甲委员会（Kuwait Armour Committee）还有其他四名成员，他和这四人各需1%佣金……显然，伦敦方面认真考虑了此事，萨菲尔德决定向法哈德支付佣金……琼斯与努尔丁在一起的时候，努尔丁告诉法哈德上校英国愿意支付佣金。”[30]

这份记录继续写道：

“米尔班克技术服务公司的巴克利告诉法哈德上校，坦克销售合同将与该公司签订，佣金需要与该公司协商，而不是直接与英国政府协商。”

1969年，由于向促进英国军火出口提供了服务，努尔丁被授予“大英帝国勋章”。[31]后来，他由于涉嫌在英国对伊朗的“酋长”坦克交易中贿赂国防贸易组织官员大卫·兰德尔而受到指控。随着努尔丁和兰德尔审判日期的临近，外交官们担心英国政府掌握着关于科威特采购“酋长”坦克的令人尴尬的文件，[32]并害怕努尔丁宣称英国政府纵容腐败。我找到了努尔丁于1974年1月写给萨菲尔德的一封信。[33]这封信表明努尔丁曾告诉萨菲尔德，科威特人希望为他们的“酋长”坦克配备“部族人”（Clansman）无线电通信系统。努尔丁在信中写道：“科威特装甲委员会只有在比尔·琼斯和我本人进一步保证英国愿意给委员会成员提供 5% 的佣金之后，才会讨论‘酋长’坦克的采购事宜。”

98 英国国防大臣弗雷德·穆利（Fred Mulley）向首相卡拉汉通报兰德尔和努尔丁的审判时警告说：“我们曾在 1974 年和 1975 年考虑过一项安排，如果付诸实施，将是腐败的，但并没有实施，也没有进行任何支付。不过，如果此事在法庭上被提到，依然会造成严重尴尬。”[34]萨菲尔德作证时被问及努尔丁的信件，但被告诫不要透露任何姓名或国家。萨菲尔德神秘地将这一事件描述为“一项最终没有实施的安排”。[35]第二天，《卫报》报道说：“萨菲尔德表示曾有一次同意向某位权威人士支付佣金，但最终并未执行。”[36]

第二个渠道使得英国国防部和科威特在 1975 年达成了一项关于出售 165 辆“酋长”坦克的谅解备忘录。[37]这位代理人获得了 3.5% 的佣金，[38]他就是阿卜杜拉·阿里·雷扎（Abdullah Ali Reza）。[39]国防部常务次官弗兰克·库珀形容他是一位“备受尊敬的科威特公民，他的协助对确保合同签署至关重要”。[40]

20 世纪 60 年代，英国飞机公司曾聘请阿里·雷扎作为代理人，[41]向科威特出售了 14 架“闪电”战斗机。[42]然而，并非所有白厅官员都认同弗兰克·库珀对阿里·雷扎的评价。英国国防大臣弗雷德·穆利对首相卡拉汉说：

“米尔班克技术服务公司保存了一份 1974 年 3 月的会议记录，该记录似乎表明，向阿里·雷扎支付的部分佣金存在腐败目的。但米尔班克技术服务公司和参加会议的国防部官员对此记录存在争议。”[43]

尽管国防贸易组织官员认为该安排是合法的，但该组织的新任主管罗恩·埃利斯（Ron Ellis）希望在佣金问题上对议会保密。如果科威特官员发现此事，可能会产生“非常尴尬的后果”，[44]尤其是科威特国防部长萨阿德之前说过不允许使用代理人。

英国政府关于军火销售佣金的新指导方针 99

国防部常务次官库珀得知萨菲尔德批准了努尔丁提出的佣金安排之后，决定对国防贸易组织采取一些约束措施。洛克希德公司丑闻已经表明一旦这种事情曝光，就会造成严重后果，所以库珀希望国防贸易组织不要参与支付佣金的事情。毫无疑问，这是为了最大程度地减少未来丑闻曝光后造成的潜在影响。

1967 年的佣金政策仍然有效，[45]即国防贸易组织可以聘用“声誉良好的个人或公司”作为代理，以便“在离开其协助便显然无法开拓市场的情形下推动出口”，并“按照能够体现其服务的、公平合理的标准去支付酬劳”。

1976年6月，库珀向萨菲尔德发布了一个新的指导方针，指出公款不得用于非法或不当目的，[46]英国政府官员不应从事、鼓励非法或不当行为，国防贸易组织应尽量避免雇佣代理人。在政府间交易中，如果国防贸易组织、米尔班克技术服务公司或其他公司必须使用代理人，则这些代理人必须具有良好声誉，而且如果佣金比例超出常规标准或10%，则必须获得国防部常务次官批准，但库珀预留了一个规避条款，表示某个行为是否非法或不当，将最终取决于“有关国家的法律和惯例”。

因此，国防贸易组织不能再像之前在沙特阿拉伯、科威特等禁止佣金的国家那样鼓励“非法行为”，但库珀的指导方针又留出了很大的回旋余地，不会阻止米尔班克技术服务公司和其他私营公司支付佣金，而且即便雇佣的代理人具有良好声誉，也不能有效防止代理人利用佣金去贿赂外国官员的行为。

英国利兰汽车公司的丑闻

当然，腐败并非仅仅普遍存在于军火交易合同中，英国国有企业与外国谈判的民事合同同样存在腐败风险，而且发生此类问题的地方不局限于中东国家。

在库珀发布关于佣金的指导方针一年后，爆发了一起新的腐败丑闻。1977 年 5 月 19 日，《每日邮报》揭露了“英国国有汽车制造商的惊人真相”。[47]该报声称：“为了赢得海外订单，英国利兰汽车公司支付了数百万英镑的贿款。”《每日邮报》声称：“自洛克希德公司曝出丑闻以来，从未发生过证据如此确凿、规模如此之大的企业腐败。”尤其令人惊讶的是，《每日邮报》竟然指控英国工业部大臣埃里克·瓦利（Eric Varley）“点头默许”了英国利兰汽车公司可疑的做法。

事实上，就在几周前，英国外交官正在尼日利亚首 100
都拉各斯帮助三家英国造船厂同尼日利亚军事独裁者奥卢塞贡·奥巴桑乔将军（Olusegun Obasanjo）的得力助手谢胡·穆萨·亚拉杜瓦准将（Shehu Musa Yar'adua）谈判贿赂之事。[48]这三家英国企业是英国斯旺亨特造船厂（Swan Hunter）、英国桑德兰造船厂（Sunderland）和英国造船厂（British Shipbuilders）。如今，英国利兰汽车公司的行贿丑闻曝光之后，这些造船厂不得不取消贿赂亚拉杜瓦的计划，以避免尴尬。英国官员告知英国驻尼日利亚高级专员萨姆·法勒爵士（Sam Falle）说，工业大臣埃里克·瓦利无法亲自出面推翻这些公司取消贿赂的决定，因为“如果大臣们真的指示国有企业贿赂外国政府官员以获得出口合同，显然将引发灾难性后果”。[49]

图 8　弗兰克·库珀爵士，英国国防部常务次官（1976—1982 年）。1976 年 6 月，他批准英国飞机公司和英国大东电报局为英国与沙特阿拉伯的政府间军火交易支付巨额佣金。

图源：世界图片新闻社（UPPA）

101　《每日邮报》关于英国利兰汽车公司的报道同洛克希德公司、诺思罗普公司的相关报道存在相似之处，但与美国报道不同的是，英国的报道增加了关于英国政府官员默许利兰汽车公司进行可疑支付的指控，从而使得故事显得更加刺激。

工业大臣埃里克·瓦利告诉议会："我什么都没有默许。我反对并谴责这种做法。在任何情况下，我都不会批准，甚至不会与他们讨论或考虑这些做法。我只会谴责他们。"[50]他对议员基思·约瑟夫（Keith Joseph）说，英国政府"完全反对任何形式的贿赂和腐败，政府不会容忍掩盖这些事情”。[51]

《每日邮报》的消息来源格雷厄姆·巴顿（Graham Barton）在一天后承认，那封声称瓦利“点头默许”了可疑付款的信件是伪造的。[52]此言一出，导致该报颜面扫地。瓦利成功地以诽谤罪起诉了该报。[53]巴顿及其妻子遭到逮捕和起诉。

大臣们一致认为应该避免对英国利兰汽车公司的事务进行调查，否则，正如一位外交官所写的那样：“我们的出口似乎注定会受到影响。同样，我们与那些参与其中的外国权势人物的关系也会受到影响。”[54]内阁秘书对首相卡拉汉说：“调查一旦启动，最终造成什么结局就难以预测了。”毫无疑问，他说这句话时，心里想的肯定是洛克希德公司的丑闻。[55]

关于利兰汽车公司的报道发布之后的那个周末，首相卡拉汉和少数内阁大臣在首相的官方乡间居所——契克斯庄园（Chequers）举行会议。[56]财政大臣丹尼斯·希利（Denis Healey）说：“毫无疑问，多年来，大规模贿赂一直盛行于中东和非洲。”令大臣们担忧的是，“一些对英国政府负责的机构，包括国防贸易组织和国有企业在内，也参与其中”。贸易大臣埃德蒙·德尔（Edmund Dell）问道：“我们是否准备让人们失业？”大臣们一致认为，“政府在这一阶段开展调查可能导致利兰汽车公司出局，这不公平”。最终，负责管理利兰汽车公司政府股份的机构——英国国有企业管理委员会（National

Enterprise Board）主席莱德勋爵（Ryder）开展了秘密调查。

102 莱德的秘密报告没有发现利兰汽车公司直接在海外行贿的证据（这并不奇怪，因为正如我们所见，公司几乎从不直接向决策者支付佣金）。[57]至于间接贿赂，利兰汽车公司首席执行官亚历克斯·帕克（Alex Park）告诉莱德："我们已经确认，公司不会故意在国内或国外助长任何贿赂和腐败行为，但我们无法百分之百确定的一点是，任何代表或代理人都没有违反其所在国家的法律。"

莱德问帕克，利兰汽车公司是否询问过代理商如何使用他们收到的佣金。帕克回复道：

> "在没有确凿证据时，我们既无义务也无权利去盘问这些人是否遵守了他们各自国家的法律。如果我们这样做，将被视为一种侮辱，会破坏多年来建立的互信，这将对我们的出口业务产生灾难性影响。"

莱德的报告特别指出了一笔付款。1975 年，利兰汽车公司赢得了一份向沙特阿拉伯国民警卫队供应路虎汽车的合同。[58]《每日邮报》公布了这笔交易的细节，声称它得到了英格兰银行外汇管制部门的批准。[59]此外，《每日邮报》表示知道两名受益人的身份，"他们都是政府高官”。该报拒绝公布他们的名字，“因为这几乎肯定会在他们国内造成严重后果”。

莱德的报告称，利兰汽车公司的代理人为福斯图克。[60]该公司首席执行官亚历克斯·帕克称，福斯图克“与沙特阿拉伯国民警卫队没有官方联系”，但他是国民警卫队指挥官——阿卜杜拉王子（现为国王）的大舅哥。莱德说，福斯图克从英国向沙特阿拉伯国民警卫队出售路虎汽车（Land Rover）和揽胜（Range Rover）汽车的交易中获得了合同价15%的佣金，从零部件的交易中获得了发票净额14%的佣金。帕克声称：

> “佣金支付与合同授予没有任何关系。福斯图克先生的服务主要是确保在沙特阿拉伯没有任何因素阻碍合同的按时落实，从而确保不会触发合同中的罚款条款。”[61]

莱德问帕克是否认为“福斯图克先生本人向公职人 103
员行贿或提供不当利益”，帕克表示没有什么要补充的。

莱德的报告没有提及沙特阿拉伯第1275号法令。[62]该法令明确规定：

> “任何与沙特阿拉伯政府签订军火销售合同或供应必要设备的公司，均不得向任何中间人、销售代表、代理人或经纪人支付任何款项作为报酬，此

禁令适用于任何国籍的公司或中间人、销售代表、代理人或经纪人，也适用于沙特阿拉伯政府与该公司直接签订或通过其他国家间接签订的合同。”

出于便捷考虑，利兰汽车公司的佣金打到了福斯图克在瑞士日内瓦的大通曼哈顿银行账户里面。[63]因此，沙特阿拉伯政府不太可能知晓该公司公然违反佣金禁令的行为。

英国官员们意识到，莱德的这份报告虽然回答了很多问题，但也引发了很多问题。[64]一旦全面公布，这份报告必将对英国的海外利益造成严重损害，但不公布的话，又可能导致外界指责英国政府掩盖真相。因此，他们建议公布一份概要。[65]

反观美国，洛克希德公司于 1977 年 6 月 10 日公布了特别审查委员会的报告，该报告明确指出公司曾经行贿。[66]大约一个月后，英国首相卡拉汉的内阁同僚们认为，如果只公布莱德报告的一部分，将导致人们进一步追问关于利兰汽车公司的信息，“最好的办法就是拒不公布这份报告，理由就是公布出去之后会对格雷厄姆·巴顿的诉讼程序造成偏见”。[67]

与此同时，工业大臣瓦利感到焦虑。他拒绝批准英国三家造船厂在尼日利亚的尽快支付贿款，并对议会说自己与可疑付款无关。瓦利需要考虑的问题是：

> “在所有可能获得的商船订单中，有很大一部分显然涉及某种形式的可疑付款，而且确实存在这样一个风险，即如果我们不遵从这种惯例，那么获得的合同就很少，这将对造船业的就业带来严重后果。”[68]

于是，瓦利向议会声明，在有些情况下，为获得造 104
船合同，似乎必须进行可疑付款，官员们就这种情况征求他的意见。[69]他认为自己不能允许此类付款，并威胁说如果内阁同僚为了赢得合同而推翻他的决定，他将辞职。官员们请首相卡拉汉出面“让他冷静下来”。

瓦利告诉首相卡拉汉，有四起可疑案件摆在他面前，而且由于飞机制造业和造船业是国有产业，因此，进一步出现类似案件是不可避免的。[70]他抱怨说：“英国造船厂尽可能地将所有案件推给大臣们，以便他们能够逃避所有责任。”卡拉汉则表示：“我们想让世界其他地方变干净，但我们能做的事情是有限的，英国政府应该确信佣金支付给了可信的机构，不必进一步调查。”

两周后，首相卡拉汉及其同僚们开会讨论了这个问题。在这次会议上，

> 有人认为，如果腐败行为引起了大臣们的关注，那么他就不应该纵容这种行为。然而，对于某些存在疑问的特定交易，应由相关国有企业董事长

和董事会来作出决定，他们应该愿意承担责任。不应将详细的案例提交给大臣们决定。[71]

但其他与会人员表示，英国政府对大多数国有企业享有法定的指导权，不能回避问题。首相卡拉汉指示工业大臣、贸易大臣以及副总检察长进一步考虑针对英国国有企业海外行贿问题制定指导方针。

三个月后，大臣们再次召开会议。贸易大臣埃德蒙·德尔建议道：

“每个国有产业管理委员会都有责任根据章程和（适用的）政府既定政策管理受托业务，他们有责任像公司的董事会那样确保海外业务的开展在有关国家是可以接受的。因此，国有产业管理委员会的主席不应将其行业内的案件都提交给大臣，但如果他们想就政府的总体态度寻求进一步的指导，建议可以在保密情况下向国有产业管理委员会主席透露国防部在国防贸易领域采用的指导方针的实质内容。”[72]

105 后来，他们同意，只有当大臣们面临的压力越来越大时，才应向议会公布关于国有产业的新指导方针。[73]

1978 年 7 月，巴顿夫妇在伦敦老贝利街的中央刑事法院受审，被控伪造证据罪。外交官们担心这可能会重新激起人们对莱德的那份秘密报告的兴趣。[74]《每日邮报》已经公布了利兰汽车公司在沙特阿拉伯的交易细节，但没有公布涉案人员的姓名。国防贸易组织的官员们担心，“阿卜杜拉王子和福斯图克之间的关系可能会被大肆炒作，从而导致英国与沙特阿拉伯的关系趋于恶化”。[75]英国驻沙特阿拉伯大使馆告知伦敦方面说，如果福斯图克的名字被曝光，

> “他不会高兴，因为商业信任被打破了，尤其是以如此耸人听闻的方式，而且其他人也会担心这种做法会蔓延开来。最严重的是，福斯图克与阿卜杜拉王子的关系会被公之于众”。[76]

巴顿夫妇的律师要求查看莱德的报告。工业大臣瓦利和总检察长萨姆·西尔金（Sam Silkin）考虑“出于国家利益”而停止起诉，[77]但最终决定允许辩护律师查阅莱德的那份报告，“希望辩护律师能够明智而谨慎地使用这份报告”。

1978 年 8 月，巴顿被判有罪，妻子无罪。利兰汽车公司声称：“没有发现违反英国法律或全球贿赂网络的证据。”[78]莱德的报告发现，利兰汽车公司支付了许多佣金，但不知道这些佣金又被用于何处，该报告迄今依然处于保密状态。

20 世纪 70 年代英国的腐败丑闻在曝光之后仍被保

秘或管控。与美国证券交易委员会在美国开展调查不同，英国没有对出口商的腐败行为开展广泛调查。事实上，英国政客和官员面临的主要风险是被抓到参与腐败行为的确凿证据。解决办法就是让各部大臣和高级官员同任何可疑支付行为保持距离。这种做法现在成了国防贸易组织与沙特阿拉伯做交易时的惯例。

106 英国与沙特阿拉伯军火交易的佣金

就在库珀于 1976 年 6 月向国防贸易组织下达关于佣金的新的指导方针后不久，官员们不得不就英国与沙特阿拉伯之间两项新的政府间巨额军火交易作出决定。

早在 1973 年，英国与沙特阿拉伯签署了一份谅解备忘录，英国飞机公司为沙特阿拉伯提供飞机制造、维护及人员培训，直至 1978 年。这项交易被称为“沙特阿拉伯防空支援项目”（SADAP），确保英国飞机公司、英国联合电气工业公司和英国航空服务公司在杰弗里·爱德华兹的帮助下出售的设备仍可供沙特阿拉伯持续使用。1973 年的合同价是 2.53 亿英镑（约合今天的 23 亿英镑）。[79]如今，英国飞机公司告诉国防贸易组织，为了续签 1973 年这份合同，他们将支付 15% 的佣金。[80]

另一个合同是为阿卜杜拉王子掌管的国民警卫队开展的一个新项目，称为“沙特阿拉伯国民警卫队通信项目”（SANGCOM）。主承包商将是英国大东电报局，在英国国防部的监督下运营。[81]英国大东电报局告诉国防贸易组织，他们将向贝鲁特工程和贸易运营公司（Engineering and Trading Operations Company Beirut）支付10%的佣金，并向斯迈克国际公司（SIMEC International）支付3%的佣金。

萨菲尔德向库珀提交了关于这些交易的报告，表示这些佣金“相对于沙特阿拉伯通常针对这些服务类型收取的比例而言，并不是特别高”。[82]库珀表示，他的责任是确保佣金“不超过现行正常比例”，并且“这是公司的事情，而不是女王陛下政府的事情”。[83]他批准了这些佣金。1977年9月，沙特阿拉伯防空支援项目的合同延期至1982年。[84]1978年3月，关于沙特阿拉伯国民警卫队通信项目的谅解备忘录签署。[85]

事实上，萨菲尔德在提交给库珀这份报告的草案中，表达更加直截了当。[86]他在其中一段中说，代理人为了获取佣金而提供的服务“虽被称为技术咨询，实则通过施加影响去左右领导者决策，使其作出有利于客户的决定”。这份草案的另一段也在最终版本中被删除了，内容如下：

> “我们不希望效仿美国最近在政府间协议中采 107
> 用的做法，即在报价函的前言中告知外国政府报价包含的一切款项的数额和受益人（如果知道的话）。美国人似乎有足够的实力采取这种‘要么接受，要

么放弃’的做法，但我认为我们不能采取这种态度，法国人当然也不可能采取这种态度……就这个问题与沙特阿拉伯政府进行任何形式的磋商都是无益的，因为他们虽然希望我们作出适当、谨慎的佣金安排，但肯定不会正式批准支付佣金。只要有合适的机会，沙特阿拉伯高官就会以略带隐晦的措辞向到访的公司高管发表这方面的声明，比如，沙特阿拉伯王储法赫德·本·阿卜杜勒–阿齐兹殿下最近在接见英国飞机公司董事长艾伦·格林伍德（Allen Greenwood）时就发表过这种声明，英国国防贸易组织的一位官员和我们的国防武官都在场（正如前文所述，英国飞机公司其实早在1963年12月就考虑过贿赂法赫德王子）。”

库珀认为批准支付佣金并未违反自己制定的海外佣金指导方针，原因如下：

1. 他未被告知这些钱可能被用于非法或不当目的，尤其是提交给他的材料中未提及沙特阿拉伯第1275号法令，而且没有提及国防贸易组织官员认为这些付款是为了“左右领导者决策”。

2. 这些代理人是英国飞机公司雇佣的。

3. 提交的材料中没有提供任何信息表明这些代理人不可靠。

4. 提交的材料声称，这些佣金在沙特阿拉伯不算过高。

5. 即使这些佣金会被用于不当目的，库珀也可以声称这归根结底是沙特阿拉伯的一种惯例。

提交给他的材料中并未说明斯迈克国际公司或贝鲁特工程和贸易运营公司的幕后人物是谁。事实上，后者的管理者正是福斯图克。[87] 108

贝鲁特工程和贸易运营公司成立于 1972 年 3 月 4 日。[88]第三章描述过，米尔班克技术服务公司失去了沙特阿拉伯国民警卫队的大额合同之后，取消了对福斯图克的佣金安排，而一个月后，该公司就成立了。[89]

1977 年 1 月，英国主计长兼审计长道格拉斯·亨利爵士（Douglas Henley）就沙特阿拉伯防空支援项目向库珀发起问询。[90]1973 年，英国国防部同意英国飞机公司将合同价的 7.5%（后增至 8%）视为合同成本，以“咨询费”名义支付。[91]国防部允许英国飞机公司获得更高利润，以涵盖后续佣金。英国飞机公司在 1973 年的交易中支付了超过 3000 万英镑佣金（约合今天的 1.59 亿英镑），[92]但国防部既不知道英国飞机公司的佣金收款人是谁，也不知道沙特阿拉伯政府是否已正式获悉此事。英国飞机公司要求国防部对佣金支付事宜保密。[93]因此，国防部将佣金从英国飞机公司的成本证明中剔除掉了，以避免让国防部的审计人员知道此事。[94]

库珀告诉道格拉斯·亨利爵士：

> “已从英国飞机公司最高层获得了保证，即收款代理人是信誉良好的公司或个人，英国飞机公司认为其支付的款项换来了相应的服务；最后，据英国飞机公司透露，沙特阿拉伯政府有关机构接受了代理人对于这笔合同的立场，我已收到了相应的书面保证。”[95]

道格拉斯·亨利爵士表示，英国飞机公司的审计机构塔奇·罗斯公司（Touche Ross）无法确定这些款项的受益人，[96]并且继利兰汽车公司受到指控之后，“议会现在希望对这些付款进行特别审查，并了解相关情况”。[97]

库珀坚称，英国官员已经同意英国飞机公司的保密要求，认为对这种事情的保密属于“正常的商业风险预防措施”，并表示“我们自己也认为没有必要知道收款人的身份”。[98]他说：“避免对企业过度调查是公认的政府惯例，我们必须考虑到过度干涉行业业务可能造成的风险，以及导致本国企业在与对手的竞争中处于不利地位的风险。”[99]

109 在道格拉斯·亨利爵士提出质疑后，库珀修改了关于佣金的指导方针。[100]如果一家公司试图让国防部批准将费用或佣金纳入报价中，则需提供一份书面保证，证明代理人具有良好信誉，且为公司提供了“充分回报”。此外，这家公司还必须尽力确保采购国政府了解该代理人。

福斯图克多年前毕业于俄克拉荷马大学，获得石油工程学位，[101]此时已成为极其富有的人，并进军国际赛马界。如同阿卜杜拉王子一样，福斯图克也对赛马富有激情。[102]1978 年，他在美国肯塔基州购买了一个大型农场。[103]他还在巴黎郊外经营马厩。

他通过一位朋友结交了爱尔兰总理查尔斯·豪伊（Charles Haughey），关系逐渐变得亲近，豪伊曾以客人身份到福斯图克位于巴黎郊外的宅邸度假。[104]1985 年，福斯图克通过朋友向豪伊支付了 5 万英镑。[105]

爱尔兰设立了莫里亚蒂法庭（Moriarty Tribunal），调查豪伊和爱尔兰众议院议员迈克尔·劳里（Michael Lowry）在担任公职期间收受的款项。法庭表示："福斯图克先生付款的动机与豪伊先生担任的公职有关，两人确实影响了这些公职的履行，以便向福斯图克先生的亲属授予爱尔兰公民身份。"[106]法庭称福斯图克"与沙特阿拉伯王室有姻亲关系"。[107]福斯图克于 2006 年 2 月在一起交通事故中去世。[108]

阿卜杜拉继续从他与英国的关系中获利。1981 年，他在利雅得为自己建造了一座新宫殿，由英国皇家工兵负责施工监理。[109]

英国政府为了避免卷入海外贿赂而制定了一套规则，同时又允许这种行为持续存在。鉴于英国政府没有采取美国那种方式去应对海外腐败丑闻，那么如何能解决国际贸易中猖獗的贿赂问题呢？

110 # 第七章

无果而终：国际反腐为何受挫（1975—1980）

美国丘奇委员会的调查揭露出来的真相在美国乃至全球范围内引起了广泛关注。1975 年 11 月，美国参议院呼吁制定一套国际商业行为准则和一系列规则以消除腐败。[1]同年 12 月，联合国大会通过第 3514 号决议，呼吁出口国起诉海外行贿者，并呼吁出口国与进口国通过信息交流等方式合作防范贿赂行为。该决议还要求联合国经社理事会就防止腐败问题提出建议。

正如我们在第五章所见，美国政府已采取了一系列反腐行动，其他国家也采取了类似行动。比如，1976 年 2 月，日本与荷兰开始对洛克希德公司的活动高调开展调查。

英国大臣们讨论海外腐败问题

1976 年 4 月，《星期日泰晤士报》指责英国石油公司“通过贿赂获得意大利支持”。英国大臣们意识到自己有可能被迫采取反腐行动。首相卡拉汉专门设立了“处理特殊佣金及类似支付问题的部级工作组”。

20 世纪 70 年代，英国面临严峻的经济困难。贸易大臣埃德蒙·德尔告诉内阁同僚：“我们必须阻止和扭转我们在世界市场上份额长期下滑的趋势……许多增长势头较好的市场恰恰也是腐败问题最严重的地区。”[2]与主要竞争对手相比，英国特别依赖出口。英国贸易部官员指出：“1976 年和 1977 年，英国出口占国内生产总值的 21% 至 23%；相比之下，美国为 6% 至 7%，日本为 12%，法国为 16% 至 17%，西德为 23%。”[3]

英国大臣们除了讨论英国石油公司的事情之外，还 111
审议了一份关于国际商业惯例的文件。[4]该文件区分了“佣金”和“特别佣金”，前者指“通常支付给海外代理人以换取其正常（即合法）的服务”，后者指“通常在没有文件证据佐证的情况下支付给第三国账户，比如瑞士匿名账户的佣金”。官员们写道：“我们有一个深刻的印象（而非确凿的证据），即在世界上大片地区的商业交易中，支付特别佣金是很常见的。”

官员们表示，他们对腐败的了解“不完整且片面”，因为正如一位外交官后来所写的那样，“除非英国驻外大使们认为英国公司受到了腐败侵害，或者其行为特别令人发指，否则他们不会将腐败行为上报”。[5]在英国政府部门里，财政部、国内税务局和出口信贷担保署对这方面了解最多。

官员们表示，英国公司经常向国内税务局申报特别佣金，因为这属于为了达成交易目的而支付的成本，可以减少公司的应交税额。[6]英国公司也会将这些佣金告知英格兰银行和财政部，因为外汇管制规定要求他们这么做（20 世纪 70 年代，这些管制旨在通过限制英镑外流，维持英国国际收支平衡）。英格兰银行和财政部会批准超过合同价 10% 的佣金，因为英国官员们只需确保佣金没有付给英国人，而且佣金与从客户那里收到的款项同步支付。出口信贷担保署为出口商提供财务担保，如果海外买家未能及时履行付款义务，将由该机构用英国纳税人的钱垫付。20 世纪 70 年代，英国约三分之一的出口商品都采用了这种担保方式。对于价值超过 100 万英镑（约合今天的 530 万英镑）的合同，出口公司必须披露佣金支付情况。

官员们报告说，超过 10% 的佣金很常见，推测这是因为“在中东等地区的新兴石油市场，贿赂已盛行数百年，直到近年，贿赂才在国际出口领域成为一个格外突
112 出的因素”。

之前，英国大臣们没有对英国石油公司和利兰汽车

公司的丑闻发起过专项公开调查，但他们考虑过像美国证券交易委员会那样对企业腐败开展广泛调查。官员们警告说，“任何披露受贿者信息的调查都可能产生严重的政治影响”，因为“在一些受贿者的国家，国家元首、部长和参谋长都直接牵涉其中”。此外，“任何公开披露公司和个人机密信息的调查都将严重损害各政府部门与商业界之间的有效工作关系”。[7]

随后，英国政府内部围绕要不要调查本国公司的海外腐败行为发生了一场激烈争论。[8]一些大臣认为：“在某些国家，腐败被视为一种司空见惯的现象，这只会助长腐败滋生，一旦政权更迭，一个具有更高道德标准的新政权上台，或将导致英国公司声誉受损。”因此，考虑到美国总统福特设立了一个调查美国公司可疑海外支付问题的特别工作组，他们建议效仿美国，成立一个类似的小型委员会，为英国公司起草行为准则，并考虑让外汇管制部门不再对英国企业的海外贿赂行为视若无睹。

然而，大多数大臣希望不要进行全面调查，因为这“将为调查英国石油公司和其他公司开了先河”。他们承认其他国家已经设立了调查机构（当时美国、日本和荷兰都已设立），但同时指出英国政府没有像这些国家那样面临必须采取行动的政治压力，因为这类问题没有在英国酿成轰动性丑闻。

根据美国总统福特的特别工作组提出的国际合作反腐败建议，英国大臣们思考了广泛开展反贿赂行动的可行性。英国大臣和官员们认为英国应该参加国际讨论，但有效的行动“只能由各国政府在其管辖权内开展”。[9]他们认为，“如果没有有效的国际协议要求主要竞争对手同时采取行动，那么英国的单边反腐败行动……将对我们在世界重要地区的贸易地位造成非常严重的损害”。

一个月后，财政部首席秘书乔尔·巴内特（Joel Barnett）对议会说：

113 “女王陛下政府无权单方面防止其他国家的腐败。我们需要有效的国际行动，只有努力促进协调一致的行动，才能最大限度地实现美国朋友们的愿望，即无论在哪里发现贿赂和腐败行为，都要采取打击行动。我之前已经说过，英国政府完全赞同这一愿望。因此，英国政府将在相关国际组织中施加压力，要求尽可能采取对付这种不良行为的措施。”[10]

一些大企业也对贿赂问题表达担忧。在英国海外贸易委员会组织的一次会议上，来自英国工业联合会、英国工会联盟和英国文官委员会的商界领袖和代表称：

“合同外付款的要求很常见，有些占合同价的比例高达20%。这种做法蔓延到英国和其他发达国家的风险显而易见。这些发达国家之间仍然存在着信任和道德的纽带，但这可能会因为世界其他地区的大量不当行为而遭到破坏。”[11]

一些比较开明的商界领袖，比如英国海外贸易委员会主席弗雷德里克·凯瑟伍德爵士（Frederick Catherwood），警告与会者不要相信腐败是发展中国家普遍接受的惯例这种陈词滥调。他说：

“腐败可能一直存在，但第三世界的人民永远不会接受它。没有人喜欢外国公司贿赂他们的领导人和公职人员，将本应用于缓解贫困和促进繁荣的资金转移到炫耀式消费上。”

此前，凯瑟伍德曾亲自对瑞士提出批评，在与苏黎世银行家开会时表示：

“令人深感不安的是，（已删除）如今在授予合同前要求获得高达5000万美元的贿赂，以瑞士法郎支付。其他一些发展中国家的情况也同样糟糕，这可能造成严重的政治动荡……一个令人担忧的因素是瑞士的银行账户在促进此类付款中发挥的作用：贿赂往往以瑞士法郎支付，而瑞士法律规定对客户信息严格保密，从而保护了收款人。”[12]

114 瑞士银行家们回应道，仅改变瑞士法律是徒劳的，因为贿赂可以轻松地借道百慕大、开曼群岛或西德。虽然凯瑟伍德感到担忧，但还是告诉英国贸易大臣德尔，英国海外贸易委员会认为英国单方面地采取反贿赂行动“是无效的，且损害我们的出口”。[13]

英国反思关于海外贿赂的指导方针

英国商人应该怎么做呢？财政部首席秘书巴内特对议会说，“所有英国公司都应在遵守东道国法律的前提下开展海外业务”，但同时表示“我们期待英国公司遵守的高标准商业惯例并不适用于所有地方”。[14]英国利兰汽车公司在 1977 年 5 月遭到贿赂指控后，首相卡拉汉要求贸易大臣德尔审查政府政策。莱德勋爵关于利兰汽车公司的秘密报告建议，这次审查应考虑为英国公司的海外业务提供指导。那年夏季，英国政府向议会推荐了经合组织在 1977 年 6 月份提出的一项建议，即企业不应直接或间接向公职人员行贿。

莱德的报告没有说明公司应在多大程度上调查其代理人，以确保他们没有利用部分佣金行贿。英国总检察长萨姆·西尔金曾建议企业：“如果你觉得有理由怀疑，就应该进行调查。”[15]但官员们对此表示反对，“因为在世界某些国家，公司肯定有理由怀疑”。[16]他们还担心，西尔金的建议会给税务局、英格兰银行、财政部和出口信贷担保署造成压力，使其不得不调查他们所知的许多佣金支付情况。最终，这个想法被放弃了。

德尔向同僚们辩称，由于海外盛行的各种惯例，要求英国公司查明佣金最终受益人的指导方针并不可行，因为这种指导方针一旦实行，可能鼓励公司遇到任何情况都要咨询政府意见。[17]首相卡拉汉的中央政策审查小组认为，“如果仅仅要求英国商人在海外业务中遵循西方的习惯和惯例，可能会导致他们成为异类，从而给我们的贸易和就业带来不利影响”。[18]大臣们对此表示赞同。[19]

英国公司不得不咨询英国驻外大使馆和高级专员署 115
的建议。这些建议因各地情况而异。英国驻埃及大使馆建议英国企业同贿赂行为保持“适当距离”，但同时表示：

> “长期驻扎埃及的英国商人认为，如果不行贿，几乎不可能获得合同，而且这可能确实是常态，而非个案。据我们的消息来源称，贿赂通常以现金形式支付，通常是在国外用硬通货支付，有时也会支付给瑞士的银行等机构……在签订大合同时，官员和部长们……也经常参与其中……代理人的佣金包括支付相应的贿赂，当然，资金的去向几乎无法核查。”[20]

此时的英国驻埃及大使是威廉·莫里斯，他之前在担任英国驻沙特阿拉伯大使期间，就直言不讳地向伦敦方面表达对沙特阿拉伯王室腐败的厌恶。他在开罗发给伦敦的报告中说，劳斯莱斯公司董事长肯尼斯·基思爵士（Kenneth Keith）向埃及总统安瓦尔·萨达特（Anwar Sadat）赠送了两辆汽车，以赢得合同。伦敦的一位外交官知道这件事之后抱怨说基思爵士是一个“威胁”，他“笨拙的行贿行为令人尴尬”。[21]

英国驻沙特阿拉伯大使约翰·威尔顿（John Wilton）在从吉达发给伦敦的信中建议：

> “在沙特阿拉伯，很多事情都是资历较深的王子们商定的。外国公司想获得合同，不仅要获得这些王子的支持（通常要给他们指定的代理人支付巨额佣金），还要获得许多部长和官员的支持，这些人虽然很少能帮忙，但阻碍事情进展的能力却很强。”[22]

劳斯莱斯公司与彭威投资公司（Pennway Investment Corporation）签订了为期三年的合同，请其在1979年初之前担任“中东伊斯兰地区顾问和沙特阿拉伯代理商”，而该公司首要股东正是沙特阿拉伯情报总局局长卡马尔·阿德哈姆。[23]基思爵士询问外交和联邦事务部常务次官迈克尔·帕利塞爵士（Michael Palliser），“大使馆如何看待阿德哈姆在沙特阿拉伯权力博弈中的当前地位以及……我们应该续签合同还是另寻他人”。[24]英国驻沙特阿拉伯大使馆预测阿德哈姆退休后将失去影响力，建议劳斯莱斯公司与他签订一份期限较短的合同，同时考虑其他选择。[25]

在远东地区，适用的规则却有所不同。英国驻印尼 116
大使约翰·福特（John Ford）向伦敦提供了针对印尼的“腐败剖析”。[26]20 世纪 60 年代末，印尼的石油财富开始增多，“价值数百万美元的大合同凸显了代理人的重要性，贿赂可能达到前所未有的程度”。他说，代理人甚至会“将价格提高 50%，以便向印尼军队等客户支付必要的贿赂费用”。

印尼的腐败行为已经蔓延到了位于军事统治阶层最顶端的人物。约翰·福特大使表示，缺乏足够的监督意味着“像外交部长亚当·马利克这类人成立空壳公司，作为中间人去撮合合同，并收取佣金，是一件非常有利可图的事”。与此同时，印尼总统苏哈托“对妻子积极参与（几乎可以说过度参与）可疑的赚钱活动视若无睹”，因此也没有对其他人的腐败采取行动。苏哈托总统的夫人田·苏哈托（Mrs Tien Suharto）由于喜欢在印尼的大项目中收受 10% 的回扣，被印尼人戏称为“10% 夫人”（Mrs Ten Percent）。瑞士驻印尼大使告诉约翰·福特大使，“印尼许多领导人都觉得有必要访问瑞士”，却以讽刺的口吻指出“印尼人对冬季运动和山区风光显然不感兴趣”。

约翰·福特大使建议，不熟悉东方国家惯例的小公司应避免进入印尼，因为它们“无法抵抗敲诈勒索者”。然而，壳牌、联合利华和帝国化工等大公司似乎没有参与过严重的贿赂和腐败行为，其经验表明坚持廉洁最终会得到认可，并得到回报，而那些愿意行贿的公司往往会发现自己面临越来越苛刻的要求。

在吉隆坡，英国驻马来西亚高级专员埃里克·诺里斯爵士（Eric Norris）认为：

> “在腐败方面，要赶上印尼或泰国，马来西亚还有很长的路要走。一位精明冷静的英国商人告诉我，他对自己在马来西亚遭到索贿并不惊讶（他支付了），与邻国相比，马来西亚人索要的金额相对较小。”[27]

117 马来西亚总理侯赛因·奥恩（Hussein Onn）“可能是个廉洁的人”，而且“与苏哈托夫人相比，他的夫人堪称两袖清风了”。诺里斯说，马来西亚的腐败在土地交易、军火采购、飞机采购、项目招标、海关和警察部门最为严重。外国公司可能会因为拒绝行贿而丢掉合同或导致项目耽搁，“从短期来看，英国公司确实能够通过为当地官员分发一些‘甜头’或使用比较隐秘的游说方式换来一些利益，但从长远来看，它们承担的损失要大得多”。但由于奥恩总理的清廉榜样往往不会被马来西亚官员效仿，对于低级官员而言，“适度提供一些甜头可能是最有效的说服手段。简而言之，我给英国公司的建议是可以保持廉洁，但不必苛求”。

美国人提议制定国际反腐协议

联合国大会第3514号决议的通过为英国大臣和官员提供了一个机会，使其能够履行巴内特向议会承诺的“努力推动国际协同行动”。1976年3月，美国人提议成立一个政府间工作组，起草一项国际反腐协议。[28]同年6月，美国总统福特公开表示，“无法容忍”美国公司在国外的不当行为，[29]美国有责任发挥领导作用，推动“自由、诚实和竞争性的经济行为”。他说：“我们必须加快制定国际协议的步伐。”

巴内特在英国议会发表“努力推动国际协同行动”的声明之后，英国外交官同意支持美国。[30]联合国经社理事会通过了一项决议，[31]成立了一个工作组，负责在1977年年中之前起草一项协议，以“防止和消除”国际商业交易中的“非法支付”。

福特总统的特别工作组也开始制定一项新法律，要求美国公司披露佣金。[32]1976年8月4日，该工作组起草的《国外支付披露法》被提交给国会。[33]

1976年11月，联合国经社理事会工作组召开第一次会议。[34]美国是唯一在该会议上提出提案的成员国（英国为观察员国、非正式成员国)。美国建议各国大力实施打击贿赂的法律并互通信息，还建议出口国应迫使本国企业披露代理商的佣金，防范进口国官员索要贿赂，并为本国企业拒绝支付贿赂提供便利。

118 英国官员对美国提案的反应并不积极，认为存在诸多现实困难，[35]但没有提出建设性的替代方案。英国同意支持各国联合签署一份谴责贿赂行为的协议，各国实施各自的反贿赂法律，并在刑事诉讼中交换信息，但认为这并不会改变现状。英国官员还试图说服美国放弃强制企业披露佣金的念头。[36]

其他西欧国家以及日本也持怀疑态度。发展中国家则更关心如何防止“向非洲南部非法政权支付土地使用费和税款”，而非腐败问题。[37]

因此，当英国首相卡拉汉于 1977 年 3 月飞往华盛顿会见新当选的美国总统吉米·卡特时，美国官员们告诉他说工作组“几乎没有取得任何进展”。[38]

在美国，福特总统与国会在应采取的正确方法上产生了冲突。他想强制要求美国公司披露代理商的佣金，但不希望将海外贿赂定为刑事犯罪。[39]然而，以参议员威廉·普罗克西迈尔（William Proxmire）为首的那一派则主张刑事定罪。普罗克西迈尔提出了一项替代性法案，称“我们不能既在国外纵容贿赂行为，又指望公众相信在国内不会发生同样类型的非法贿赂行为。企业腐败是没有界限的”。[40]他认为，国际协议需要很长时间才能出台，并且很难公平实施，因此“实为一纸空文”。他否认单方面行动会损害美国公司。1976 年，参议员们没有对福特总统的《国外支付披露法》举行听证会，而是以 86 票赞成、0 票反对的投票结果通过了普罗克西迈尔的法案。[41]

关于如何处理海外腐败的国际分歧

新上任的卡特政府提出了一项新法律，试图将海外贿赂定为刑事犯罪，[42]并在当月晚些时候的工作组会议上提出其他国家也应效仿。英国官员及其欧洲伙伴不喜欢这个新想法，[43]而是希望采取一种较为温和的方法来解决这个问题，旨在“营造一种强有力的全球反贿赂氛围”。这种方法包含一般性的原则和准则，使现有的信息交换制度规范化，以及制定行为规范或行为守则。换句话说，他们并不想改变现状。

美国提案直击问题的核心：应该对行贿者、受贿者 119
或两者都采取行动吗？有人认为，行贿者和受贿者都知道付款的目的（付款人虽不知道他行贿的钱具体用来做什么，但期望通过贿赂获得合同），因此，二者应该负有同等的道德责任。但也有许多人认为，主要责任在于主动对接贿赂事宜的一方。这一方可能是希望获得合同的公司或代理人（比如，杰弗里·爱德华兹试图在沙特阿拉伯王室培植人脉），也可能是试图借助勒索手段获得贿赂的买方（比如，1973 年霍克·西德利飞机公司试图向黎巴嫩国防部出售两架“霍克猎手”战斗机时就遭遇了这种情况）。

在关于“国际商业惯例”文件的讨论中，英国大臣们辩称，“制止腐败行为的主要责任在于这种行为所在国的政府”。[44]英国官员的诉求是：“首先要求所有进口国确保充分执行本国反贿赂、反勒索法律，以防范索贿；出口国应通过公认的程序协助进口国执行这类法律。”[45]这一方法与美国的方法有着本质区别，美国将行贿入刑的提案旨在切断行贿资金的供应。

英国这种反腐方案存在显而易见的问题，因为正如我们在黎巴嫩、沙特阿拉伯和伊朗看到的情况一样，许多索贿要求都来自权势极大的人物，或其朋友、亲戚和同伙。显然，指望进口国政府高层针对其国内最恶劣的贿赂案件采取行动是不现实的，因为这些高层官员本身就是索贿者。此外，指望这些国家的其他人终结腐败行为也是不现实的，因为这可能需要革命性的变革。在许多国家，那些挑战政权的人很可能会遭到监禁、折磨或处决。

120 此外，英国在许多腐败猖獗的国家积极维持着其腐败专制政权。英国政府是伊朗国王的主要支持者之一，曾经建议国王“在维持公共秩序时使用最低限度的武力”。[46]尽管英国大臣们不愿向他出售装甲车和电击棍去对付抗议者，却同意英国公司向其出售催泪瓦斯和橡胶子弹，用于镇压抗议活动。[47]

在沙特阿拉伯，英国军事代表团是维护国民警卫队（镇压国内革命的主要力量）工作效率的关键，两国在20世纪70年代的安全合作进一步深化。1979年，伊斯兰原教旨主义者占领沙特阿拉伯麦加大清真寺时，英国正在为沙特阿拉伯警察和安全部门提供培训和援助，[48]英国特种空勤团正为沙特阿拉伯特种安全部队提供培训。[49]

虽然参加联合国工作组讨论的那些英国官员无法详细了解英国同伊朗等国的安全合作和商业交易，但他们肯定能够意识到指望进口国肃清腐败是极不现实的。但对英国官员而言，要求进口国主动反腐败是一个比较轻松、有利的立场，因为这样做不太可能引发任何有效的变革，也不会达成任何一项针对行贿方的反腐败协议。一旦通过这种协议，英国会认真执行，竞争对手却不会执行。

英国在国际讨论中的孤立处境

到1977年夏季，联合国工作组已召开四次会议，并草拟了一份旨在“防止和消除非法付款”的协议初稿。[50]美国人游说各国召开外交会议，以敲定协议。英国官员担心自己提出的那套消极反腐败方案得不到别国支持，最终必须决定是否支持美国提出的这个协议。[51]一位官员写道：“如果我们只能支持不超出国内现有法律条款的协议，那么英国这种立场将难以令人信服。”

在1977年5月初的第三次七国集团峰会上，英国、美国、法国、西德、意大利、日本和加拿大领导人一致同意“应该消除国际贸易、银行业和商业中的不规范惯例和不当行为”。[52]但不久之后，英国大臣们在首相的乡间居所——契克斯庄园开会讨论《每日邮报》关于英国利兰汽车公司的指控时，首相卡拉汉表示：“鉴于英国经济严重依赖出口，我们可能很难像美国人那样，在这件事上接受如此高的标准。”[53]

121 在1977年的一次会议上，联合国经社理事会工作组被要求于1978年年中之前敲定国际反腐败协议。[54]英国官员预计将成为工作组的正式成员。此时，英国利兰汽车公司丑闻的曝光已经导致支持海外反腐败的政治气氛日渐升温，英国贸易大臣德尔指示官员们“发挥更积极的作用”，并“考虑积极举措”。[55]大臣们同意“大力推动有效的国际行动”。[56]

美国人同意放弃他们提出的“公司应披露代理人佣金”的提议，并在提交给国会审议的法案中删除了这部分内容。[57]英国大臣们仍未决定是否要建议议会修改英国的反腐败法律，以便这些法律适用于英国国民和公司在海外的行为。一般而言，英格兰和威尔士的法律秉持“属地原则”，遵循一个广为接受的长期惯例，即每个国家都通过法律对其领土范围之内人的行为进行监管，而不涉及发生在其他国家的行为。如果案件在犯罪发生国进行审判，那么获取证据和处理案件会更加容易和快捷。1977 年，人们普遍认为，在海外行贿的英国国民或公司不能在英国受到起诉，同样，在英国策划、协助、教唆或促成海外贿赂罪的人也不能在英国受到起诉。[58]但在英国受贿或行贿的英国人（如大卫·兰德尔和弗兰克·努尔丁）可在英国受到起诉。

德尔告诉首相卡拉汉，他不想扩大英国的海外管辖权或改变英国的反腐败法律。[59]其他官员们认为，如果其他国家的受贿者没有遭到起诉，那么单独起诉英国国民或公司就不公平了。德尔还反对强制要求英国企业披露海外佣金信息，但为了让英国的表态显得积极一些，他建议倡导各国之间谈判双边性质的反腐败协议。

1977 年 10 月底，英国反不当贸易行为部级工作组会议召开时，总检察长萨姆·西尔金和工业大臣埃里克·瓦利认为，美国的提议可能很快成为政治上的必要之举。[60]然而，大臣们的主要反对意见是，“英国将不得不严格执行其他国家仅口头遵守的规则”，从而“可能对英国的海外贸易造成严重损害”。[61]所以，他们指示官员们反对美国的提议。

在华盛顿，美国对英国和其他发达国家的消极反应 122
感到失望。英国贸易大臣德尔告诉同事说达成一项国际协议的前景渺茫，认为“尽管美国愿意在这方面作出一些努力，但我认为我们不能单方面为自己强加新的义务”。[62]1977 年 12 月 19 日，《反海外腐败法》在美国成为法律，规定美国人不得在海外行贿。

英国官员断定，要与其他国家签订双边反腐败协议，英国必须相信这个伙伴国能够在其国民索贿的情况下提起诉讼，[63]但一位英国官员指出，与腐败猖獗的国家签订双边协议的可能性不大：

> “大多数中东国家的政府不时地对腐败问题表示担忧，并偶尔开展不同程度的反腐败行动。但这往往是表面功夫，因为腐败根深蒂固，而且反腐败往往是由内部政治斗争驱动的……在我们看来，没有一个中东国家的政府和企业在道德标准方面与我们相近……如果双边协议要求我们向有关国家的当局报告我们注意到的所有腐败案件，而统治者发现自己和亲属竟然是腐败的受益者，那么英国可能会陷入非常艰难的处境。我们需要对所报告的内容进行深度筛选，否则我们可能卷入这些国家的内部政治，从而对我们的贸易和经济关系造成不幸的反噬。”[64]

随着《反海外腐败法》成为美国法律，1978 年，美国再次敦促各国召开外交会议，以缔结一项国际反腐败协议。令英国沮丧的是，法国现在也像美国一样表示，出口国应该起诉其国民在海外行贿的行为。[65]到 1978 年 6 月，在联合国经合组织工作组中，只有英国拒绝将其管辖权扩大到海外以打击贿赂。[66]

英国官员认为，法国态度的转变只是表面功夫而 123
已，法国不会起诉其国民的海外贿赂行为，因为一旦起诉，就会帮助英国在国际贸易中处于竞争优势。[67]英国的大企业对此观点表示赞同。[68]英国官员们认为，一旦英国跟随美国、法国签署国际反腐败协议，虽然能够有效防范英国出口商的海外贿赂，但“可能会抑制英国出口商”。[69]考虑到英国大臣们在 1976 年向英国议会承诺支持有效的国际反腐败行动，如果英国成为唯一一个无法签署国际协议的发达国家，那么这时他们就会感到尴尬。

因此，英国官员们迫切希望延迟或干扰这个国际协议的签订进度。在联合国工作组中，他们提到了非洲南部腐败猖獗的现象，希望发展中国家坚持要求这份协议必须禁止向非洲南部国家支付贿赂。[70]英国打的算盘是提出这种过高的要求去引发更多讨论，从而阻挠各国达成共识的进度，但这个诡计失败了，因为发展中国家“这次比较理智”，并同意在后续阶段专门讨论非洲南部的腐败问题。[71]

于是，英国官员还试图在经社理事会 1978 年会议上阻挠各国就下届外交会议的确切日期达成协议，[72]因为除非有时间进一步讨论协议草案，“否则英国将面临最终选择，要么成为唯一一个拒绝批准协议的主要发达国家，要么接受对国民在海外行贿罪的管辖权”。德尔告诉首相卡拉汉，英国应该要求成立一个“筹备委员会，以便对主要问题开展进一步讨论，这将为我们争取更多时间来达成可接受的结果”。[73]在经社理事会会议上，各国原则上同意召开外交会议，但决定将开会日期推迟到1979年年中。

英国新任贸易大臣约翰·史密斯（John Smith）告诉首相卡拉汉，英国不应退缩，因为仍有时间推动进一步讨论。[74]总检察长萨姆·西尔金表示反对，指出如果不接受美国、法国的提议，任何协议都将无效，因为“如果腐败行为发生的国家无法或不愿对行贿者或受贿者提起诉讼，那么在国外实施腐败行为的人将继续逍遥法外”。[75]他认为：

> “保持消极姿态完全不符合我们一再表达的主张，即应在国际层面解决国际腐败问题，为实现这个目标，我们正与其他国家一道努力，达成一项有效的国际协议。”

124 他建议，英国不妨提出，在协议生效之前，应有一定比例的发达国家签署该协议，并开展定期监督。这将有助于解决英国在竞争中处于不利地位的担忧。

但史密斯在财政大臣丹尼斯·希利的支持下提出：“如果我们最终要对在海外行贿的英国商人提起诉讼，而那些索贿者和别国愿意行贿的出口商却逍遥法外，将是一个不可接受的结局。”[76]内政大臣默林·里斯

(Merlyn Rees）怀疑其他出口国是否会起诉在国外行贿的本国商人，并认为在英国起诉这些人会很困难。[77]与史密斯、希利一样，他也认为所有国家都应执行本国的反腐败法律。瓦利和外交官们也支持史密斯。

孤立无援的西尔金试图最后一次尝试改变同僚的想法。他指出，关于如何有效解决国际腐败的观点忽视了现实。他致信史密斯说：

> “在我看来，每个国家都必须在本国境内杜绝腐败现象的理念是无法解决海外贿赂问题的。从过去的经验来看，我们都非常清楚，在一些经历大规模投资的国家，有些人其实凌驾于当地法律之上，将合同给予出价最高者，大发横财。我们的一些部门对其中一些人的名字了如指掌，其他人则较为隐秘。我们知道，这种惯例挟持了来自发达国家的企业，迫使它们支付可疑资金，我相信发达国家的企业不愿接受这种现象。贿赂基金的存在经常被揭露出来，着实令人尴尬。”[78]

卡拉汉同意史密斯的观点，[79]英国继续抵制美国、法国的提议。

1979 年 2 月那次经合组织工作组会议在达成国际反腐败协议方面取得了良好进展。英国外交官们认为，英国现在应该作出让步，以免被孤立。[80]外交和联邦事务部国务大臣弗兰克·贾德（Frank Judd）私下会见了西尔金。[81]贾德表示自己“非常担心，如果不加强国际贸易反腐败，正派商人将日益承压而被迫行贿”。他们达成的共识是，现在抵制美国、法国的提议是“愚蠢之举”。西尔金说，由于根据英国1906年实施的《防止腐败法》，总检察长必须在一桩诉讼被提起之前予以批准，因此，他在决定是否要批准对某个案件提起诉讼之前，可以考虑是否实现了协议的目标。

125 1979年3月，英国反不当贸易行为部级工作组重新召开会议，官员们发现协议草案中存在一个重大漏洞，[82]即只有出口国在国外行贿的个人才会受到起诉，而不是公司。因此，“一家公司完全可以通过雇佣外国人在国外为其开展腐败活动，以逃避协议”。

大臣们认为“任何协议都可能损害英国出口商”，[83]因为正如一些英国官员指出的那样，[84]与一些竞争对手相比，英国出口商“在获得珍贵的出口合同方面将受到压制”。因此，大臣们表示，要让英国在是否起诉国外行贿的国民方面作出让步，一个先决条件就是必须监督其他国家履行反腐败协议的情况。[85]此外，他们希望协议能将国外行贿的公司列为起诉对象，这样才更容易接受协议。

1979年5月，保守党赢得大选，玛格丽特·撒切尔成为首相。她任命约翰·诺特（John Nott）为新一任贸易大臣。

国际反腐败协议无果而终

大约在同一时间，联合国工作组举行了最后一次会议。会上，美国和其他发达国家原则上同意公司和个人都应该因海外腐败而受到起诉。协议草案还包含了监督条款。[86]然而，发展中国家决定利用协议草案作为讨价还价的筹码。[87]这些国家拒绝参加外交会议，除非同时达成一项单独的《跨国公司行为守则》（发达国家不喜欢该守则）。

鉴于此时发展中国家似乎对协议草案不感兴趣，并威胁要阻止其通过，因此，出口国的另一种选择是忽视这些国家，自行达成一份协议。如果无法阻止索贿，那么至少可以阻止行贿。1978 年 1 月，美国官员与英国官员讨论了这一点，[88]并在同年 6 月与欧洲各国进行了非正式讨论。[89]

在一次会议上，英国官员提出，经合组织促成的国 126
际反腐败协议“暗示西方国家是国际贸易腐败的唯一罪魁祸首”，而且可能不会得到所有国家的执行。[90]美国人说一个巴掌拍不响，只要限制住行贿、索贿的其中一方，就能遏制腐败。他们认为，西方国家在这个领域的抱团合作可以产生重大影响。

数年前，诺特在回应巴内特在议会就英国石油公司涉嫌腐败发表的声明时，就明确表达了自己的想法。[91]他拒绝支持巴内特提出的反贿赂国际行动，认为进口国必须对这个问题承担最终责任，“我们的大公司是在现实世界中运作的，我们要对英国媒体或工党议员的任何谎言表示谴责，因为谎言损害了这些公司的利益”。

如此一来，英国官员们正好可以顺水推舟地对诺特说：

> “该协议草案可能会对英国利益产生不利影响，而且很可能不会对国际贸易腐败产生重大影响。我们认为，该协议无法得到充分改进，难以成为更有效的反腐文件。因此，我们的最高目标应该是使其不要损害我们的利益。”[92]

这也将解决一个明显的政治难题：

> “我们在七国集团峰会上对该领域的国际合作作出过承诺，因此，要在国际舞台上公开抵制反腐败协议，就会显得非常尴尬。从国内政治角度看，这也会引起很大争议。此外，继续参与国际合作还有一定的政治价值，因为发生国有行业的公司在海外支付贿赂的案例时，继续参与谈判可为英国政府提供有用的辩护手段……如果反腐败协议的谈判因别国原因陷入僵局或崩溃，也对我们有利。”

英国官员们坚持认为，进口国采取有效行动对消除腐败至关重要，建议拒绝美国提出的仅在出口国之间达成反腐败协议的立场。诺特对此表示同意，[93]并表示自己“不希望英国采取任何会严重阻碍英国对中东出口的行动”。

在1979年7月的联合国经社理事会会议上，各国没有达成共识，国际反腐败协议无果而终。英国贸易部国务大臣塞西尔·帕金森（Cecil Parkinson）建议，英国应该继续反对美国、法国的提议，不要主动加速或破坏谈判。[94]他的同事们对此表示赞同。国防部的斯特拉斯科纳勋爵（Strathcona）表示“特别重视避免一切可能削弱我国国防产业出口商在世界市场上的竞争力的事态”。[95] 1979年秋季，联合国大会同意将下一届外交会议的日期留给1980年的经社理事会会议决定。[96] 127

在1980年的经社理事会会议上，美国再次敦促各国确定外交会议的日期。[97]发展中国家坚持认为，这应该与达成关于《跨国公司行为守则》的共识挂钩，从而导致国际反腐败协议再次未能达成任何共识。

这时，英国官员知道美国这个倡议取得进展的可能性已经微乎其微，在表达真实想法时就变得无所顾忌了。纽约的外交官们建议，应该归咎于发展中国家在反腐败协议上的进展停滞。一位外交官写道，如果联合国大会无法就前进的道路达成一致，那么美国简单地废除其国内立法不是更好吗？[98]另一位外交官告诉帕金森，美国人“通过国内立法禁止美国公司行贿是自找麻烦……白宫承受着压力，想让其他国家也遭受同样的痛苦”。[99]

美国推动国际反腐败协议的行动就此结束，直到17年后，国际反腐败协议才最终达成。

《反海外腐败法》在美国遭到了批评。1978年，卡特总统成立了一个特别工作组，查明阻碍美国出口商的因素。该工作组撰写了一份报告，[100]认为该法是一个引发焦虑的重要因素，因为其定义模糊性和执法历史欠缺给美国公司带来了不确定性。该报告还称，美国公司因为这部法律而失去了很多业务，蒙受了巨大损失，但无法量化。该报告得出的一个结论称，该法案正在减少美国公司在国际业务中的腐败行为。

128 美国审计总署（General Accounting Office）于1981年对这部法律的影响进行了评估，得出类似结论。[101]该评估发现，30%的出口商因该法案的反贿赂条款而失去了业务。然而，60%的美国公司报告称，由于该法案，他们改变了公司的行为规则，70%的公司认为可疑支付有所减少。

与此同时，英国公司继续沿用原有的业务模式，并未受到惩罚。

第八章 一切照旧（1980—2001）

129

20 世纪 80 年代初，腐败仍然是影响国际贸易和许多国家内部政治的一个重要因素。鉴于伊朗伊斯兰革命和沙特阿拉伯伊斯兰原教旨主义者 1979 年占领麦加大清真寺的事件，英国外交官对“阿拉伯传统政权”的安全性感到担忧。他们认为，这些政权的一个重大缺陷就是腐败，“臣民几乎不了解腐败究竟严重到了什么程度。腐败成为统治家族不可告人的丑闻”。[1]

1970 年 7 月，阿曼王子卡布斯（Qaboos）在英国支持下发动宫廷政变，推翻父亲，继任苏丹。英国外交官认为，当时卡布斯仅 30 岁，过于年轻，缺乏经验。到 20 世纪 70 年代中期，他们又担心：

“一小撮曾经侨居国外的阿拉伯人开始控制阿

> 曼政府的大部分权力，尤其是在授予合同方面。这些人在政府部门正式获得了代表权，能够控制政策和接触苏丹。”[2]

这一小撮人以顾问的名义聚集在阿曼苏丹身边，被批评者称作“阿曼黑手党”，其中一个成员名为盖斯·阿尔-扎瓦维（Qais Al-Zawawi）。他于 1973 年担任阿曼外交部国务部长，1974 年担任国家发展委员会副主席。1981 年初，英国国防部官员认为：

> “他现在的权力比其他任何部长都大，但很难说他明智地使用了这种权力。他上任后的大肆挥霍使自己和其他几人大发横财，但使阿曼陷入贫困，并直接导致了 1975 年初的金融危机……他不断利用自己的职位和影响谋求私利（有时获利过多）。”[3]

然而，他们观察到，“有迹象表明，他确实开始担心国家的财政状况了”。

130 谈到沙特阿拉伯，英国外交官们写道：

> “在沙特阿拉伯，公共职位与私人财富之间的界限与中东地区其他国家一样模糊。支付佣金原本就是商业惯例中的一个既定环节，但随着开发项目和石油交易的规模越来越大，诱惑以及随之而来的

财富也被放大了。1979 年 12 月，当罗马曝出意大利国有石油和天然气公司‘意大利埃尼集团’向沙特阿拉伯官员支付佣金的消息后，沙特阿拉伯政府对这一问题表现得极度敏感，迫使沙特阿拉伯国家石油矿产总公司（Petromin）切断了对意大利的所有供给。据推测，沙特阿拉伯大多数资历较深的王子和沙特阿拉伯国家石油矿产总公司官员都享有可供个人支配的石油配额，在石油市场紧张时，他们希望获得适当的报酬……如果无法获得王储法赫德等高层支持，有效开展反腐败行动的前景似乎并不乐观。针对王储法赫德的指控，尤其是针对他儿子的指控，却在不断增加。”[4]

1981 年，英国宇航公司的一名销售员向外交和联邦事务部证实，在与阿拉伯国家的军火交易中，“即便政治框架已经确定（这必不可少），中间人的协调工作依然很有必要”。[5]

英国首相玛格丽特·撒切尔在唐宁街任职期间，热衷于推动对外军售。1980 年底，她告诉国防大臣弗朗西斯·皮姆（Francis Pym）：“要利用一切可能的机会拓展国防产品的海外市场。”[6]

1981 年 3 月，英国国防部新任国务大臣约翰·诺特（John Nott）访问了沙特阿拉伯、阿曼、卡塔尔、阿联酋和巴林。他告诉首相玛格丽特·撒切尔说阿拉伯人对英国军事装备“怀有好感”，但警告道：

> “我们必须认识到，如果不采用法国等竞争对手那套阿拉伯式商业手段，我们必然一直处于不利地位。要想确保在这个地区获得合同，不仅要展示设备的质量，提供有竞争力的价格和交货日期，还要让合适的人在谈判中看到私利。法国对中东客户提供的实物、金钱和其他专属福利，都超出了我们议会的制裁范围，而这些做法能带来丰厚回报。事实上，我在上一个岗位（贸易部国务大臣）的两年间，就得出了一个令人遗憾的结论：在项目运作方面，只有那些愿意奉献或者说贿赂的人，才能获得越来越多的订单。”[7]

131

鸽子军购案溯源

早在20世纪70年代，英国宇航公司就已成为英国最主要的军火出口商之一。[8]到了80年代，该公司决定为一位负责监管沙特阿拉伯最大军售合同的王子提供一系列好处。这一决定在20年后引发了英国版的“洛克希德丑闻”。

当时，英国要根据政府间谅解备忘录向沙特阿拉伯出售另一款喷气式战斗机。70年代，英国政府决定允许向沙特阿拉伯政府军售支付佣金。由于联合国推动国际反腐败协议的行动无果而终，首相玛格丽特·撒切尔迫切希望英国对中东国家的军售不要受阻。于是，在80年代及以后，英国与沙特阿拉伯的军售中的可疑做法形成了一种固定惯例。

20世纪60年代，英国宇航公司的前身——英国飞机公司为“沙特阿拉伯防空计划”出售了40架“闪电”战斗机和25架喷气式教练机。1972年，英国飞机公司又出售了10架“打击大师”喷气式教练机（Strikemaster）。[9]1973年，英国飞机公司成为“沙特阿拉伯防空支援项目”的主承包商，同意维护“闪电”战斗机和喷气式教练机，培训飞行员，并承担相关基建工作。1976年，沙特阿拉伯又购买了11架“打击大师”喷气式教练机。[10]1977年9月，根据第二份谅解备忘录，“沙特阿拉伯防空支援项目”得到续签，[11]英国飞机公司因此获得了6.35亿英镑（约合今天的30亿英镑）的合同。1982年，该项目根据第三份也是最后一份谅解备忘录得到续签，此次合同金额约3.5亿英镑（约合今天的9.1亿英镑）。[12]

这对英国宇航公司来说是一笔大生意。然而，白厅官员和英国宇航公司董事长弗雷德里克·佩奇爵士（Frederick Page）很早就意识到，要想让英国宇航公司长期维持在沙特阿拉伯的业务，就必须达成一笔新款战斗机的交易，[13]因为到20世纪80年代，“闪电”战斗机逐渐变得过时了。[14]其替代品是“狂风”战斗机（Tornado），这种战斗机在80年代成了英国、西德和意大利空军的支柱。

132 在此之前的1975年，英国政府就批准了向沙特阿拉伯透露关于“狂风”战斗机的信息。[15]一年后，沙特阿拉伯国防部长苏尔坦王子访问英国，但原计划的“狂风”战斗机原型机演示因天气状况不佳而取消。[16]

为了赢得一笔新的大单，英国宇航公司不仅需要与苏尔坦王子等沙特阿拉伯要员建立密切关系，还需要争取其他有影响力的人。当时，班达尔·本·苏尔坦王子（Bandar bin Sultan）是沙特阿拉伯冉冉上升的政治新星，他是沙特阿拉伯国防部长苏尔坦的众多孩子之一。[17]

班达尔王子还是费萨尔国王的女婿。20世纪70年代中期，美国希望向沙特阿拉伯出售极其现代化的F-15战斗机，但美国国会中的亲以色列势力竭力游说，试图阻挠这笔军售。1978年，班达尔王子帮助其内兄、沙特阿拉伯情报总局新任局长图尔基·本·费萨尔（Turki bin Faisal）克服了亲以色列势力的阻挠，促成了沙特阿拉伯采购美国F-15战斗机的交易。[18]由此，班达尔王子与美国总统吉米·卡特建立了深厚友谊，[19]成了卡特总统与沙特阿拉伯王储法赫德（沙特阿拉伯真正的幕后掌权者）之间的联络人。伊朗伊斯兰革命数月之后，沙特阿拉伯增加石油产量，将石油价格保持在石油输出国组织其他产油国之下，以对冲伊朗削减石油产量造成的影响。卡特向班达尔王子表示感谢。[20]后来，班达尔王子又与美国总统罗纳德·里根及其夫人南希·里根建立了“私人友谊”。[21]

英国人很早之前就注意到了班达尔王子的潜力。1972 年，英国驻沙特阿拉伯大使威廉·莫里斯对国防贸易组织主管莱斯特·萨菲尔德说，班达尔王子“不仅是国防部长的儿子，还是一位颇受欢迎的年轻军官，并且是‘闪电’战斗机和英国同沙特阿拉伯关系的主要支持者”。[22]（班达尔王子早年曾在克伦威尔的英国皇家空军学院学习飞行。）莫里斯预言说班达尔王子“可能成为我们在国防贸易领域的重要支持者”。

凭借广泛的人脉以及近年在军售领域积累的经验，再加上国防部长之子的身份，班达尔王子到 1980 年已经成为英国宇航公司在沙特阿拉伯的关键人脉，双方关系不断深化。1980 年 7 月，班达尔王子告诉英国宇航公司驻沙特阿拉伯首席代表弗雷德里克·罗西尔爵士（Frederick Rosier）说，他希望英国宇航公司能够延长 1982 年的“沙特阿拉伯防空支援项目”。[23]12 月，班达尔王子要求会见英国外交大臣卡灵顿勋爵。外交官们告诉卡灵顿，班达尔王子“可能会谈到英国在国防领域获得巨额合同的可能性，因为他本人（与瓦菲克·赛义德一起）直接代表他的父亲同美国就近期的一些巨额合同进行了谈判”。[24]

133

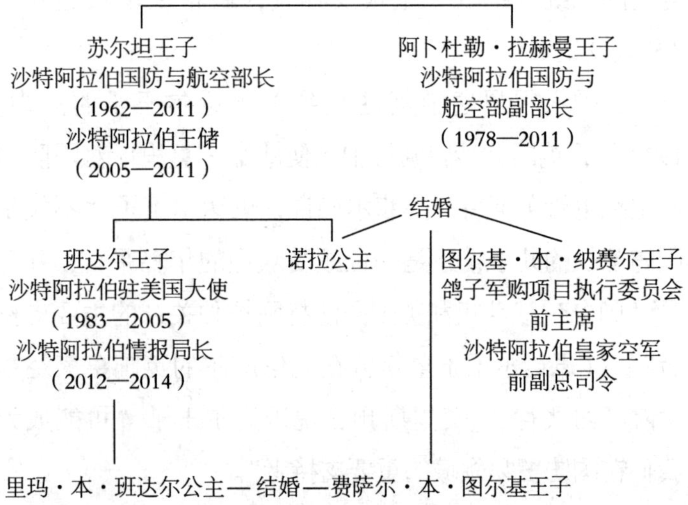

图 8.1　涉及鸽子军购案的王室成员

134

鸽子军购交易的详情

1984 年初，英国开始大力向沙特阿拉伯推销“狂风”战斗机和“鹰”式教练机。[25]沙特阿拉伯对美国失去了耐心，因为美国国会中的亲以色列势力不断阻挠美国向沙特阿拉伯出售武器。[26]

英国首相玛格丽特·撒切尔的私人秘书查尔斯·鲍威尔（Charles Powell）回忆道：“撒切尔夫人是英国公司和出口贸易的强烈支持者，非常希望鸽子军购协议能够给予一家英国公司，即英国宇航公司。”[27]1984 年底，撒切尔夫人会见班达尔王子，开始了一系列重要谈判。[28]

班达尔王子回忆说，撒切尔夫人告诉他，她视沙特阿拉伯为英国的强大盟友，并愿意支持沙特阿拉伯获取它所需的一切。[29]他说，1985 年春，双方达成了协议，“在唐宁街 10 号，我与撒切尔夫人握手成交”。[30]

1985 年 9 月 26 日，沙特阿拉伯国防部长苏尔坦在伦敦签署了第一份鸽子军购谅解备忘录，[31]其儿子班达尔王子也在场。[32]英国政府同意提供 72 架英国宇航公司生产的“狂风”战斗机、30 架“鹰”式喷气教练机以及 30 架由瑞士皮拉图斯飞机公司生产的 PC-9 初级教练机。此外，英国还同意提供技术支持、零部件、武器、弹药和电子战系统，并承诺将相关战斗机和武器的所有未来研发成果提供给沙特阿拉伯。

作为交换条件，沙特阿拉伯同意支付“约 30 亿到 40 亿英镑”（约合今天的 67.5 亿到 90 亿英镑），而且英国将以合理价格回购之前 20 年间卖给沙特阿拉伯的“闪电”战斗机和“打击大师”教练机及相关设备和零部件。

这笔交易非同寻常之处在于，其资金并非来自沙特阿拉伯的国防预算，而是来自石油销售。[33]这种安排的背后动机，在时任英国驻沙特阿拉伯大使詹姆斯·克雷格（James Craig）四年半之前所写的一封外交函件中有所暗示。[34]他向伦敦描述道：“1980 年，私人贩卖石油的现象大幅增加，令人不安，佣金被汇入瑞士银行账户，这根据沙特阿拉伯法律是非法的，但得到了王室成员的默许，甚至由王室成员亲自组织实施。”

135

图 9　英国宇航公司生产的具有防空、拦截功能的“狂风”战斗机。在第一笔鸽子军购交易中（1985 年），英国向沙特阿拉伯出售了 24 架该机型。沙特阿拉伯现在正在用欧洲“台风”战斗机取代它们。

摄影：尼古拉斯·吉尔比（Nicholas Gilby）。供图：英国皇家空军博物馆

图 10　英国宇航公司生产的具有拦截、打击和轰炸功能的“狂风”战斗机。在第一笔鸽子军购交易中（1985 年），英国向沙特阿拉伯出售了 48 架该机型，1993 年又出售给沙特阿拉伯 48 架。

摄影：尼古拉斯·吉尔比（Nicholas Gilby）。供图：英国皇家空军博物馆

在鸽子军购谅解备忘录签署两周后，外交官们向撒切尔夫人的私人秘书查尔斯·鲍威尔发送了阿拉伯语报纸《苏拉基亚》（*Sourakia*）刊登的一篇文章。[35]该文声称，“四位骑士”从鸽子军购协议中获得总计6亿英镑的“佣金”。外交官们表示，鲍威尔“一概拒绝置评”。11天后，《卫报》发表了一篇题为《6亿英镑喷气式飞机交易贿赂》的报道。[36]但这些指控从未得到调查，真相也从未大白于天下。

1986年2月17日，英国与沙特阿拉伯签署了第二 136
份鸽子军购谅解备忘录，详细说明了鸽子军购协议的管理方式。[37]1988年7月3日，两国签署了第三份鸽子军购谅解备忘录，英国同意提供更多的飞机、武器和舰船。[38]

图11　1985年9月，沙特阿拉伯国防部长苏尔坦（前排左）和英国国防大臣迈克尔·赫塞尔廷（前排右）在伦敦签署第一份鸽子军购谅解备忘录。站在苏尔坦王子身后的是其儿子班达尔王子。

供图：英国报纸联合社

英国宇航公司与图尔基·本·纳赛尔王子

英国宇航公司在幕后为沙特阿拉伯客户支付了实物、金钱和其他专属福利。主要受益者之一是图尔基·本·纳赛尔王子，他的妻子是沙特阿拉伯国防部长苏尔坦的女儿诺拉（Noura）。图尔基·本·纳赛尔是沙特阿拉伯皇家空军军官，到 20 世纪 80 年代末，他负责鸽子军购计划，该计划堪称英国宇航公司最重要的合同。从 1989 年到 2002 年，图尔基·本·纳赛尔及其亲信从英国宇航公司获得了 6000 多万英镑的福利和金钱。

137 当然，英国宇航公司希望通过第三方来提供这些福利。它需要找到一个既能得到它信任又能得到图尔基·本·纳赛尔王子信任的人。于是，他们找到了与沙特阿拉伯皇家空军有 20 年交情的托尼·温希普（Tony Winship）。

早在 1969 年，时年 37 岁的温希普从沙特阿拉伯皇家空军中校的职务上退役，之后加入了英国航空服务公司在沙特阿拉伯的分公司，负责协助沙特阿拉伯皇家空军飞行员学习如何驾驶“闪电”战斗机。[39]温希普上任之后不久，在杰弗里·爱德华兹的帮助下，有机会为沙特阿拉伯人提供超出职责范围的服务。

当时，也门局势让沙特阿拉伯人感到头疼。亚丁曾是英国殖民地，1967 年，面对激进的叛乱势力，英国决定撤军，南也门人民共和国宣告成立。这个新政权对海湾地区传统的君主国持敌对态度，并为致力于推翻阿曼等君主国的“被占领的阿拉伯湾人民解放阵线”(Popular Front for the Liberation of the Occupied Arabian Gulf) 提供庇护。[40]

沙特阿拉伯资助也门反叛组织推翻这个新政权，[41]因此，沙特阿拉伯与南也门人民共和国之间的边境紧张局势不言而喻。“沙特阿拉伯防空计划”供应商联合体的经理解释说，沙特阿拉伯面临的问题是“在没有英国公司提供服务的情况下，沙特阿拉伯空军无法运作，[42]而英国航空服务公司又拒绝让其飞行员在受雇于本公司期间去为沙特阿拉伯执行战斗任务”。[43]然而，在爱德华兹的撮合下，英国与沙特阿拉伯达成了一份秘密协议，成功避免了英国航空服务公司与沙特阿拉伯的关系趋于恶化。[44]根据这份协议，英国航空服务公司的飞行员可以提前一小时通知公司说要辞职，然后加入爱德华兹的雇佣军，去为沙特阿拉伯战斗。英国航空服务公司则立即批准这些飞行员辞职，而且如果他们在战斗结束后愿意重新回到公司，则英国航空服务公司出于“同情考虑”予以批准。

1969 年 11 月，南也门人民共和国军队占领了沙特阿拉伯一侧边境的瓦迪亚，沙特阿拉伯请求英国航空服务公司派出三名飞行员进行反击。[45]英国驻沙特阿拉伯大使莫里斯向伦敦报告说，[46]温希普也驾驶战斗机参与了对南也门人民共和国的突袭。几天后，南也门人民共和国军队撤退。[47]

温希普对沙特阿拉伯的劲敌实施空袭后，展现了对沙特阿拉伯的忠诚，无疑博得了沙特阿拉伯高层的信任。因此，他就成了协助英国宇航公司为鸽子军购案相关人员输送利益的理想人选。20 世纪 80 年代末期，温希普开始为英国宇航公司效力，并雇佣了一家名为“国际旅行者”（Travellers World）的公司向图尔基·本·纳赛尔等人提供英国宇航公司的各种福利。

138 当时，国际旅行者公司的母公司是“旅行公司”（The Travel Company）。后者自称是英国前 12 大商务旅行公司之一，[48]年营业额为 3500 万英镑（约合今天的 6400 万英镑），其客户包括前甲壳虫乐队成员保罗·麦卡特尼（Paul McCartney）和乔治·哈里森（George Harrison），作曲家和乐队指挥安德鲁·劳埃德–韦伯（Andrew Lloyd–Webber）以及沙特阿拉伯王室成员。

国际旅行者公司的总经理名叫彼得·加德纳（Peter Gardiner），自 1977 年以来，他一直为图尔基·本·纳赛尔及家人安排度假事宜，偶尔也会为其同僚安排度假事宜。[49]

1989 年，彼得·加德纳从图尔基·本·纳赛尔的司机那里得知，“有一个叫温希普的人为英国宇航公司工作，正与图尔基·本·纳赛尔交往，并负责为他安排旅行”。[50]于是，加德纳给温希普写信介绍了自己的公司，并主动表示愿意提供服务。

在加德纳开始同温希普和英国宇航公司开展业务后不久，即从1990年到1992年间，加德纳从“旅行公司”买下了其子公司“国际旅行者公司”的所有股份。[51]从1989年开始，温希普提供的业务为国际旅行者公司创造了70%的收入，据加德纳说，“没有这个业务，公司就无法生存”。[52]业务的脆弱性使得温希普很容易掌控这家公司。

国际旅行者公司为图尔基·本·纳赛尔提供的服务多种多样，包括旅行（此为最重要的部分）以及“沙特阿拉伯儿童暑期研学，医疗服务，飞机驾驶培训，物业管理和翻新，为沙特阿拉伯客人采购物品，以及一系列安保服务”，[53]所有费用均由英国宇航公司支付，并由其代表温希普进行管理。加德纳表示，作为温希普的代表，国际旅行者公司提供的服务中，约60%是为图尔基·本·纳赛尔及其家人和随行人员提供的，其余是为其他沙特阿拉伯上层人士提供的。[54]加德纳说：

> “所有服务都在图尔基·本·纳赛尔的掌控之下，我相信温希普正在按照他的指示行事。如果国际旅行者公司提供的服务质量不佳或犯了错误，将严重激怒图尔基·本·纳赛尔，而我相信他的能量可能会影响英国宇航公司与鸽子采购计划的合作。”[55]

139 加德纳称，温希普“希望尽可能地将所有事情保密……因为整个计划都很敏感，特别是沙特阿拉伯王室的生活方式。此外，英国宇航公司正在为此提供资金”。[56]因此，为掩盖英国宇航公司支付的服务费用，国际旅行者公司开发了一个采用复杂代码的开票系统。[57]

英国宇航公司每月向国际旅行者公司支付资金，加德纳或其高级职员每个月都会带着一套发票去找温希普，并附上该月所有支出的供应商发票。一份总报表汇总了该月的支出，包含每项支出的明细和净成本。在每个净成本的基础上，国际旅行者公司收取 10% 的管理费，该比例在 20 世纪 90 年代初提高到了 12.5%。[58]

国际旅行者公司在总报表中按受益人对各项支出进行分类，每个受益人都有自己的代码。[59]PB 代表主要受益者图尔基·本·纳赛尔，PN 代表他的妻子诺拉公主，PF 代表他的儿子费萨尔·本·图尔基，PH 是他的女儿海法·本·图尔基，GBH 代表沙特阿拉伯皇家空军的贝赫里将军（Beherey），SO 代表沙特阿拉伯武装部队的现役军官，B 代表温希普在英国的基地运营及其个人开支。国际旅行者公司的员工使用副标题对每位受益人的开支进行分类，如“访问伦敦”“访问米兰”或“医疗”，然后计算每位受益人的总开支，并将这些金额汇总起来，得出国际旅行者公司当月的支出总额。

国际旅行者公司的员工将总报表转换成一系列单独

的发票，分别对应每位受益人的开支。发送给英国宇航公司的每张发票通常都包含一段简短的描述，比如，“为海外访客提供住宿和支持服务，受益人 PB。”然后，温希普将发票汇总起来，送到兰开夏郡沃顿机场的英国宇航公司会计部门。[60]

温希普仔细检查加德纳提供的所有发票和底层文件，并对加德纳说，送到英国宇航公司的这些发票和总报表只能有一份副本，只能由温希普自己保管，以确保计划的保密性。[61]温希普作为英国宇航公司的员工，希望只有自己保存完整的记录，但多年来，加德纳一直保留着记录每一笔交易文件的副本。[62]

国际旅行者公司在 2001 年 7 月的开支文件是该计划运作方式的一个例证。在该月，图尔基·本·纳赛尔的开支（不包括机票费用）总计 312991.95 英镑，分为以下几类：访问普雷斯特维克、访问伦敦、访问巴黎、学费、访问洛杉矶、安保和医疗。

他访问普雷斯特维克时，国际旅行者公司为其支付 140
了两张美国运通信用卡账单，共计 100432.4 英镑。他访问伦敦时，国际旅行者公司给其 3000 英镑现金，在伦敦骑士桥地区的一家高档酒店——凯悦卡尔顿塔酒店（Hyatt Carlton Tower）住宿期间产生了 30433.07 英镑费用（包括 2000 英镑的小费）。访问巴黎时，他和随行人员仅在协和广场附近的马克西姆餐厅就餐就产生了 55490.34 英镑的费用。国际旅行者公司提供了

75000 法郎作为零花钱。该月，国际旅行者公司还向英国宇航系统公司（英国宇航公司自 1999 年 11 月起更名为英国宇航系统公司）收取了他的机票费用 54360.8 英镑。

他的妻子诺拉公主在 2001 年 7 月入账的开支高达 353987.2 英镑，这其中包括洛杉矶之行的安保、在戛纳和雅典租用豪华轿车、在雅典和意大利顶级酒店的住宿、电话费、美国运通信用卡账单和游艇租赁费用。

他的儿子费萨尔·本·图尔基在 2001 年 7 月入账的开支为 63272.81 英镑，包括在伦敦、米兰和戛纳顶级酒店住宿以及在戛纳租用豪华轿车。国际旅行者公司给他的女儿海法·本·图尔基公主（Haifa bin Turki）5000 英镑现金，用于伦敦之行（国际旅行者公司向英国宇航系统公司收取了 5625 英镑）。

“现役军官”在 2001 年 7 月的入账开支为 148658.53 英镑，包括机票、伦敦酒店住宿、英国私立学校费用和前往英国伦弗鲁郡休斯敦的汽车租赁费用。贝赫里将军在位于伦敦公园巷的多切斯特酒店的住宿产生了 7550.59 英镑的费用。沙特阿拉伯驻伦敦的国防武官租住在伦敦梅费尔区一栋高档别墅里，租金和水电费都由国际旅行者公司代付,[63]到 2002 年，每年租金为 13 万英镑。

温希普 2001 年 7 月的“基地”运营维持费用为 49480.39 英镑，其中包括办公室文具费用 218.88 英镑、电费 84.59 英镑以及付给“绿植设计者公司”的 32.5 英镑。

所有受益人的费用汇总起来，2001 年 7 月的总报表就达到了 995927.27 英镑。国际旅行者公司给兰开夏郡沃顿机场的英国宇航系统公司会计部门发送了日期为 2001 年 7 月 31 日的文件，列出了每个受益人的小计（受益人标注为 PN、SO 等代码），并要求英国宇航系统公司报销 995927.27 英镑。国际旅行者公司 2001 年 8 月 17—23 日的银行对账单记录了一笔来自英国宇航系统公司的转账，金额为 995927.27 英镑，转账备注写的是“国际旅行者公司”。

在 2001 年 7 月的总报表中，图尔基·本·纳赛尔 141
的“学费”支出包括向戏剧专业学生阿努斯卡·博尔顿-李（Anouska Bolton-Lee）支付了 1200 英镑。正是温希普将图尔基·本·纳赛尔介绍给了阿努斯卡·博尔顿-李。阿努斯卡·博尔顿-李表示，从 2001 年到 2003 年，她一直是图尔基·本·纳赛尔在伦敦的情妇。[64]虽然她当时并不知情，但实际上是英国宇航系统公司通过国际旅行者公司，而非王子本人，为她支付了位于伦敦西区高档住宅——荷兰公园公寓的租金[65]，并且给了她一些现金。[66]

在美国，图尔基·本·纳赛尔在加利福尼亚州比佛利山庄拥有一处庞大的房产，包括三个住宅楼群、室内游泳池、室外游泳池、酒窖、电影院、迪斯科舞厅、雪茄保湿盒、物管人员宿舍以及军械库。其家人在这里居住期间，国际旅行者公司支付了巨额的安保、豪华轿车和交通费用。[67]

多年间，国际旅行者公司还支付了以下费用：

1. 租赁一架大型货机（1995 年 9 月），将图尔基·本·纳赛尔妻子诺拉的劳斯莱斯汽车和装有家具的板条箱从美国运往沙特阿拉伯。[68]

2. 图尔基·本·纳赛尔的儿子费萨尔和新婚妻子、班达尔的女儿里玛·本·班达尔（Reema bin Bandar）为期六周的蜜月旅行期间，租用直升机、私人飞机和酒店住宿的费用。[69]

3. 沙特阿拉伯王室成员的度假费用，[70]包括王储的儿子阿卜杜勒·阿齐兹·本·阿卜杜拉和他的妻子阿比尔·本·图尔基（Abeer bin Turki，图尔基·本·纳赛尔的女儿）。[71]

4. 一套完整的专业录像设备和演播室，用于在沙特阿拉伯录制阿卜杜勒·阿齐兹·本·阿卜杜拉和阿比尔·本·图尔基的婚礼。[72]

国际旅行者公司总经理加德纳保留了相关费用的摘要。1991 年 9 月以后，每月费用很少低于 10 万英镑。1991 年的总额略低于 100 万英镑。在接下来的三年里，平均每年费用约为 310 万英镑。从 1995 年到 2001 年的大多数年份里，每年费用在650万英镑至700万英镑之间，甚至有三次月度账单都超过100万英镑（1996年9月、1997年8月和1998年8月）。从1995年起，该公司还根据温希普的指示，为图尔基·本·纳赛尔设立了一个储备基金，[73]资金来源是向英国宇航公司卖给沙特阿拉伯的一些商品额外增加2.5%的佣金（之前佣金比例为12.5%）。[74]

从1991年1月到2002年2月，国际旅行者公司为 142
该计划支付了59340696英镑的费用，英国宇航系统公司为该公司全额报销了这些费用。

在加德纳看来，“温希普的一系列运作，包括他聘请国际旅行者公司的运作，既高效又复杂，为图尔基·本·纳赛尔提供了他想要的东西。他从中获得了双重利益，得到了这笔钱的价值，以及管理这笔钱的额外好处”。[75]

加德纳本人表示：

> “在2002年之前，我从未认为国际旅行者公司所做之事是非法的或不道德的。英国宇航系统公司通过国际旅行者公司支付的服务费用之所以保密和敏感，并不是因为它们被视为非法，而是因为担心泄露沙特阿拉伯王室的生活方式和安保问题。这些人的财富、地位和权力使其容易沦为别人针对的目标。我从未认为这些付款是不道德的，我相信我们

所做之事是正确的，而且这类业务是正常的商业惯例。”[76]

加德纳之所以相信自己所做之事没有违法，[77]是那些充分了解这个福利计划的律师和审计师跟他讲的。那么，英国政府对于国际旅行者公司的这个计划以及鸽子军购交易中的其他可疑做法又了解多少呢？

在鸽子军购交易合同签署之前，英国国防部就知道英国宇航公司在“沙特阿拉伯防空支援项目”上支付了巨额佣金。[78]国防贸易组织的官员私下认为，这些佣金的目的是为了收买有影响力的人物。[79]但英国政府公开表示国防部没有支付任何佣金。[80]

英国大臣们向议会表示，“与鸽子军购交易相关的公司使用代理人是这些公司自己的事，但主承包商英国宇航公司向我们保证，其运营符合沙特阿拉伯的法律法规”。[81]1991 年，英国国防部官员指出，沙特阿拉伯法律“禁止在采购武器和相关服务时雇佣代理人和支付代理费”。[82]

143 20 世纪 90 年代初，代表英国议会监督政府财政的机构——国家审计署对国防部账目中关于鸽子军购交易的报告进行了审查。1992 年 3 月，主计长兼审计长约翰·伯恩爵士（John Bourn）在致国防部常务次官克里斯托弗·弗朗斯爵士（Christopher France）的一封信的草稿中写道：

“新闻界对佣金的支付有很多猜测。我们的审查证实，国防部没有支付佣金，但我的报告没有提到英国宇航公司是否支付过佣金的问题。”[83]

但在这封信的最终版本中，不仅省略了上述这段话，还省略了下面这段话：

“对销售利润的彻查将揭示是否支付了大量佣金。当然，有一些指导方针（1977 年由库珀提出）考虑到了这种情况。如有必要，我们需要看到这些准则得到遵守的证据。”[84]

审计人员向英国宇航公司展示了报告草稿，该公司就佣金问题提出的意见得到采纳。[85]然而，除了英国议会公共账目委员会主席罗伯特·谢尔登（Robert Sheldon）及其副手迈克尔·肖爵士（Michael Shaw）之外，其他议员均未获准查阅该报告。该报告仍然是国家审计署唯一从未公开的报告。

20 世纪 80 年代和 90 年代，英国军火巨头从未停止向代理人支付佣金。在英国宇航公司为图尔基·本·纳赛尔支付费用时，艾维士汽车公司也在做同样的事情。

艾维士汽车公司在印尼的商业行为

20 世纪 80 年代初，艾维士汽车公司作为英国领先的军火公司之一，任命了一个名为陈裕锡（Chan U Seek）的新加坡商人担任其代理人。他被要求为艾维士汽车公司角逐印尼军队采购“蝎子”装甲车的合同，但没有成功。1995 年 1 月，艾维士汽车公司通过不同的代理人赢得了 50 辆“蝎子”装甲车和“风暴”装甲车的合同，价值 7800 万英镑，并在 1996 年 8 月赢得了另外 50 辆装甲车的合同，价值 8100 万英镑。2001 年，陈裕锡起诉艾维士汽车公司，声称他应从 1995 年和 1996 年的交易中获得 620 万英镑的佣金（约合今天的 820 万英镑）。

144 艾维士汽车公司董事长兼首席执行官尼古拉斯·普雷斯特（Nicholas Prest）曾是国防贸易组织的员工，他在陈裕锡诉艾维士汽车公司的庭审中描述了艾维士汽车公司管理其代理协议的典型模式：

> “代理人任命条款通常仅限于特定类型的交易或业务，持续特定的时间。在此期间，如果艾维士汽车公司认为代理人取得了进展，则通常会延长代理协议期限，并在此期间签订最终合同。一旦明确某位代理人的努力没有取得成果，则聘用合同到期

不续或由艾维士汽车公司终止。”[86]

关于佣金支付的方式：

“多年来，艾维士汽车公司的惯例是，对于代理协议有效期内签订的合同，收到合同资金后，按约定比例支付代理人佣金。我们的标准代理协议规定，佣金将在收到合同款后的30天内支付……我相信，这样的条款在英国国防产业的公司里是非常标准的。”[87]

早在1982年，艾维士汽车公司时任首席执行官彼得·莱文（Peter Levene）请他熟识的陈先生为公司寻找一名印尼代理人。[88]1982年5月，陈先生将该公司介绍给尤西·萨利姆（Yoesie Salim）。[89]1983年3月，该公司任命尤西·萨利姆为印尼市场的营销顾问。[90]1983年11月，该公司致信陈先生，承诺如果印尼军队采购“蝎子”装甲车，将向他支付4%的佣金。[91]据普雷斯特介绍：

“尤西·萨利姆知道‘蝎子’项目需要高层的政治支持，便将艾维士汽车公司介绍给自己的同事苏加诺先生（其妻子似乎是苏哈托总统的妹妹或同父异母的妹妹），希望他能利用自己在政府高层的人脉，对资源分配决策施加影响。根据陈先生的建

> 议和彼得·莱文的决定，1983 年，尤西·萨利姆和苏哈托都被任命为英国联合科学控股公司及艾维士汽车公司在印尼的‘蝎子’装甲车项目代表。”[92]

145 后来，艾维士汽车公司得出结论认为，尤西·萨利姆和苏加诺无法搞定这笔交易，就终止了与他们的代理协议，但莱文写给陈先生的信却被忽略了。[93]

1989 年，一个名为里尼·索旺多（Rini Soewondho）的印尼女性在马来西亚吉隆坡的一次军火展上接触了艾维士汽车公司。里尼·索旺多经营一家名为 PTSK（P. T. Surya Kepanjen）的公司。1991 年，里尼·索旺多为艾维士汽车公司争取到了一个价值 500 万美元的合同，为印尼的一些装甲车提供零配件，随后 PTSK 公司被艾维士汽车公司任命为印尼顾问。[94]里尼·索旺多无疑为艾维士汽车公司提供了广泛的合法服务，[95]并将其介绍给了印尼总统苏哈托的长女图图特夫人（Tutut）。[96]里尼·索旺多回忆道：

> “当时，只有得到总统苏哈托的支持，才能安排军火采购预算。这通常意味着需要寻求‘他的核心小圈子’成员的支持。我成功安排了一次与这个圈子成员的会面，从而能够向艾维士汽车公司确认可以获得预算。”[97]

艾维士汽车公司国际销售经理莱昂内尔·斯蒂尔（Lionel Steele）表示："里尼曾向我解释过，只有通过总统认识和信任的几家公司之一提出请求，预算才能获批。"[98]他作证说，印尼陆军司令曾告诉他说，"总统的家人……自然希望参与任何重大合同"。[99]

根据普雷斯特所说，

"斯蒂尔和另外一名同事建议任命另一名顾问协助这项工作（为印尼军队争取更多的采购资金），因为里尼虽然在印尼陆军具有良好的人脉和影响力，但她在中央政府预算分配部门的影响力却比较弱。里尼推荐了一个人来协助我们，就是我们后来所说的图图特夫人。她的真名是西蒂·拉赫马纳夫人（Siti Rakhmana），是印尼时任总统苏哈托的长女……图图特夫人鼓励我们与她的同伙签订一份顾问协议。她通过一家名为'全球精选公司'（Global Select）的企业提供服务"。[100]

1994年5月，全球精选公司与艾维士汽车公司签订了一份合同。 146

1995年的交易达成后，印尼方面表示对进一步采购"蝎子"和"风暴"装甲车感兴趣。普雷斯特回忆道：

"我们遭遇了韩国公司的竞争，他们提供了具有竞争力的装甲车和慷慨的信贷条款。但我们在印尼国防部工作人员的支持下击退了这个竞争对手。图图特夫人在这一过程中发挥了重要作用，[101]这一次是通过她实控的另一家公司——巴斯克公司（Basque）实现的。”[102]

普雷斯特作证时说：

“我们之所以能够赢得1995年和1996年的合同，有两个关键因素。第一个是里尼在印尼陆军的人脉和影响力，艾维士汽车公司能够利用这一点，在部队内部优先满足对‘蝎子’装甲车的即时需求。第二个是，根据里尼的建议，我们能够针对性地为每份合同任命顾问，即全球精选公司和巴斯克公司，这些顾问公司在图图特夫人的帮助下，使部队能够获得超出其现有预算的必要资金。”[103]

总体而言，艾维士汽车公司通过离岸账户向参与这两份合同的各种代理人支付了1650万英镑的佣金。[104]普雷斯特在法庭上将这些付款描述为“税”。[105]

为了支付装甲车采购费用，印尼财政部借款1.05亿美元（用于1995年1月的交易）和6500万英镑（用于1996年8月的交易）。[106]英国出口信贷担保署为向印尼提供贷款的银行提供了担保。艾维士汽车公司向英国出口信贷担保署告知了佣金的金额，[107]但根据当时的程序，无需披露代理人的身份。1998 年，东南亚爆发了金融危机，印尼受到严重影响。同年 9 月，英国和其他国家政府同意印尼可以重新安排当时无力偿还的债务。[108]英国出口信贷担保署为第一笔贷款向银行支付了 4660 万美元的担保金，为第二笔贷款支付了 6750 万英镑的担保金。根据重新安排的协议，英国纳税人要到 2021 年 6 月才能收回这笔钱。[109]

147

英国宇航公司及其 20 世纪 90 年代的代理人

英国严重欺诈调查署对英国宇航公司进行调查期间发现的内部文件，被南非调查记者在互联网上公布了出去，可能会被英国检察官采用。这些文件揭示了 20 世纪 90 年代中期英国宇航公司广泛使用代理人的情况。[110]

1995 年，英国宇航公司共有 299 名顾问。英国严重欺诈调查署发现："公司将这些顾问分为'公开'或'秘密'两类，前者以英国宇航公司代表身份公开开展工作，而公司与后者之间的关系则高度保密。"[111]

英国宇航公司 1995 年 4 月的一份内部备忘录解释了保密的必要性：[112]

> 1. 相关国家的规定或条例（包括政府间销售合同中的条款）禁止聘请中介、代理人等。

2. 当顾问希望向第三方转交资金但又不能向当局申报时，会造成一些税务方面的影响。

3. 由于费用较高或主题敏感，可能会造成普遍尴尬或引发媒体关注。

1995 年，英国宇航公司有 225 名“公开”或者说“佩戴黄铜胸牌”的顾问，以及 74 名“秘密”顾问。该公司向保密顾问支付了 2100 多万英镑的费用。[113]

当时，英国宇航公司的一份文件建议：[114]“为了加强给营销顾问付款的安全性和保密性，应该考虑是否有可能为此目标设立一些与本公司名称无关的幌子公司实施付款。”文件提出了三种方法。第一种方法是，英国宇航公司的业务部门将应付款项支付给幌子公司，再由幌子公司支付给顾问。这种方法“虽然可以防止一般人的窥探，但在调查人员看来仍然易于识破”。第二种方法与第一种方法类似，只是由位于英国汉普郡法恩伯勒的英国宇航公司总部向幌子公司支付款项，因此业务部门不会知道顾问的姓名。这种方法的缺点是：“如果被
148 调查，一切仍然是透明的。”第三种方法是成立一家幌子公司作为英国宇航公司的离岸营销子公司，并配备足够的专家董事，甚至可能配备一些员工，以确保其可信度。英国宇航公司的业务部门需要使用顾问，就要向幌子公司支付费用。这样一来，幌子公司便可以定期从英国宇航公司获得收入。然后，幌子公司将按正常方式向

顾问付款。这种方法的优点在于："这是最为隐蔽的方法……如果被调查，这些安排可以得到合理解释，而且很难被外界理解。隐秘的文件可以转移到境外。"但这种方法的缺点是存在一些不方便之处，并且"必须说服顾问相信新公司能够给予他们足够的保障"。正如我们将看到的那样，英国宇航公司最终选择的方案类似于第三种方法。

另一份来自同一时期的英国宇航公司文件，标题为《秘密协议的准备与存储》，[115]提供了更多细节，透露英国宇航公司"约有 350 份秘密协议"，原件"由瑞士的保管人持有"。英国宇航公司设有一个推介委员会，负责批准每项秘密代理协议，之后，顾问由市场经理负责管理。英国宇航公司总部的电脑里面保存着"将佣金比例加入报价的请求及答复"的文件。

英国宇航公司一份 1996 年的文件总结了"设立离岸公司以向秘密顾问付款"以及"在离岸地区保存所有秘密记录"的可行性研究工作。这份文件得出结论认为，"已检查了欧洲的离岸公司地点"，并认为"最佳地点似乎是列支敦士登"。至于存储方面，"瑞士将是最方便的地方"。[116]

美国对英国宇航公司的调查发现：

"1998 年 2 月，英国宇航公司聘请位于列支敦士登瓦杜兹的信托公司——寰宇公司（Uniglobe Aktiengesellshaft)，在英属维京群岛成立了一家离岸公司——红钻贸易公司（Red Diamond Trading Ltd.），目的是（除其他事项外）隐瞒英国宇航公司的经纪关系。虽然红钻贸易公司不是英国宇航公司的子公司，但寰宇公司对红钻贸易公司的结构作出限制，要求红钻贸易公司不能在没有英国宇航公司书面同意的情况下行事。英国宇航公司是红钻贸易公司的最终受益者。

设立红钻贸易公司的初衷是为了方便向英国宇航公司雇佣的第三方经纪人付款。在红钻贸易公司成立之前，英国宇航公司负责所有经纪人的代理协议和付款事务……红钻贸易公司的运作旨在规避正常的付款审查，并遵循英国宇航公司高级管理层的具体指示。”[117]

149 英国严重欺诈调查署发现，红钻贸易公司“结构非常复杂，以至于外界调查人员很难揭开其面纱，其存在只有英国宇航公司的少数高管知情”。[118]我们看到，英国宇航公司利用红钻贸易公司在世界各地进行贿赂，美国军火公司却不能如此肆无忌惮地运作。比如，20 世纪 80 年代，洛克希德公司为了在埃及获得更大的“影响力”而支付了 100 万美元（约合今天的 160 万美元），[119]以赢得埃及政府价值 7900 万美元（约合今天的 1.34 亿美元）的 3 架 C-130 运输机采购合同，最后因违反《反海外腐败法》而在1995年被罚款2480万美元（约合今天的3600万美元）。[120]（截至当时，这是违反该法的最大罚款[121]。）另一个案例是，20世纪80年代，美国通用电气公司在以色列实施了一项贿赂计划，以赢得两份军事采购合同。其中一份合同价值1亿美元（约合今天的1.98亿美元），为以色列提供美国通用电气公司之前出售给以色列的F-110系列发动机所需的零部件、设备、测试设施和培训；另一份合同价值超过2亿美元（约合今天的3.53亿美元），为以色列提供75台F-110喷气式发动机。该公司因违反《反海外腐败法》和其他法律，在1992年被罚款950万美元（约合今天的1460万美元）。[122]

经合组织《反贿赂公约》的起源

然而，当1988年美国对《反海外腐败法》进行修订时，国际形势开始发生变化。美国国会保留了该法的基本结构，但削弱了审计条款的严苛程度，并引入了新的辩护手段去反驳贿赂指控。[123]这时，美国国会要求总统与经合组织成员国进行谈判，以确保这些成员国的国民一旦发生海外贿赂行为，就能在其国内遭到起诉。[124]因此，早在20世纪70年代末就停滞不前的国际反贿赂协议谈判才能再次提上日程。 150

1989年，经合组织“非法支付问题特设小组”开始运转，[125]并于1994年向经合组织成员国发布了一项建议。[126]该建议指出，“成员国应采取有效措施，阻止、预防和打击与国际商业交易有关的贿赂外国公职人员行为”。

这项建议没有法律约束力，[127]却推动了后续工作。1996年，经合组织同意“有必要将贿赂外国公职人员的行为入刑”。[128]不久之后，经合组织制定了《反贿赂公约》，并于1997年12月在巴黎由经合组织成员国的部级官员们签署。[129]英国和美国均在一年后予以批准。该公约于1999年2月生效。[130]

最终，当英国撒切尔夫人上台之际，美国终于看到各大出口国之间达成了关于海外反贿赂的协议，这是美国多年来积极推动的结果。在经合组织《反贿赂公约》中，每个参与国都承诺，其国民在海外直接或通过中介向外国公职人员行贿、企图行贿或共谋行贿的行为将被视为刑事犯罪。根据该公约第五条，对贿赂的调查和起诉“不得受国家经济利益、对与另一国关系的可能影响或所涉自然人或法人的身份等因素影响”。《反贿赂公约》规定对经合组织成员国执行情况实施系统性监督。

1999年，英国宇航公司和英国通用电气公司达成共识，同意由英国宇航公司收购英国通用电气公司旗下专营国防电子业务的马可尼电子系统公司（Marconi Electronic Systems），以创建一家全球性的军火公司。这家新公司被称为“英国宇航系统公司”（BAE Systems）。由于美国军事预算规模较大（2000 年占全球军费总额的 37%[131]），因此，美国对于英国宇航系统公司的生意极为重要。2000 年，该公司从美国和加拿大获得的收入，超过了从英国、欧洲其他国家及中东地区获得的收入。[132]

在 18 个月的时间里，英国宇航系统公司采取的两项行动首次导致其可疑交易曝光。首先，2000 年 11 月，英国宇航系统公司首席执行官约翰·韦斯顿（John Weston）致信美国国防部长威廉·科恩（William Cohen），表示：

> “鉴于英国宇航公司并购马可尼电子系统公司之后在美国的业务规模扩大，美国对英国宇航公司的长期战略目标非常重要，而且英国反腐败法与美国《反海外腐败法》趋于同一个前景，各方一致认为英国宇航公司应为非美国业务制订合规计划，使这些业务的运营接受《反海外腐败法》的实际管辖。”[133]

韦斯顿还承诺，在 12 个月内，其麾下子公司都将采 151
用合规计划，以确保英国宇航系统公司符合经合组织的反贿赂标准。

其次，英国宇航系统公司决定终止与加德纳的国际旅行者公司的长期合作关系。在 2001 年 9 月 11 日美国遭遇恐怖袭击后，英国政府决定出台新的《反恐怖主义、打击犯罪和维护安全法》。该法包含两个章节，扩大了英国原来的反腐败法案在海外的适用范围。根据该法第109条，如果英国国民或公司的海外贿赂行为在英国法律标准下构成犯罪，那么依然会在英国受到起诉。

该法于2002年2月14日生效。2002年1月23日，国际旅行者公司总经理加德纳约见了温希普。据加德纳说：

> “温希普表示英国宇航系统公司非常担心其在美国的军事合同，并且美国政府对某些类型的佣金支付有严格规定。英国宇航系统公司即将成为美国主要军用喷气式飞机项目——F35联合攻击战斗机的主承包商，该项目价值数十亿美元。温希普还说，英国宇航系统公司的董事们已被要求签署一份声明，确认其公司没有在幕后支付任何佣金，这不仅与当前合同有关，还与英国宇航系统公司过去在这一领域的行为有关。然后，温希普说，英国宇航系统公司将终止与国际旅行者公司的合作关系。”[134]

温希普表示以前的业务还将继续开展，只不过“未来给国际旅行者公司的付款将来自英国宇航系统公司系统以外的其他渠道”。[135]加德纳认为，在2001年底之前，他与英国宇航系统公司或图尔基·本·纳赛尔都没有违法，但现在却感到担忧。

2002年2月19日，国际旅行者公司的律师致信加德纳，告知他：

> “如果您继续按照截至2001年圣诞节的方式付 152
> 款和开展业务，则根据1889年《公共机构腐败行为法》和1906年《防止腐败法》，公司及其董事将面临刑事犯罪的起诉风险。”[136]

加德纳还咨询了一位顶尖的刑事律师，即奥兰多·鲍纳尔（Orlando Pownall）。鲍纳尔建议道：

> “我确信，在2001年《反恐怖主义、打击犯罪和维护安全法》生效之前，国际旅行者公司和英国宇航公司的活动没有构成普通法或成文法规定的犯罪……因为英国的管辖权不包括起诉向国外公职人员提供服务的行为。但现在2001年这个法案已经生效，我认为，如果国际旅行者公司在明知这些服务旨在维持鸽子军购项目的情况下，继续向图尔基·本·纳赛尔提供旅行和其他服务，那么他们将面临被起诉的风险。此外，我认为，如果英国宇航系统公司继续向国际旅行者公司提供资金去报销此类服务的费用，那么英国宇航系统公司也将面临被起诉的风险。同样，图尔基·本·纳赛尔也因接受这些服务而面临被起诉的风险。”[137]

国际旅行者公司继续为图尔基·本·纳赛尔及其随行人员作出安排，但只有在公司律师告知不会违反2001年这部法律的情况下才会安排。[138] 2002年2月底，国际旅行者公司为沙特阿拉伯王子及其妻子诺拉和其他约20人安排了前往意大利的旅行，并支付了费用。[139]

然而，由于英国宇航系统公司现在不愿报销这个账单，国际旅行者公司在温希普的指示下直接向图尔基·本·纳赛尔开具了服务费发票。[140] 2002年前四个月，国际旅行者公司向图尔基·本·纳赛尔收取了699374.49英镑的服务费。这些费用几乎耗尽了图尔基·本·纳赛尔的储备基金。因此，2002年4月18日，加德纳致信温希普，告知他由于温希普“无法确认是否会向国际旅行者公司支付过去和现在的服务费”，国际旅行者公司别无选择，只能停止运营英国宇航系统公司的项目。[141]

153 2002年5月30日，加德纳致信英国宇航系统公司国际项目部总经理彼得·威尔逊（Peter Wilson），描述了这个持续13年之久的项目。[142] 6月19日，加德纳与英国宇航系统公司高管达米安·特纳（Damian Turner）会面，[143] 双方同意终止这个利益输送项目。

英国严重欺诈调查署调查英国宇航系统公司

英国宇航系统公司这个项目结束之后，加德纳竭力维持国际旅行者公司的运营，但未能成功。国际旅行者公司以倒闭告终。[144]加德纳对媒体上经常出现的有关鸽子军购合同中可疑行为的报道感到担忧，遂决定于 2004 年 3 月向英国严重欺诈调查署举报。[145]

英国严重欺诈调查署早在 2001 年就首次收到了关于鸽子军购合同的指控。[146]经合组织报告称：

> "英国严重欺诈调查署和国防部当时的文件表明，虽然该案存在大量的书面证据和据称对可疑交易具有第一手了解的证人，但仅对这些指控开展了谨慎的内部调查。根据英国严重欺诈调查署的文件，之所以最初并未深入调查该案件，是因为证据不足，但得出这一结论的速度很快，显然固有证据没有得到妥善调查。"[147]

后来，经合组织表示，"英国当局承认调查不够充分"。[148]

加德纳提供的文件记录无可挑剔，为英国严重欺诈调查署提供了亟须的"额外证据"。[149]2004 年 7 月 29 日，英国严重欺诈调查署署长罗伯特·沃德尔（Robert Wardle）决定对英国宇航系统公司展开调查。[150]调查内容包括"向沙特阿拉伯官员、家人、朋友和同伙支付的某些款项"，"该调查主要聚焦一项指控，即这些款项是为了获得鸽子军购合同或推动合同续签"。[151]

如同美国在20世纪70年代经历的那样，英国政府此时对国内最大军火公司的调查也对打击海外腐败的公开承诺构成了严峻考验。

第九章 154

调查中断：英国严重欺诈调查署实施反腐调查（2004—2010）

2004 年 7 月，英国严重欺诈调查署（以下简称“调查署”）开始调查英国宇航系统公司在捷克、罗马尼亚、沙特阿拉伯、南非和坦桑尼亚的交易。[1]

这堪称对调查署履职能力的一次重大考验，检验其是否能够根据已经生效两年多的《反恐怖主义、打击犯罪和维护安全法》提起诉讼。2004 年 7 月（即英国批准经合组织《反贿赂公约》五年多之后），根据该法或 1906 年《防止腐败法》，尚无任何英国人因海外贿赂而被判有罪。但在美国，自经合组织《反贿赂公约》得到批准至 2004 年 7 月，已根据《反海外腐败法》启动了 19 项执法行动（即成功起诉）。[2]

此外，英国似乎缺乏执行《反恐怖主义、打击犯罪和维护安全法》的意愿。2001 年，在这部法律通过时，英国内政部估计每年将开展 10 至 20 项腐败调查和提起一至二项诉讼。[3]然而，到 2005 年 3 月，仅有两项全面调查正在进行，[4]而且这部法案生效后的三年内，没有提起过任何诉讼。[5]

在 1978 年英国军火交易腐败案的刑事调查中，英国瑞克尔电子集团两名员工和国防贸易组织的中校大卫·兰德尔被判有罪。如同这场调查一样，调查署对鸽子军购案的调查可能导致英国军火出口商、沙特阿拉伯客户以及英国政府陷入严重尴尬。

鸽子军购案与大卫·兰德尔卷入的伊朗军购案具有一些相似之处。比如，当时，伊朗是英国最大的军火买家，到 2004 年，沙特阿拉伯成了英国最大的军火买家。此外，如同与伊朗一样，该调查也可能会揭露一些长期在军火交易中受益的权势人物的肮脏秘密。

155 然而，关键的区别在于，在 20 世纪 70 年代这个案子中，是一家英国公司贿赂了一名英国军官，该军官威胁要曝光自己掌握的关于伊朗国王的信息，而这次如果调查署起诉英国宇航系统公司，那么沙特阿拉伯王室的行为将成为伦敦中央刑事法院审判的焦点。

对英国宇航系统公司来说，这次调查的利害关系非常大，因为“台风”战斗机是其最新款战斗机，尚未成功将其销往海外。该公司估计，向沙特阿拉伯出售“台风”战斗机将是英国十年来最大的出口合同，[6]价值高达

400亿英镑。[7]

英国严重欺诈调查署对鸽子军购案的调查

2004年11月，调查署称英国宇航系统公司涉嫌会计造假，[8]2005年2月又指出其涉嫌腐败。1987年《刑事司法法》（*Criminal Justice Act*）第2节规定，为了便于搜集证据，允许调查署强制要求嫌疑人接受问询或提供相关文件，并允许警方搜查相关场所。调查署根据该法第2节向英国宇航系统公司发出了多份通知，审问了多位高管，并强制其披露了大量文件。[9]

与此同时，英国宇航系统公司和英国政府正努力向沙特阿拉伯推销"台风"战斗机。2005年7月，首相托尼·布莱尔和国防大臣约翰·里德都访问了利雅得，而且根据沙特阿拉伯方面的说法，二人"公开表达了向沙特阿拉伯提供这些飞机的愿望"。[10]

2005年10月14日，调查署根据1987年《刑事司法法》第2节规定向英国宇航系统公司发出通知，要求其披露在鸽子军购项目以及全球其他合同中雇佣的顾问的身份。英国宇航系统公司向总检察长彼得·戈德史密斯（Peter Goldsmith）抱怨道：

> "尽管当时国内税务局已向公司提供了书面保密保证，以及当时的国防部常务次官凯文·特比特

爵士（Kevin Tebbit）在与国内税务局长尼古拉斯·蒙塔古爵士之间的一次谈话中解释了公司向国内税务局提供的信息的极度机密性，但从与鸽子军购项目相关的通知书来看，调查署显然已从女王陛下政府的税务和海关部门获得了公司雇佣的顾问姓名以及向他们支付的金额。”[11]

156 英国宇航系统公司声称：[12]

“如果按照第2节通知书的要求向调查署披露与鸽子军购项目相关的信息，将被沙特阿拉伯政府视为本公司和英国政府严重违反保密协议的行为。我们认为，如果提供这些信息，那么这些信息几乎不可能保密，从而危及与‘狂风’战斗机维护相关的鸽子军购项目下一阶段的实施（2006年9月签署了一项价值25亿英镑的协议，用于升级80架‘狂风’战斗机[13]），以及英国和沙特阿拉伯政府之间就‘台风’战斗机销售达成的协议。”

英国宇航系统公司还辩称，调查署应该停止调查，因为这将损害英国与沙特阿拉伯的关系，并声称沙特阿拉伯已就此次调查向英国政府表达了不满。[14]英国宇航系统公司对调查署表示，“指控毫无根据，主要原因是向沙特阿拉伯官员提供的支持服务是根据鸽子军购项目的基础合同安排和付费的”。[15]

2005 年 11 月，英国国防部常务次官凯文·特比特游说了调查署署长罗伯特·沃德尔及其上司戈德史密斯。[16]戈德史密斯和沃德尔同意询问相关部门的大臣们是否认为继续调查符合公共利益。[17]他们希望以此施压可以让英国宇航系统公司交出其在沙特阿拉伯的顾问名单。

2005 年 12 月，内阁秘书向戈德史密斯办公室发送了一份由布莱尔、里德和外交大臣杰克·斯特劳（Jack Straw）签字的备忘录。[18]该备忘录声称，鸽子军购项目在英国支撑着 1 万至 1.5 万个工作岗位，为沙特阿拉伯增加了 2000 多个工作岗位，并表示英国宇航系统公司的主要兴趣是升级沙特阿拉伯在 20 世纪 80 年代和 90 年代购买的“狂风”战斗机。第一阶段已经达成协议，第二阶段即将到来。但这份备忘录也承认，沙特阿拉伯单方面暂停该项目的风险并不高。

这份备忘录解释称，“狂风”战斗机的升级计划和潜在的“台风”战斗机销售

> “是英国宇航系统公司作为英国主要全球国防承包商的生存能力和竞争能力的核心要素。事实上，如果合同被取消，未来业务转移到其他地方，可能会对该公司的收益产生实质性影响，甚至可能影响英国的国防工业能力”。

157 这份备忘录还指出，如果调查署继续调查下去，沙特阿拉伯恐将“极有可能”不会采购“台风”战斗机。此外，“核心考虑因素”是英国与沙特阿拉伯在反恐和中东稳定方面的重要合作。

内阁秘书的备忘录发出五天后，英国和沙特阿拉伯政府签署了一份新的谅解备忘录，同意用“台风”战斗机替换鸽子军购交易中出售的“狂风”防空型战斗机。[19] 2006 年 1 月，戈德史密斯和沃德尔决定继续调查。[20]

调查署追踪了从英国宇航系统公司到其顾问的“资金流向”，请求瑞士政府协助核查某些银行账户[21]（几乎可以肯定的是，他们从英国宇航系统公司根据通知书要求而披露的信息中获得了需要核查的银行账户的详细信息）。沃德尔后来告诉议会，[22]这一请求的目的是查明“最终的收款人是代理人还是公职人员”。

通常，当调查人员要求查看银行账户时，会通知账户持有人并告知其原因。[23]高等法院获悉：

> “被谨慎称为‘沙特阿拉伯代表’的人员对首相办公厅主任乔纳森·鲍威尔发出了具体威胁：如果调查不停止，沙特阿拉伯将不会签订采购‘台风’战斗机的合同，之前密切的情报和外交关系也将终止。”[24]

沃德尔后来表示，[25]这种损害是由“对银行账户的调查造成的，我们被告知，这将冒犯沙特阿拉伯当局，因为他们认为这违反了保密义务”。沃德尔说，调查署的调查人员“计划在 2006 年秋季前往瑞士查看相关材料，并联系瑞士当地有关部门”。[26]

158

调查无果而终

沙特阿拉伯的威胁促使英国政府再次尝试阻止调查署。内阁秘书于 2006 年 9 月致信戈德史密斯办公室，[27]警告称：“有非常强烈的迹象表明，2005 年 12 月我们所担心的对公共利益的严重损害现在即将发生。”几天后，戈德史密斯办公室回复道：[28]“总检察长坚信，如果案件有充分依据，就不应该因为沙特阿拉伯代表威胁的后果而终止调查。”

调查署署长助理海伦·加里克（Helen Garlick）对内阁秘书的观点提出质疑。2006 年 10 月 27 日，她致信戈德史密斯办公室指出：[29]“沙特阿拉伯继续声称调查署的调查违反了鸽子军购合同中的保密条款。”她质疑道：

> “沙特阿拉伯政府为何允许该国高层人士的个人利益造成的损害超出了鸽子军购合同以及英国其他商业利益，进而影响到更广泛的双边和地缘政治利益，却没有进行任何风险分析。”

此外，她指出，“对沙特阿拉伯而言，我们调查的目的和意图是透明的，且没有对 2005 年 12 月签署的新阶段的鸽子军购合同的可行性造成明显损害”。

在海伦·加里克起草她的信件时，我并不知道英国和沙特阿拉伯政府正在对调查署施加巨大压力以阻止调查。当时，我刚开始休假，以便开展撰写本书所需的大部分研究。令我极为惊讶的是，我发现英国贸易与工业部在 2006 年 5 月已将两份关于鸽子军购协议谈判的文件移交给了位于伦敦西南郊区丘园的国家档案馆。这些文件主要涉及 20 世纪 80 年代中期英国政府内部关于是否应为石油换武器这种非典型的军购交易向英国宇航公司提供大额贷款担保的争论。

在这两份文件中，有一份是 1985 年 9 月签署的鸽子军购协议的第一份谅解备忘录，[30]该备忘录从未公开过，被定性为“沙特阿拉伯皇家空军机密”。它描述了鸽子军购协议的整体结构，并指出协议的具体安排将在 1986 年 3 月底之前通过进一步的谅解备忘录、报价函与接受函进行“详细阐述”。

159 其中一份文件还包含了一份由英国鸽子军购谈判团队负责人科林·钱德勒（Colin Chandler）从利雅得发出的密电。钱德勒曾是英国宇航公司的营销总监，并于 1985 年 5 月成为“国防出口服务组织”（“国防贸易组织”的新名称）的负责人。[31]

1986 年 1 月 5 日，钱德勒、英国驻沙特阿拉伯大使帕特里克·赖特爵士（Patrick Wright）、英国国防部一位负责沙特阿拉伯武装部队项目的主管以及英国宇航公司军用飞机部门的商务总监莫里斯·迪克森博士（Maurice Dixson）共同会见了沙特阿拉伯国防部长苏尔坦王子和沙特阿拉伯皇家空军的两名将军，以完成鸽子军购协议的谈判。[32]

钱德勒发给伦敦的电报显示，[33]首批 20 架（共 48 架）拦截/打击型“狂风”战斗机的价格已从 1984 年 5 月的 1630 万英镑（约合今天的 3870 万英镑）上涨至 2150 万英镑（约合今天的 4840 万英镑），而每架“鹰”式教练机的价格也从 400 万英镑（约合今天的 950 万英镑）上涨至 530 万英镑（约合今天的 1190 万英镑）。在这么短的时间内，这两种飞机的价格均上涨了 32%。

我把这些文件交给了罗伯·埃文斯（Rob Evans），我与他相识已久。他是因对军购腐败调查作出重要贡献而得到嘉奖的两名《卫报》记者之一，另一名是戴维·雷（David Leigh）。在调查署署长助理海伦·加里克致信戈德史密斯办公室的次日，即 2006 年 10 月 28 日，《卫报》发布了这些文件，并刊登了一篇题为《白厅秘密电报：揭露存在争议的沙特阿拉伯军售协议真相》的文章。《卫报》在文章中声称，[34]钱德勒这份电报详细列出的价格上涨总计 6 亿英镑（约合今天的 13.5 亿英镑），当时阿拉伯出版物中声称这个金额“与秘密支付给沙特阿拉伯王室及其在伦敦、利雅得的中间人的金额相同，这是撮合交易的佣金”。《卫报》还刊登了这份电报中包含的时任英国首相玛格丽特·撒切尔的一份简报文件摘要。这份摘要在描述苏尔坦王子时说他“不太聪明……有偏见，不灵活，盛气凌人，并且在交易中寸步不让”。

后来，英国国防部一位官员表示，沙特阿拉伯对这篇文章感到“震惊”。[35]据这位官员透露：

160 “2006年11月3日，英国国防部负责沙特阿拉伯武装部队项目的主管同一位与鸽子军购项目存在密切关系的沙特阿拉伯高级将领举行了会晤。在这次会晤中，这位将军转达了沙特阿拉伯政府的不满，称这些文件和其他材料已被公布……他说，沙特阿拉伯政府对英国政府全面违反两国保密协议深感关切，称这样做极大地损害了政府互信。”[36]

惊慌失措的白厅官员担心我在国家档案馆揭露英国对沙特阿拉伯军售的更多秘密，于是命令一群公务员去档案馆查看“是否有其他敏感记录被错误地泄露”。[37]他们审查了98份文件，并将其中13份文件的内容撤出了公众视野。[38]信息法庭在审查了这些证据和其他秘密材料后得出的结论认为：

“虽然调查署的调查和其他敏感文件的泄露对

> 英国与沙特阿拉伯的关系造成了损害，但第一份鸽子军购谅解备忘录的泄露也的确对这种关系造成了切实和真正的损害。”[39]

2006 年 11 月，媒体和议会的一些人试图向调查署施压。《每日邮报》呼吁结束“这场愚蠢的欺诈调查”，[40]并辩称“总检察长必须立即采取行动”。保守党议员迈克尔·杰克（Michael Jack）指责调查署“阻碍了工作进展”。[41]《每日电讯报》引用保守党前座议员的话说：“调查署已经拖得太久了，这些人不能永远稀里糊涂地做事。”[42]《每日邮报》《每日电讯报》等报纸大肆宣称调查署的调查将导致5万个就业岗位流失。但欧洲战斗机联合体（Eurofighter Consortium）的报告显示，“台风”战斗机交易涉及的英国就业岗位还不到5000个。[43]

与此同时，调查署正竭力获取关于下面这个问题的证据：[44]

> “根据沙特阿拉伯政府的安排，谁是鸽子军购合同的首要主导者，以及在调查中处于核心地位的财务安排是否得到了首要主导者的批准或授权。”

自 2006 年 4 月以来，戈德史密斯一直在敦促沃德尔 161
解决这个法律难题。因此，2006 年 11 月 30 日，沃德尔会见了英国驻沙特阿拉伯大使谢拉德·考珀-科尔斯爵士（Sherard Cowper-Coles）。科尔斯告诉沃德尔说，[45]如果继续调查，沙特阿拉伯可能会停止与英国的反恐合作，并且“大量英国人将面临失业风险”。九天前，科尔斯曾被告知，[46]如果英国继续调查，那么英国与沙特阿拉伯之间的“所有情报合作都将面临威胁”。

如此一来，沃德尔及其团队考虑要求英国宇航系统公司在有限范围内承认腐败指控。布莱尔首相办公室要求戈德史密斯在与英国宇航系统公司接触之前先与布莱尔沟通。在他们交谈之前，科尔斯再次会见了沃德尔，并告诉他，如果继续调查，沙特阿拉伯将停止同英国的情报和安全合作。[47]

布莱尔给戈德史密斯写了一封信，[48]表示现在“英国与沙特阿拉伯的安全、情报和外交合作面临真实且紧迫的崩溃风险”，这将产生“极其严重的负面影响”。布莱尔抱怨说，这项调查“给‘台风’战斗机合同的谈判造成了巨大困难”。他表示，他的观点得到了斯特劳和里德的赞同，并且是在听取了“政府最高级别的国家安全官员顾问”的建议后形成的。

布莱尔致信三天之后，同戈德史密斯有过一次会面。期间，戈德史密斯说，“他担心停止调查会损害法律在该领域的公信力，似乎在向威胁让步”。[49]布莱尔说，“有一个至高无上的国家利益”受到威胁，并且“英国人民会认为这些利益更高”。

在这次讨论中，戈德史密斯说：

“即便让当事人承认某些指控以结束调查，也不可能减少对沙特阿拉伯王室造成的伤害。即使人们接受这个结果，调查过程还是会拖延相当长时间。此外，重要的是，政府不能让人们有理由相信，当事方只要威胁英国政府就能得逞。政府也需要考虑到一场漫长却无果而终的审判对法律公信力的损害，而且与许多国际合作伙伴相比，这也会损害英国在贿赂和腐败问题上的良好声誉。”

在接下来的三天里，戈德史密斯阅读了 20 个案子的 162
文件，其中包括调查署的案子。[50]12 月 12 日，沃德尔第三次会见了科尔斯。一天后，沃德尔决定终止调查，因为他“确信如果调查瑞士账户，或试图提出任何涉及沙特阿拉伯王子的诉讼，都会导致沙特阿拉伯取消包括安全等领域的合作”。[51]沃德尔后来证实，即使他认为停止调查将违反经合组织《反贿赂公约》第五条，该条款规定对贿赂的调查和起诉“不得受国家经济利益、对与另一国关系的可能影响或所涉自然人或法人的身份等因素影响”，他依然会作出同样的决定。[52]

12 月 14 日，戈德史密斯在上议院宣布，[53]对鸽子军购案的调查已经终结。他说，调查署无法保证能够提出起诉，并需要再花 18 个月进行调查。戈德史密斯认为，即便调查能够顺利进行，提起诉讼的可能性也不大。随即，两个非政府组织——“反对军火交易运动组织”（Campaign Against Arms Trade，我是该组织的深度参与者）和“角落之家”（Corner House）——联合向英国高等法院提出对调查署终止调查的决定启动司法审查。

英国履行经合组织《反贿赂公约》的情况

经合组织呼吁英国通过一项新的现代反贿赂法，明确禁止向外国公职人员行贿。经合组织还抱怨说，自英国于 1998 年批准经合组织《反贿赂公约》以来，没有任何公司或个人因行贿外国公职人员而受到起诉或审判。[54]2007 年 1 月[55]和 2007 年 3 月，[56]经合组织对英国终止鸽子军购案调查是否符合公约规定公开表达“严重关切”。

163 美国在 1998 年批准该公约后几乎立即修订了《反海外腐败法》，但在英国，反对海外贿赂的立法却停滞不前。英国在 2003 年公布的一份《反腐败法案》修订草案招致广泛批评。[57]2007 年 6 月，经合组织再次就英国的进展发出公开抱怨，[58]2007 年底又同英国举行了一次关于制定新反腐败法的磋商。[59]

2007 年 12 月，在英国高等法院的司法审查要求下，调查署被迫公布了本章所述的相关文件，说明其调查是如何被叫停的。因此，经合组织才能在 2008 年对英国政府的决策过程进行详细分析，[60]并表示其所见“巩固并加剧了对鸽子军购案调查终止是否符合公约的严重关切”。在获得详细证据后，经合组织得出结论说，“对英国执行公约不力感到失望和严重关切”。[61]在国际社会的巨大压力下，英国政府六个月后终于公布了一项新的《反贿赂法》草案。[62]

鸽子军购案调查的内幕

维基解密网站在2011年3月披露了鸽子军购案调查的详情。来自美国驻经合组织使团的一份电报详细描述了经合组织反贿赂工作组的一次会议，[63]该会议于2007年1月在巴黎举行，当时距离调查署终止调查才过去一个月。

加里克在会上表示，鸽子军购案调查有四个部分。第一部分调查了沙特阿拉伯王子图尔基·本·纳赛尔和英国宇航系统公司的关系。调查署发现，在2001年《反恐怖主义、打击犯罪和维护安全法》生效之前，有两家分包商（其中一家是国际旅行者公司）向图尔基·本·纳赛尔支付了高达7000万英镑的款项。由于该法案通过之后，英国人在海外的贿赂行为才能被定性为非法，所以调查署决定聚焦英国宇航系统公司在此次法律变更之后的活动，[64]反映了“一种操作层面的判断，而非承认不能起诉该日期之前的行为”。加里克说，在法律变更之后，“调查署有证据表明，英国宇航系统公司合谋规避了 2001 年这部法律，并向图尔基 · 本 · 纳赛尔额外支付了 300 万英镑”。[65]

164 加里克告诉经合组织，第二部分调查了英国宇航系统公司的海外代理人。在 2001 年的法案实施后，英国宇航系统公司向之前根据沙特阿拉伯政府要求雇佣的营销顾问支付了款项，但没有任何文件能够证明这些顾问提供了真实的服务。第三部分调查了英国宇航系统公司向“一位匿名的沙特阿拉伯高官”支付的款项。加里克说，“调查署试图获得有关英国宇航系统公司代理人的瑞士银行记录，因为有合理理由认为另一位沙特阿拉伯高官才是背后真正的收款人”，但调查署自始至终都无法审查这些远在瑞士的银行账户。[66]

第四部分调查了英国宇航系统公司向英国出口信贷担保署申请贷款担保的情况。鸽子军购案是一项政府间的交易，英国与沙特阿拉伯两国政府先签订谅解备忘录，之后，为了履行对沙特阿拉伯的交付义务，英国国防部又与英国宇航系统公司的前身——英国宇航公司签订了承包合同。在这份合同中，国防部保证将尽最大努力确保沙特阿拉伯能够支付军火采购费用。[67]英国宇航公司则同意，如果沙特阿拉伯没有付款，也不会让国防部承受损失（换句话说，英国宇航公司同意承担损失，尽管他们与沙特阿拉伯方面没有直接合同）。

由于来自沙特阿拉伯的收入非常可观，英国宇航公司通过出口信贷保险机构去防范沙特阿拉伯不付款的可能性，这不足为奇。自1989年以来，英国出口信贷担保署为英国宇航公司及英国宇航系统公司提供了鸽子军购项目的保险和赔偿服务。[68]最后一次赔偿是在2006年发放的，为期五年（但于2008年取消）。

加里克告诉经合组织，[69]“调查署调查了可能针对英国出口信贷担保署的欺诈行为，并发现该公司作出虚假陈述以掩盖腐败交易，根据英国法律，这将构成共谋欺诈”。

调查署的起诉会失败吗？关键取决于是否存在“委托人同意”，因为1906年的英国《防止腐败法》采用了“代理——委托”关系作为立法基础，即代理人应以委托人的最大利益为行动导向，若收受贿赂，则代理人是以自己利益或行贿人利益为行动导向，从而背叛了委托人的信任。一般来说，“委托人对代理人行为的知情与同意是代理人对违反信托责任的辩护理由”。[70]20世纪70年代，米尔班克技术服务公司聘请的约翰·马修（John Matthew）等知名律师认为，如果得到委托人的同意，那么有问题的付款就不会违法（见本书第四章的叙述）。正如我们所见，英国宇航系统公司受到指控时提出的主要辩护是沙特阿拉伯政府已同意其付款，戈德史密斯认为这是阻止起诉的主要障碍。[71]

然而，2005年3月，英国政府向经合组织明确表 165
示，根据1906年的英国《防止腐败法》，“委托人同意”不能作为针对腐败指控的辩护理由。[72]此外，调查署本身也认为英国宇航系统公司的辩护不可行，因为“该公司无法证明任何可能相关的官员都是在知情的基础上表示同意的”。事实上，调查署之所以同意咨询英国驻沙特阿拉伯大使谢拉德·考珀-科尔斯爵士，仅仅是因为戈德史密斯的担忧。[73]

由于调查署的调查被迫终止，我们永远无法知道谁对谁错。然而，法律依据不足（1906年英国的《防止腐败法》管辖范围不包括海外行贿的英国人）和执法不力（这会导致缺乏明确的判例）这两个因素结合在一起，无疑给调查署的工作造成了严重障碍。

沙特阿拉伯方面威胁要与英国政府终止反恐合作，表明他们不惜违反联合国安理会第1373号决议下对其他国家承担的义务。该决议是在2001年9月11日美国遭遇恐怖袭击后通过的，要求各国“采取必要措施，防止实施恐怖主义行为，包括通过交流情报向其他国家提供预警”，以及“在涉及资助或支持恐怖主义行为的刑事调查或刑事诉讼中互相给予最大程度的协助，包括协助取得本国掌握的、诉讼所必需的证据”。

英国政府深知，来自沙特阿拉伯的大量情报很可能是通过特殊手段获取的。英国人桑迪·米切尔（Sandy Mitchell）曾在利雅得的沙特阿拉伯安全部队医院担任麻醉师，2000年被沙特阿拉伯情报部门指控参与利雅得爆炸案。正如马克·霍林斯沃斯（Mark Hollingsworth）在《沙特巴比伦》（*Saudi Babylon*）一书中详细描述的那样，[74]米切尔遭到了酷刑，并患上了创伤后应激障碍综合征和其他严重的、长期的健康问题。沙特阿拉伯威胁要审讯他的妻子，他被迫承认与英国驻沙特阿拉伯大使馆的工作人员串通实施了爆炸。另外三名英国人——罗纳德·琼斯（Ronald Jones）、威廉·桑普森（William Sampson）和莱斯利·沃克（Leslie Walker）也都遭受刑讯，并被迫承认参与恐怖爆炸。直到2003年，四人才被释放。

英国议会人权联合委员会表示，[75]"对刑讯的合谋直接违反了英国的国际人权义务……如果一个国家……在明知或可能知情的前提下系统性地接收通过折磨被拘者而获取的情报，则是对刑讯的合谋行为"。

理查德·奥尔德曼（Richard Alderman）接替沃德尔 166
担任调查署署长后说，"（终止鸽子军购案调查）造成的损害很大，并将持续很长时间……这令人深感遗憾和不幸"。[76]2007年，美国正式就此事向英国政府提出抗议。[77]

调查署终止调查后，英国宇航系统公司很快便与沙特阿拉伯签下了特别重视的新合同。2007年1月初，即调查署调查终止后不到一个月，沙特阿拉伯国防部长苏尔坦王子就表态说沙特阿拉伯将很快接收"台风"战斗机。[78]2007年9月，两国政府达成了新协议，[79]沙特阿拉伯将采购72架由英国宇航系统公司制造的"台风"战斗机，以取代根据鸽子军购协议出售的防空型"狂风"战斗机。这项代号"和平"（Al Salam）的军购协议最初价值 44.3 亿英镑，预计军火采购和长期维护将使其最终价值增加到 200 亿英镑。[80]英国宇航系统公司向英国出口信贷担保署表示，“没有任何代理商参与此合同谈判，也没有支付任何佣金或费用”。[81]

图 12　“台风”战斗机原型机。沙特阿拉伯于 2007 年 9 月同意采购 72 架，此时距离调查署终止鸽子军购协议腐败调查仅九个月。

摄影：尼古拉斯·吉尔比（Nicholas Gilby）。供图：英国皇家空军博物馆

167　一个月后，英国为沙特阿拉伯阿卜杜拉国王、班达尔王子及其他级别较高的王子铺设了红地毯，欢迎其对英国开展国事访问，并在白金汉宫为其举行宴会。2008 年 4 月，英国高等法院裁定沃德尔终止鸽子军购案调查的决定是非法的。[82]但同年 7 月，这一决定遭到上议院推翻，[83]调查再也没有被重启。2011 年 2 月，曾经担任英国

驻沙特阿拉伯大使的谢拉德·考珀-科尔斯爵士成为英国宇航系统公司国际业务发展总监，[84]专注于中东和东南亚地区。之前，他在说服调查署署长沃德尔屈服于沙特阿拉伯威胁并终止调查过程中发挥了重要作用。

美国对英国宇航系统公司的调查

与此同时，美国决定对英国宇航系统公司开展反腐败调查，包括其在沙特阿拉伯的交易。英国宇航系统公司承认其委托给国际旅行者公司的项目没有遵循《反海外腐败法》的标准，[85]从而违反了首席执行官约翰·韦斯顿于2000年11月向美国国防部长威廉·科恩作出的保证。

美国调查人员还发现，英国宇航系统公司

> “利用中间人和空壳实体掩盖向某些顾问付款的事实，这些顾问设法确保鸽子军购协议的达成或续签。2001年5月和11月之后，直至2002年初，与鸽子军购协议相关，英国宇航系统公司同意将总计1000多万英镑（约合今天的1320万英镑）和900多万美元（约合今天的1200万美元）转入一个由中间人控制的瑞士银行账户。英国宇航系统公司意识到，中间人很有可能将部分款项转给沙特阿拉伯官员。英国宇航系统公司没有对这些付款的目的

进行任何适当的审查或核实，因此未能遵守向美国国防部作出的保证”。[86]

调查署的调查和媒体关于英国宇航系统公司在军火交易中支付贿赂的指控促使该公司采取行动。调查署请前上诉法院院长沃尔夫勋爵（Woolf）组建一个委员会，审查“英国宇航系统公司行为的道德性”。

168 英国宇航系统公司向该委员会表示“不认为自己有任何构成刑事犯罪的行为”，[87]但“董事长迪克·奥尔弗和首席执行官迈克·特纳在与我们的讨论中承认，公司过去没有充分重视道德标准，也没有避免可能损害公司声誉的活动”。但英国宇航系统公司认为不应再翻旧账，委员会的任务“不是调查公司行为招致批评的真相”。[88]

对真相的调查并非史无前例。30年前，由洛克希德公司董事组成的特别审查委员会认为，“如果委员会要提出有意义且有效的建议以终止可疑行为……委员会必须了解这些行为是如何产生并持续存在的”。[89]他们随后正是这样做的。

英国宇航系统公司承诺制定并实施“全球商业道德行为准则和关键道德风险审查”。该委员会表示：

“其中一个风险领域是利用‘顾问’获得国防合同，对公司（乃至整个国防产业）的大部分批评都是指控这些顾问从事腐败行为。由于涉及道德和声誉风险，公司已采取激进行动，终止或审查与这些顾问签订的所有合同。”[90]

关于英国宇航系统公司与沙特阿拉伯新达成的和平军购协议，该委员会表示：

“公司向委员会主席和委员会秘书提供了有关该合同的商业信息，根据这些信息，主席认为该合同本身应该不存在导致公司作出不道德行为的风险。”

英国和美国还调查了英国宇航系统公司在东欧的 169
交易。1999 年，捷克、匈牙利和波兰加入北约。北约希望这些国家额外支出 100 亿美元升级装备，以便达到北约制定的标准。[91]这为军火公司创造了巨大机遇。之前，由于冷战结束导致军费削减，这些军火公司一直举步维艰。

2000 年，捷克希望购买 24 至 36 架新型战斗机，以取代苏联时代的米格-21 战斗机。[92]2001 年 5 月，美国和法国公司退出了竞标，[93]因为他们“对程序公正性存在担忧”，[94]只剩下英国宇航系统公司和瑞典知名军事设备制造商——萨博公司（SAAB）组建的联合体。同年 12 月，捷克向英国宇航系统公司和萨博公司的联合体授予了一份价值 9 亿英镑（约合今天的 12 亿英镑）的合同，以购买 24 架“鹰狮”战斗机。[95]然而，捷克立法机构通过必要的财政法案来为这笔采购提供资金。[96]替代方案是捷克政府在 2004 年支付 4 亿英镑（约合今天的 4.88 亿英镑），租赁 14 架“鹰狮”战斗机，租期为十年。[97]

1999 年，匈牙利宣布有意购买二手战斗机，并于 2001 年 6 月将合同授予洛克希德·马丁公司。几天后，这一决定被推翻，[98]匈牙利政府决定从英国宇航系统公司和萨博公司租赁 14 架“鹰狮”喷气式战斗机，租期为 12 年。[99]2003 年 2 月 3 日，匈牙利签署了一份修订版的租赁合同，以租赁更加现代化的“鹰狮”战斗机。[100]

为了赢得这些交易，英国宇航系统公司向其代理人的关联公司支付了 1900 多万美元。该公司承认，“很可能有部分款项被用于招标过程，以支持英国宇航系统公司”。[101]

英国宇航系统公司被起诉和罚款

2010 年 1 月 29 日，调查署决定以涉嫌腐败为由起诉英国宇航系统公司代理人阿尔方斯·门斯多夫-波伊利（Alfons Mensdorff-Pouilly）。这位奥地利人被指控

> “与某些东欧和中欧国家（包括捷克、匈牙利和奥地利）的匿名政府官员及其他代理人合谋，违反 1906 年《防止腐败法》第一条，支付或同意支

付腐败资金，以诱使这些政府同英国宇航系统公司签署‘鹰狮’战斗机供应合同，或作为已签署此类合同的酬劳”。[102]

调查署的律师告诉法庭说：“自2002年以来，英国 170
宇航系统公司一直采用并实施腐败手段，以在中欧获得利润丰厚的喷气式战斗机采购合同。”[103]他声称，这是一项“由英国宇航系统公司高管精心策划和周密组织的行动”。调查署指控门斯多夫-波伊利“行贿政府官员，使其支持英国宇航系统公司‘鹰狮’战斗机参加竞标”，其在瑞士设立三家离岸实体的目标是“向政府官员输送资金”。调查署还指控在重要的采购决策作出后的几天或几周内，门斯多夫-波伊利经常会“提取巨额现金”，而门斯多夫-波伊利仅仅由于提供“营销报告”就获得了1700万美元报酬，调查署律师声称这些报告是从互联网上复制粘贴的。[104]

然而，这些指控从未在审判中得到验证，门斯多夫-波伊利全盘否认指控。[105]当调查署和美国司法部在2010年2月宣布他们已与英国宇航系统公司解决了问题之后，调查署撤销了指控。

英国宇航系统公司承认在坦桑尼亚的一笔交易中存在会计违规行为，作为一个交换条件，调查署同意停止对其调查，并且不对其在2010年2月之前的任何行为进行起诉。[106]

坦桑尼亚的交易谈判始于1992年，当时西门子普莱西电子系统公司（Siemens Plessey Electronic Systems）试图向坦桑尼亚政府出售一套雷达系统，供达累斯萨拉姆国际机场使用。1997年底，英国宇航公司收购了该公司的英国分支，组建了控股子公司——英国宇航防务系统有限公司（British Aerospace Defence Systems Limited）。

早在1993年，坦桑尼亚商人沙勒什·维特拉尼（Shailesh Vithlani）就开始担任西门子普莱西电子系统公司的顾问。[107] 1998年，英国宇航公司的一个委员会决定延长他的聘用合同。[108]维特拉尼得到的承诺是，如果他帮英国宇航公司拿下雷达供应合同，将获得合同价31%的佣金。由于这一比例非常高，英国宇航公司董事长迪克·埃文斯（Dick Evans）亲自批准继续聘请维特拉尼担任顾问。

1999年9月10日，英国宇航防务系统有限公司同坦桑尼亚签署了一份价值3997万美元（约合今天的5400万英镑）的雷达销售合同。在此大约一周前，英国宇航公司改变了与维特拉尼的关系。

171 1999年9月2日，由英国宇航公司控制的红钻贸易有限公司同维特拉尼控制的、位于巴拿马的恩沃斯贸易公司（Envers Trading Corporation）签订了一份合同。[109]作为“按照要求提供某些咨询及各种服务”的回报，恩沃斯贸易公司将获得雷达合同价的30.025%。第二天，英国宇航公司与维特拉尼控制的、位于坦桑尼亚的梅林国际有限公司（Merlin International Limited）达成了一项协议。[110]梅林国际有限公司将提供同样的服务，但其佣金只占合同价的1%。

调查署发现，“维特拉尼通过梅林国际有限公司行动时，公司称他为公开顾问，而当他通过恩沃斯贸易公司行动时，公司则称他为秘密顾问”。[111]

英国宇航系统公司和红钻贸易有限公司需要在收到坦桑尼亚政府根据雷达合同支付的款项后，分别向梅林国际有限公司和恩沃斯贸易公司支付款项。[112]2000年1月至2005年12月，约有770万英镑支付给了恩沃斯贸易公司和梅林国际有限公司（恩沃斯贸易公司为主要收款方）。[113]维特拉尼作为秘密顾问应得的佣金先由英国宇航系统公司支付给红钻贸易有限公司，然后再支付给恩沃斯贸易公司。[114]维特拉尼作为公开顾问应得的佣金则直接由英国宇航系统公司支付给梅林国际有限公司。

英国宇航系统公司承认下面这个事实：

> “1240万美元中的一部分很可能被用于谈判过程，以支持英国宇航防务系统有限公司……任何查账者都不可能调查和确定这些款项是否妥善入账以及是否合法。”[115]

事实上，检察官确实无法查证维特拉尼如何处理收到的资金。

在审查这些证据后，比恩法官（Bean）得出的结论认为：[116]

> “英国宇航系统公司试图隐瞒他们向维特拉尼先生支付款项的事实，其中97%的款项经由两家离岸公司支付，目的是为其提供自由裁量空间，可以向其认为合适的人物支付资金，以确保英国宇航系统公司获得雷达合同，但英国宇航系统公司不想了解里面的详细情况。”

英国宇航系统公司同意根据英国1985年《公司法》第221条认罪，[117]原因是：“未能保留足以表明和解释根据以下两份合同支付款项的会计记录：（a）红钻贸易公司与恩沃斯贸易公司之间的合同；（b）英国宇航防务系统有限公司与梅林国际有限公司之间的一份合同。”[118]英国宇航系统公司同意为了增进坦桑尼亚全体人民的福祉而支付约3000万英镑的惠给金，[119]另外被法院罚款50万英镑，并向调查署支付22.5万英镑的法律费用。[120]

172 当时，另一个典型案例是一家美国公司因在非洲存在可疑支付而受罚。美国泰坦公司（Titan Corporation）从事军事情报和通信业务，承认在贝宁行贿后，美国政府根据《反海外腐败法》对其处以1300万美元罚款。[121]泰坦公司向代理人支付了“社交费用”，认为这些钱用于资助选举造势活动，比如制作拉票T恤，上面印刷着请求贝宁人投票给正在谋求连任的总统马蒂厄·克雷库（Mathieu Kérékou）的字样。2001 年 3 月，克雷库赢得总统选举。四天后，泰坦公司获准将其合同价格提高 600 多万美元。美国检察官无法查证克雷库本人是否知道这些款项。

2010 年 3 月 1 日，英国宇航系统公司承认合谋欺骗美国，妨碍美国当局的合法职能，对本公司遵守《反海外腐败法》的计划作出虚假陈述，以及违反美国《武器出口管制法》（*Arms Export Control Act*）和美国《国际军火交易条例》（*International Traffic in Arms Regulations*），在申请出口许可证时未披露佣金。[122]美国司法部代理副部长表示，“英国宇航系统公司的行为不利于美国确保国际贸易免受腐败影响以及控制敏感技术”，因此，美国对其处罚四亿美元。经合组织“对英国没有考虑重启鸽子军购案调查表示失望”，并认为“英国应该在英国宇航系统公司与美国当局达成和解之前，重新评估与终止鸽子军购案调查有关的国家安全问题”。[123]

2011 年 5 月，英国宇航系统公司同意就违反美国《武器出口管制法》和《国际军火交易条例》的 2591 项行为同美国当局达成和解，这些行为涉及“未报告费用或佣金支付情况”等方面。这次，美国国务院对英国宇航系统公司处以 7900 万美元罚款。[124]美国人之所以能起诉英国宇航系统公司并处以巨额罚款，是因为美国政府在洛克希德公司和诺斯罗普公司曝出丑闻之后，于 1976

年通过了《武器出口管制法》，而英国政府掩盖了杰弗里·爱德华兹对英国联合电气工业公司的诉讼，没有以该案为契机出台相应的法律，从而导致调查署对英国宇航系统公司的行为提起诉讼变得极为困难。

173 2011年的定罪还涉及英国宇航系统公司在南非的行为。20世纪90年代，后种族隔离时代的南非迎来了民主政府，承诺减少军事开支，以便将资源集中用于修复种族隔离给南非经济与社会造成的重创。但1994年上台的非洲国民大会党竟然决定斥资数十亿兰特采购现代化武器。虽然南非国防军的装备已经老化，但1994年南非国防开支仍占非洲南部国家国防开支总额的70%以上，而且其军事装备水平远远超过邻国。[125]

在1999年签署的这项新军火交易中，南非从德国军火公司购买了四艘护卫舰和三艘潜艇，从意大利阿古斯塔公司购买了30架轻型直升机，从英国宇航系统公司购买了24架“鹰”式教练机，并从英国宇航系统公司和瑞典萨博公司的联合体购买了26架“鹰狮”战斗机。

“鹰”式教练机和“鹰狮”战斗机的采购过程令人费解。这两款飞机在1995年均未进入最终候选名单，但国防部长乔·莫迪塞（Joe Modise）后来改变了采购制度。1998年，莫迪塞不顾南非面临严峻的经济挑战，告诉武器遴选委员会的同事们，要在南非后种族隔离时代的最大采购中采取“高瞻远瞩的做法”，换句话讲，就是不应将成本作为遴选标准。最终，“鹰”式教练机和

“鹰狮”战斗机被选中。

据调查署所述，英国宇航系统公司向多家公司支付了1.15亿英镑佣金，另据美国检察官称，其中一些佣金是通过红钻贸易公司支付的。[126]

从英国宇航系统公司收取资金的人里面，有一位名叫法纳·赫隆瓦内（Fana Hlongwane），自1994年起担任莫迪塞的政治顾问，直至1999年莫迪塞退休（军火交易合同签署之后）。赫隆瓦内从国防部领取薪水，因此属于公职人员。从2003年到2007年，英国宇航系统公司向其控制的公司——赫隆瓦内咨询公司（Hlongwane Consulting）支付了1000万英镑。[127]调查署表示，英国宇航系统公司没有提供“任何书面报告来证明这些付款的数额是合理的”。[128]

调查署的一位调查人员写道：[129]

“我认为法纳·赫隆瓦内因‘鹰’式和‘鹰狮’战斗机合同而获取资金的多种方式都非常可疑。

英国宇航系统公司通过红钻贸易公司采用了一 174
种隐蔽的付款系统，但这种系统似乎无法充分掩盖向法纳·赫隆瓦内支付的款项。因此，英国宇航系统公司选择使用红钻贸易公司和阿尔斯托公司（Arstow，注册地在英属维京群岛）向赫隆瓦内先生转账。

我怀疑这种秘密安排是为了促进以下一项或全

部内容：

(a) 法纳·赫隆瓦内向能够影响‘鹰’式和‘鹰狮’战斗机采购决策的南非政府官员支付款项；

(b) 向赫隆瓦内先生本人支付款项，以换取他担任国防部特别顾问期间所带来的影响力；

(c) 向赫隆瓦内先生支付款项，再由他转给南非政府官员，以确保南非政府认真履行分期付款的安排。”

尽管旨在重启鸽子军购案调查的司法复核最终没有成功，但英国议会在 2010 年通过了新的《反贿赂法》，于 2011 年 7 月 1 日生效。这部新法设立了贿赂外国公职人员等四项新的腐败罪名，并规定了非常严厉的惩罚措施。

但这会改变英国公司的行为吗？如果执法力度不强，这似乎不太可能。2002 年 2 月，《反恐怖主义、打击犯罪和维护安全法》获得通过，将英国旧的反腐败法的适用范围扩大到海外。然而，在将近十年后的 2011 年 12 月，英国告知经合组织，仅有三人和两家公司直接因海外行贿而被定罪，另外一家公司因与外国贿赂相关的行为被定罪。[130]据预测，调查署在 2014 年至 2015 年的预算将比 2008 年至 2009 年低 40%，且未考虑通货膨胀因素。此外，经合组织指出，“调查署可利用的警方资源有所减少”，[131]而且“对调查署的资源和人员流动感到担忧”。[132]

关于沙特阿拉伯国民警卫队通信项目的调查

调查署对鸽子军购案的调查于 2006 年结束，但 2012 年又针对英国与沙特阿拉伯的另一笔军火交易启动调查，该交易被称为“沙特阿拉伯国民警卫队通信项目”（SANGCOM）。这是英国国防部与沙特阿拉伯国民警卫队之间的另一笔政府间交易，它一直延续到 2010 年底。

与鸽子军购案一样，该项目也持续很久。第一份谅 175
解备忘录于 1978 年签署，主承包商将是英国大东电报局，但目前由 GPT 特殊项目管理有限公司（GPT Special Project Management Ltd，以下简称“GPT 公司”）提供固定和移动通信设备。GPT 公司在英国注册，最终成了欧洲航空航天巨头——空客集团的子公司。正如在鸽子军购项目中的做法一样，英国国防部在沙特阿拉伯也派驻了一个负责管理该项目的团队。

与鸽子军购案类似，在该项目谅解备忘录的框架内，有一系列被称为“报价函和接受函”的协议，每份协议都对特定环节的交易作出了约定。

2012 年 5 月，《私密之眼》（*Private Eye*）杂志和调查新闻网站艾克萨罗新闻网联合发布了 GPT 公司在 2007 年至 2010 年向两家离岸公司支付款项的时间表。[133] 据称，该时间表由 GPT 公司一名财务人员编制，显示

GPT 公司共向两家在开曼群岛注册的公司——斯迈克国际公司和杜兰顿国际公司（Duranton International）——支付了约 1450 万英镑。这些款项汇入了伦敦和纽约的汇丰银行账户。

我在前文提到过，1976 年，英国国防部常务次官弗兰克·库珀批准[134]在“沙特阿拉伯国民警卫队通信项目”的报价中向斯迈克国际公司支付 3% 的佣金。[135]国防贸易组织官员认为，库珀批准的佣金“虽然被描述为技术咨询费，但实际上却是在施加影响，以左右决策，使之有利于客户”。[136]斯迈克国际公司是一家注册地在列支敦士登的公司，成立于 1975 年 10 月 23 日，两位董事分别是布莱恩·索默菲尔德（Bryan Somerfield）和彼得·奥斯汀（Peter Austin）。据国防贸易组织时任主管莱斯特·萨菲尔德称，[137]就在该公司成立的当月，大东电报局在得到英国国防部批准后，向沙特阿拉伯国民警卫队提交了详细的报价方案。

布莱恩·索默菲尔德出生于 1919 年，是一名阿拉伯事务专家，[138]曾在沙特阿拉伯皇家空军担任情报官员，[139] 1964 年退役后移居贝鲁特，进入商界。他的商业伙伴彼
176 得·奥斯汀被一位外交官描述为“年轻有为的天才”。[140]

索默菲尔德熟悉沙特阿拉伯国民警卫队的采购合同。20 世纪 60 年代末，他效力于哈德法尔蒂克建筑公司（Hadsphaltic Construction Company），[141]该公司曾提出为国民警卫队修建一座地下发电站。第三章提到过，曾

有一位商人被带到福斯图克控制的梅迪科公司的办公室，向此人保证说将为其安排合同的相关事宜，而此人正是索默菲尔德。[142]

到20世纪60年代末，索默菲尔德已经为英国国防部官员熟知。当时的国防贸易组织主管雷蒙德·布朗应他的请求，[143]支持了哈德法尔蒂克建筑公司向沙特阿拉伯国民警卫队提出的报价。威廉·莫里斯大使被告知，索默菲尔德"还与沙特阿拉伯王室有特殊关系"。[144]

斯迈克国际公司以代理身份，为英国利兰汽车公司向沙特阿拉伯销售路虎汽车提供咨询服务。[145]1975年，利兰汽车公司赢得了一份向国民警卫队供应路虎汽车的合同，[146]而莱德勋爵的调查报告称其代理人是阿卜杜拉国王的大舅哥福斯图克。[147]

随后，经英国国防部常务次官库珀批准，斯迈克国际公司被聘请为"沙特阿拉伯国民警卫队通信项目"的其中一家代理商。库珀批准的另一家代理商是贝鲁特工程与贸易运营公司，[148]该公司的实控人正是福斯图克。[149]

1978年，沙特阿拉伯政府发布了禁止在军火交易和政府间交易中使用代理人的新规，[150]但新规发布后还不到三周，国防贸易组织官员就考虑利用斯迈克国际公司向沙特阿拉伯军队出售火炮系统。[151]斯迈克国际公司此前曾联系过国防贸易组织的一名官员，请求获得代理权，但该官员"没有询问这笔费用中有多少是用来打点关系的"。国防贸易组织官员担心此举会"公然违反沙特阿拉伯规定，尤其是考虑到之前伊朗国王曾在兰德尔案之后指责英国人在其不知情的情况下向沙普尔·里波特支付佣金”。[152]外交官们对批准使用斯迈克国际公司感到不安，并建议将斯迈克国际公司描述为分包商，而非描述为代理商。[153]他们讽刺地说，“违法可能比守法更受尊重，沙特阿拉伯人可能会对违法视而不见，因为它与英国国防部达成了巨额军火交易协议”。

英国驻沙特阿拉伯大使约翰·威尔顿（John Wilton）认为，任何法律解读都是政治问题，而非“严格的法律问题”，[154]声称除非斯迈克国际公司被抓住通过行贿获得影响力（沙特阿拉伯法律禁止这一点），否则其角色不会引发争论。英国外交官们告诉国防贸易组织，[155]如果该公司“能避免与沙特阿拉伯人发生任何麻烦”，那么他们就可以使用该公司作为代理商。

177 1980年11月，斯迈克国际公司收购了杜兰顿国际公司，索默菲尔德变成了杜兰顿国际公司的董事长，奥斯汀成为该公司一名董事，专门为从事欧洲与中东贸易的个人和机构提供代理、顾问和咨询服务。[156]1982年，这两家公司的注册地点都改成了开曼群岛。[157]奥斯汀于1985年购买了加勒比海上的小鲸鱼岛（Little Whale Cay），并在此后数十年里一直经营这两家公司。[158]

索默菲尔德和奥斯汀持续参与沙特阿拉伯国民警卫队的合同谈判。1981年5月，英国与沙特阿拉伯国民警卫队达成了另一项政府间协议，为沙特阿拉伯提供医疗服务，全称为“沙特阿拉伯国民警卫队医疗服务项目”。[159]该项目承包商是英国国际医院集团，但参与谈判的人员之一是斯迈克国际公司的董事彼得·奥斯汀，[160]他与阿卜杜拉国王关系密切，甚至亲自与国王谈判。英国国际医院集团是一家私营医疗企业，在20名皇家工程师和医疗顾问团队的协助下，为沙特阿拉伯国民警卫队建造和管理两家医院。[161]该合同于1993年结束。索默菲尔德于2004年2月去世。

2010年，英国陆军前军官伊恩·福克斯利（Ian Foxley）被GPT公司任命为项目主管。福克斯利说，英国国防部“沙特阿拉伯国民警卫队通信项目”团队中至少有一些人知晓并默许了GPT公司支付贿赂，而且国防部从20世纪60年代末就了解索默菲尔德的活动，并知道斯迈克国际公司在沙特阿拉伯国民警卫队三项合同中扮演的角色。[162]

2012年8月7日，调查署署长大卫·格林（David Green）宣布将对“关于GPT公司及其在沙特阿拉伯商业行为的指控”开展刑事调查。[163]

2012年，议员斯蒂芬·庞德（Stephen Pound）要求英国国防部解释其反贿赂程序。国防部负责国际安全战略事务的政务次官杰拉尔德·豪沃思（Gerald Howarth）回复道：

“国防部致力于预防、阻止和查处贿赂行为。

> 因此，如同国防部监督的其他合同一样，国防部沙特阿拉伯武装部队项目办公室监督的合同也必须遵循相同的程序和流程。此外，作为对供应商程序和价格核查工作的一部分，沙特阿拉伯武装部队项目办公室的高级官员在沙特阿拉伯政府支持下，要求项目主承包商承诺已根据英国司法部公布的详细指南制定了防贿赂程序。”[164]

178 这个答复引人深思。在豪沃思作出这个回应之前，英国宇航系统公司由于在鸽子军购项目上向美国当局提供误导性陈述而被定罪，被罚款 4 亿美元。然而，英国国防部似乎并没有在英国公司被定罪之后或“国际旅行者公司”为沙特阿拉伯高官输送利益的项目曝光之后，对数十年来一直依赖承包商“承诺”的政策开展认真审查。这表明与数十年前相比，国防部对贿赂的重视程度并没有太大提高。

虽然英国政府可对本国企业的海外贿赂行为提起诉讼，但在这项管辖权赋予英国政府之后的十年间，因海外贿赂而被定罪的英国企业少之又少。在调查署即将结束对 GPT 公司的调查之际，英国政府在反贿赂领域的公信力也将面临真正的考验。

沙特阿拉伯王室会再次威胁英国政府吗？英国国防部会像对待鸽子军购案那样竭力阻止调查吗？调查署能够提起诉讼吗？

结　论 179

英国驻马来西亚高级专员埃里克·诺里斯爵士曾在1976年写道："国防销售为世界各地的无原则之人提供了诱人的机遇。"[1]在我看来，本书审视的英美军火交易案例虽然难免存在不完整的文件证据，但均可证明这一说法至今依然成立。

关于任何非法活动普遍程度的统计数据肯定是不确切的，但2000年，美国贸易促进协调委员会称，其在1994年年中至1999年4月收到的贿赂报告中，约有一半涉及军火交易。[2]看来，正如乔·罗伯（Joe Roeber）所说，军火交易是"所有合法交易中最腐败的"。[3]"追踪国际"这个非政府组织回顾了1997年至2011年的国际反腐败执法活动（以美国为主），发现"航空航天/国防/安全"领域的执法行动数量仅次于"采掘业"。[4]

因此，几乎可以肯定，军火交易腐败在当今世界普遍存在，你可能会问，问题出在哪里？

许多英国政府官员虽不喜欢腐败，但未必认为腐败必然有害。以詹姆斯·克雷格为例，他曾在1967年至1970年在英国驻沙特阿拉伯大使馆担任威廉·莫里斯大使的副手，后来在1979年至1984年担任英国驻沙特阿拉伯大使。与莫里斯一样，他也厌恶沙特阿拉伯军火交易中的腐败，并希望彻底规避腐败，但他担任大使期间曾对伦敦方面表示：[5]

> “这里遵循特殊的腐败体系，很难看到任何腐败者受到惩处。六家公司竞标一份合同，每家公司都在报价中为中间人设定了一定的比例。至于合同给谁，要么凭实力，要么该轮到某个中间人获得好处了。所有公司都在平等的基础上竞争。对他们来说，给中间人提供的佣金不值一提，因为如果他们没有赢得合同，就不用付钱，如果赢得了合同，会由别国政府付钱，因为报价被抬高了。如此一来，钱就从政府手里转到了中间人手里，中间人变得富有之后，又让其他人（经理人、办事员、司机、仆人、随从、客户）过得更好。这是一种非结构性的社会福利，但这不适合我们，因为我们有西方的良知和标准。”

180 他写道：“在阿拉伯地区，腐败并不像在西方那样被视为令人发指的罪行。”我之所以单独挑出克雷格的评论，是因为这反映了许多英国人对于调查署停止鸽子军购案调查的思考方式。

在重大腐败案件中，受贿人背叛了自己的国家。即便在沙特阿拉伯这类没有直接税收的、富裕的波斯湾产油国，通过腐败手段转入私囊的巨额收入原本可以用于造福本国人民。此外，虽然海湾国家已经富裕了几十年，石油收益在大多数海湾国家贡献了一半以上的政府收入，但人们很容易忘记的一点是，石油储量是有限的。[6]因此，对这些国家的人民而言，腐败导致的收入流失是一种永久性的损失。

在许多自然资源不那么丰富的国家，腐败直接造成了庞大的人力成本。比如，南非政府曾在 1999 年声称，第九章描述的那笔军火交易将耗资 50 亿美元，[7]但与此同时，南非总统塔博·姆贝基（Mbeki Thabo）竟然宣称南非政府无力为 500 多万名艾滋病毒感染者提供抗逆转录病毒药物。[8]哈佛大学的一项研究估计，[9]从 2000 年至 2005 年，超过 33 万名南非人因无力承担抗艾滋病毒治疗费用而死亡。该研究进一步估计，药物匮乏还导致 35000 名婴儿出生时携带艾滋病毒。最终，南非政府同意为抗艾滋病毒治疗提供补贴，但到 2008 年，南非政府在军火交易上的支出仍然是抗艾滋病毒治疗补贴支出的 7. 63 倍。[10]

从 2000 年到 2008 年，军火交易支出超过了南非的住房建设预算，相当于教育预算的 64% 和卫生预算的

84%。[11]这是对南非人民的严重背叛，因为南非人民曾期待自己的生活在后种族隔离时代得到改善。

181 重大腐败还为其他腐败奠定了基调，从而对小型腐败，或者说对“中低层公职人员在与普通民众的日常交往中滥用权力”产生了一种鼓励或合理化效应。[12]劳伦斯·科克罗夫特（Laurence Cockcroft）在其著作《全球腐败：现代世界中的金钱、权力和道德》中阐述了腐败对发展中国家普通人的日常生活产生的深远而恶劣的影响。[13]

很多西方人认为腐败在发展中国家被视为生活方式的一部分，但这种看法是一种没有证据支持的、自私懒惰的陈词滥调。20 世纪 70 年代中期，大多数发展中国家都有禁止腐败的法律，就连沙特阿拉伯也在 1968 年、1975 年和 1978 年颁布了禁止腐败的法令。如果这些国家的精英阶层认为本国人民可以接受腐败，那他们为何还要出台这些腐败禁令呢？为什么发展中国家的精英阶层总是煞费苦心地隐瞒自己的腐败行为？

大多数英国外交官都清楚真实的公众舆论是什么样子。莫里斯大使在 1970 年写道，如果沙特阿拉伯爆发革命，那么他“确信革命者最感兴趣、最迫切了解的就是过去的军火交易及相关腐败”。[14]他形容腐败是“政权的定时炸弹”。

有些英国人认为，英国公司虽然在海外行贿，却“很难说会对谁造成伤害”。然而，试想一下，持有这种观点的英国人能够接受以下情形吗？假设洛克希德·马丁公司为了向英国军队出售 F-35 联合攻击战斗机，为英国皇家空军司令设立了每年 800 万英镑的贿赂基金，并在 20 年的合同期内持续运作。英国人能心平气和地看待此事吗？如果美国人说腐败是无害的，美国需要这笔交易提供的高科技工作岗位，那么英国人会接受吗？那些认为大公司海外贿赂行为无害或不重要的观点显然是虚伪的，没有任何可信度和真实性。

很多类似的书籍都能详细描述一个重要的问题，但通常很难提出令人信服的解决方案或替代方案。我们可以从需求和供给两个方面去解决贿赂问题。

但我们必须接受的事实是，腐败永远无法根除。它就像入室盗窃以及其他形式的盗窃一样，一直伴随我们。对很多人来说，背叛总是蕴含诱惑。巨大的诱惑，尤其是高级职位和巨额资金带来的诱惑，会提高一个人背叛的可能性。没有任何法律或其他举措能够改变这一现实。但就像对待入室盗窃一样，为了尽量削弱这种极具破坏性的不端行为的普遍性和影响，制定法律、制度和文化以维护人类利益是至关重要的。

由于人性无法改变，仅仅从需求方面入手，还不足 182
以显著减少军火或其他领域国际贸易的贿赂现象。“国防与安全计划”等推动的技术措施，旨在降低采购国政府内部腐败的风险。[15]这些措施是有用的，应该得到全力支持，但仅凭这些措施可能不会产生太大影响。虽然发展中国家当前的民主化趋势值得欣喜，但我们也不应该认为民主化会自动减少腐败行为。

因此，对腐败的供给方采取行动至关重要。我希望本书已经清楚地表明一点，即公司之所以会支付贿赂，是因为他们被大合同诱惑，而且查处海外腐败行为的法律或执法效率太低，甚至完全空白。在英美这种民主国家，政府会努力避免卷入腐败，因为他们要对立法机构负责，而立法机构在一定程度上要对公众舆论作出回应。相比之下，大公司只需对股东负责，而实际控股的只是个别人。

我们不应认为依靠企业自愿恪守商业道德的政策能解决贿赂问题。1978 年，英国宇航公司董事长弗兰克·贝斯维克勋爵（Frank Beswick）向英国工业部递交了一份关于商业道德的声明，宣称："在任何情况下，公司都不会容忍腐败行为，包括公司员工向政党、政府官员或客户高管支付款项或提供其他利诱。"[16]我希望本书能为读者提供评估此类声明有效性所需的证据。

要从供给方着手开展有效的反腐行动，首先需要进口国制定严格的法律，但更重要的是出口国也要这么做。这虽然无法彻底解决问题，但会有所裨益。1974 年洛克希德公司的丑闻导致美国通过了《反海外腐败法》，但 20 世纪 80 年代末，这个公司依然在埃及行贿。

183 至少洛克希德公司被抓住了，并受到了惩罚。法律确实无法根除贿赂，这一事实并不能成为不出台有效法律的理由。只有颠倒是非的人才会说，因为英国仍然存在入室盗窃，所以我们就应该减少或放弃惩罚入室盗窃的法律。

同样重要的是，所有国家都要执行反贿赂法律。经合组织反贿赂工作组必须在很大程度上依靠对《反贿赂公约》缔约国履约情况的同行审议和监督，向各缔约国施压，使其通过并执行有效的反贿赂法律。在该工作组2011年发布的年度报告中，经合组织秘书长称《反贿赂公约》“相当有效”。[17]在最初的12年中，14个国家判定90家公司和约210人犯有贿赂罪。截至2011年底，26个国家正在调查约300起海外贿赂案件。

遗憾的是，尽管经合组织反贿赂工作组的同行审议和监督工作极为重要，并促成了许多有价值的变革，但经合组织的现有法规仍然无法确保《反贿赂公约》在各国得到同等程度的实施和执行。2011年，经合组织总结了各国自1998年以来为实施和执行《反贿赂公约》而采取的措施。对比一下美国和英国的报告就能发现问题。美国的报告长达136页，而英国的报告仅有5页。看来，要使《反贿赂公约》更加有效，还需要采取其他手段，使那些没有完全遵守《反贿赂公约》的国家受到真正的制裁。

另一个执法要求是，必须让那些被判犯有腐败或与腐败相关罪行的公司面临严厉处罚。英国宇航系统公司由于在捷克、匈牙利和沙特阿拉伯存在贿赂行为，被美国司法部罚款 4 亿美元，被美国国务院罚款 7900 万美元。在英国，该公司因其在坦桑尼亚的贿赂行为仅被罚款 50 万英镑，另外只需向坦桑尼亚政府支付 2950 万英镑的惠给金。2010 年，该公司的军事合同收入超过 330 亿美元，遭到的罚款总额略高于 5 亿美元，虽然金额不算小，但也算不上严重的财务问题，只是略高于这一年军事合同收入的 1.5%。[18]此外，该公司在其最有利可图的两大市场——英国和美国，根本没有被排除在公共采购过程之外（当然，在沙特阿拉伯也没有被排除）。

184 公司因腐败或与腐败有关的犯罪而遭到处罚之后，不能仅仅视为一种可以抵消或管控的商业风险。个人被判刑之后会重创其未来的就业和其他前景，同样，对公司的处罚也要重创其当前的财务健康状况或在未来一定时期内赢得订单的机会。如果出现腐败情况，有罪的公司高管就不太可能保住自己的工作或找到其他高管职位，只有这样他们才有保持清廉的强大动力。

透明度是另一个关键问题。军火交易等领域腐败猖獗的一个原因是业务保密性强。这在很大程度上得益于离岸金融体系，该体系甚至连执法人员都很难参透，其中很大一部分位于与英国有关联的司法管辖区。英国极不愿意破坏这一离岸体系，因为巨额离岸资金对英国经济非常重要。比如，科克罗夫特指出，英国财政部在 2009 年发布了一份报告，估计英国的自治领地“在 2009 年第二季度向英国的银行提供了 3325 亿美元的净融资”。[19]我们可以想象，如果英国采取了一些必要的改革，使执法机关能够像在英国或美国国内那样容易调查离岸司法管辖区的金融犯罪，那么必然会降低离岸司法管辖区对非法资金的吸引力。因此，在离岸金融中心的资金流动对英国金融体系的重要性降低之前，很难看到英国政府取消对离岸体系的保密性。

提高透明度不仅能使海外行贿的公司更容易被定罪，还能使追回贿赂所得变得更简单。目前，一些国家的官员及其同伙之所以敢向外国公司索贿，是因为他们知道即便公司被判行贿罪，他们大概率能够继续保留非法所得。然而，大部分贿款支付出去之后，都存入了经合组织成员国的金融体系之中，或存放在经合组织国家管辖范围内的离岸秘密司法管辖区（因为在西方或亲西方的司法管辖区，法律环境更加稳定，大多数富人偏爱在这种环境下持有资金）。如果提高透明度使得追回贿赂所得变得更容易，那么对外国统治者、政客、官员及其同伙来说，索贿的吸引力就会降低。

毫无疑问，50 年来，英国还是取得了很多进步。如 185
今，英国政府不再亲自积极助推军火交易腐败，而且现有反贿赂法律的严格程度位列世界前茅。这些变化主要是由外部压力造成的，不能归功于英国政府真正希望根除腐败。

有罪不罚和秘密性是两个仍需克服的关键问题。因此，尽管英国军火公司如今宣称已经进行了改革，腐败问题已经成为过去，但我们才刚刚走上大幅减少军火交易腐败的道路。各国需要加大执法力度，并对行贿公司作出真正具有惩戒性和威慑力的处罚。但为了协助这些执法工作，需要改革离岸金融体系。要实现这些目标并非易事，可能需要很多年。

注　释

Where Uniform Resource Locators (website addresses) are given, all were last accessed on 27 February 2013. 186

前言

1. Frank Vogl, *Waging War on Corruption: Inside the Movement Fighting the Abuse of Power*, Plymouth: Rowman & Littlefield, 2012, p. 114.

2. OECD, *Corruption: A Glossary of International Standards in Criminal Law*, Paris: OECD, 2008, pp. 34-6.

3. OECD, *Corruption*, op cit., p. 22.

4. http://www.transparency.org/whoweare/organisation/faqs_on_corruption.

5. Department of Justice, Press Release, 1 March 2010.

6. Rachel Stohl and Suzette Grillot, *The International Arms Trade*, Cambridge: Polity Press, 2009, p. 17.

7. Ibid., p. 34.

8. Ibid., pp. 18-20.

9. Ibid., p. 14.

10. Anthony Sampson, *The Arms Bazaar: The Companies, the Dealers, the Bribes: From Vickers to Lockheed*, Sevenoaks: Hodder and

Stoughton, 1983.

11. Ibid., p. 54.

12. 'Witness Statement of Joe Roeber', paragraphs 47-51, *Gilby* v *IC* [2008] UKIT EA_2007_0071.

13. *Gilby* v *IC* [2008] UKIT EA_2007_0071.

14. At the end of the 1980s, the Foreign and Commonwealth Office received around 40,000 secret reports per year, two thirds from GCHQ and one third from SIS (Richard Norton-Taylor, *Truth is a Difficult Concept: Inside the Scott Inquiry*, London: Fourth Estate, 1995, p. 100). Frank Brenchley, who was the Head of the Arabian Department at the Foreign and Commonwealth Office from 1963 to 1967 and Assistant Under Secretary for the Middle East from 1967 to 1969, confirmed that 'quite often' the SIS and GCHQ provided 'extremely valuable information' about Middle Eastern Governments (Frank Brenchley, Britain, *The Six-Day War and Its Aftermath*, London: I.B.Tauris, 2005, p. xxii).

15. Lockheed Aircraft Corporation, *Report of the Special Review Committee of the Board of Directors Lockheed Aircraft Corporation*, Burbank: Lockheed Aircraft Corporation, 1977, p. 14.

16. Ibid.

187 **第一章**

1. M.C.G. Man to M. Stewart, 'Mr. Man's First Impressions on returning to Saudi Arabia', 15 March 1965, FO 371/179885, The National Archives (hereafter TNA).

2. C. T. Crowe to A. F. Douglas-Home, 22 July 1963, FO 371/168869, TNA.

3. M.C.G. Man to M. Stewart, 'Mr. Man's First Impressions on returning to Saudi Arabia', 15 March 1965, FO 371/179885, TNA.

4. C.T. Crowe to R.A. Butler, 'Sir Colin Crowe's Valedictory Despatch', 14 October 1964, FO 371/174676, TNA.

5. W. Morris to A.F. Douglas-Home, 'On leaving Saudi Arabia', 13 May 1972, FCO 8/1907, TNA.

6. C. T. Crowe to A. F. Douglas-Home, 30 June 1963, FO 371/168869, TNA.

7. C.T. Crowe to A.F. Douglas-Home, 31 August 1963, FO 371/168869, TNA.

8. C. T. Crowe to A. F. Douglas-Home, 30 June 1963, FO 371/168869, TNA.

9. Gerald De Gaury, *Faisal*: *King of Saudi Arabia*, Louisville: Fons Vitae, 2007, p. 95.

10. Frank Brenchley, *Britain and the Middle East*: *An Economic History*, 1945–87, London: Lester Crook Academic Publishing, 1989, p. 82.

11. C. T. Crowe to A. F. Douglas-Home, 30 June 1963, FO 371/168869, TNA.

12. M.C.G. Man to M. Stewart, 'Mr. Man's First Impressions on returning to Saudi Arabia', 15 March 1965, FO 371/179885, TNA.

13. 'Third Report of the British Military Mission to the Saudi Arabian National Guard', FCO 8/783, TNA.

14. A.J.M. Craig to M. Stewart, 'The Jedda Scene', 31 July 1969, FCO 8/1203, TNA.

15. C.T. Crowe to R.A. Butler, 'Sir Colin Crowe's Valedictory Despatch', 14 October 1964, FO 371/174676, TNA.

16. JIC(65)90 (Final), 9 May 1966, CAB 158/60, TNA.

17. H. R. Hubert to D. N. Brinson, 2 February 1967, FCO 46/190, TNA.

18. *Daily Express*, 25 July 1966 and R. Stevens to Arabian Department, 7 August 1963, FO 371/168887, TNA.

19. G.E. Knight to G. Edwards, 17 February 1964, SC/MSS/165/1/2/1/9, Caldecote Papers, The Institution for Engineering and Technology (hereafter IET).

20. G. Edwards to P.A.R. Carrington, 24 August 1971, DEFE 13/649, TNA.

21. Alan Whicker, *Journey of a Lifetime*, London: HarperCollins, 2009, pp. 172–3.

22. E. Carr, 'Middle East Report No.2/64. Saudi Arabia', 19 June 1964, SC/MSS/165/1/2/1/9, Caldecote Papers, IET.

23. M. A. Marshall to F. C. Mason, 15 May 1963, FO 371/168882, TNA.

24. Ibid.

25. R. Stevens to Arabian Department, 7 August 1963, FO 371/168887, TNA.

26. R.S. Crawford to Arabian Department, 29 June 1962, FO 371/163018, TNA.

188 27. M.A. Marshall, 'Conversation with Mr. Samson and Mr. Pett-Ridge of B.A.C.', 16 May 1963, FO 371/168886, TNA.

28. L.A. Sanson to F.W. Higginson, 12 August 1963, SC/MSS/165/1/2/1/9, Caldecote Papers, IET.

29. *Who's Who in Saudi Arabia* 1983-84: *Third Edition*, Jeddah: Tihama, 1983-1984, p. 249.

30. L.A. Sanson to F.W. Higginson, 12 August 1963, SC/MSS/165/1/2/1/9, Caldecote Papers, IET.

31. Ibid.

32. Ibid.

33. Ibid.

34. G.E. Knight to Prince Sultaan, 28 August 1963, SC/MSS/165/1/2/1/9, Caldecote Papers, IET.

35. W. Morris to M. Stewart, 'Saudi Arabian Foreign Policy', 10 April 1969, FCO 8/1172, TNA.

36. M.C.G. Man to M. Stewart, 'Mr. Man's First Impressions on returning to Saudi Arabia', 15 March 1965, FO 371/179885, TNA.

37. De Gaury, op cit., p. 95.

38. F. Legh to D.I. Morphet, 'King FAISAL bin Abdul Aziz', 20 June 1967, FCO 8/821, TNA.

39. De Gaury, op cit., p. 96.

40. C. T. Crowe to A. F. Douglas-Home, 31 July 1963, FO 371/168878, TNA.

41. L. A. Sanson to Lord Caldecote, 12 December 1963, SC/MSS/165/1/2/1/9, Caldecote Papers, IET.

42. ' Record of Conversation. Arms for Saudi Arabia', 12 February 1964, FO 371/174682, TNA.

43. C. T. Crowe, ' Lightning', 9 February 1964, FO 371/174682, TNA.

44. ' Record of Conversation. Arms for Saudi Arabia', 12 February 1964, FO 371/174682, TNA.

45. A. G. Duguid to Lord Caldecote, 11 February 1964, SC/MSS/165/1/2/1/9, Caldecote Papers, IET.

46. G.E. Knight to G. Edwards, 17 February 1964, SC/MSS/165/1/2/1/9, Caldecote Papers, IET.

47. Ibid.

48. ' Report on a Visit to Saudi Arabia by the Sales and Service Director 8th to 13th, March 1965.', SC/MSS/165/1/2/1/9, Caldecote Papers, IET.

49. L.A. Sanson to F.W. Higginson, 12 August 1963, SC/MSS/165/1/2/1/9, Caldecote Papers, IET.

50. ' Saudi Arabia Report No. 10', 18 October 1967, SC/MSS/165/1/2/1/3, Caldecote Papers, IET.

51. W. Morris to D. J. McCarthy, 7 November 1968, FCO 8/1190, TNA.

52. G. Edwards to A.G. Duguid, 7 August 1964, SC/MSS/165/1/2/1/9, Caldecote Papers, IET.

53. ' Re – amended Statement of Claim', paragraph 1, *Geoffrey* 189
Edwards v *Associated Electrical Industries Ltd* (*hereafter Edwards* v *AEI*), 8 March 1974, FCO 8/2347, TNA.

54. ' Statement of Claim', paragraph 3, *Abdul Rahman Bin Abdul Aziz Al Saud* v. *Associated Electrical Industries Ltd* (*hereafter Abdul Rahman* v *AEI*), 6 October 1970, FCO 8/2347, TNA.

55. Ibid.

56. Airwork, ' Air Defence Project. Building Requirement', 22 No-

vember 1966, SC/MSS/165/1/2/1/3, Caldecote Papers, IET.

57. G.M. Hobday, ‘Visit Report’, 24 December 1965, SC/MSS/165/1/2/1/9, Caldecote Papers, IET.

58. C. T. Crowe, ‘Lightning’, 9 February 1964, FO 371/174682, TNA.

59. G. Edwards to A.G. Duguid, 7 August 1964, SC/MSS/165/1/2/1/9, Caldecote Papers, IET.

60. Jedda Telegram No.306 to Foreign Office, 11 May 1964, FO 371/174683, TNA.

61. A.G. Duguid to B. Cookson, 17 June 1964, SC/MSS/165/1/2/1/9, Caldecote Papers, IET.

62. Ibid.

63. B. Cookson to A.G. Duguid, 18 June 1964, SC/MSS/165/1/2/1/9, Caldecote Papers, IET.

64. A.G. Duguid to B. Cookson, 17 June 1964, SC/MSS/165/1/2/1/9, Caldecote Papers, IET.

65. G. Edwards to Lord Caldecote, 15 March 1964, SC/MSS/165/1/2/1/9, Caldecote Papers, IET and G. Edwards, ‘Report. Position in Saudi Arabia as at 30th January 1965’, FO 371/179888, TNA.

66. G. Edwards, ‘Report. Position in Saudi Arabia as at 30th January 1965’, FO 371/179888, TNA.

67. G. Edwards to A.G. Duguid, 7 August 1964, SC/MSS/165/1/2/1/9, Caldecote Papers, IET.

68. *Foreign Relations of the United States*, 1964–1968: *Volume XXI*, *Near East Region*; *Arabian Peninsula*, *Washington*: US Government Printing Office, 2000, Document 240, p. 464.

69. Lord Caldecote to N. Marten, 7 November 1963, FO 371/168898, TNA.

70. G. Edwards, ‘Report. Position in Saudi Arabia as at 30th January 1965’, FO 371/179888, TNA.

71. Ibid.

72. G.M. Hobday to F.W. Page, 11 March 1965, SC/MSS/165/1/2/

1/9, Caldecote Papers, IET.

73. Ibid.

74. G.M. Hobday to Lord Caldecote, 3 March 1965, SC/MSS/165/1/2/1/9, Caldecote Papers, IET.

75. G.M. Hobday to F.W. Page, 5 April 1965, SC/MSS/165/1/2/1/ 190
9, Caldecote Papers, IET.

76. 'The Anglo-American Arms Deal: A Chronological Summary', FO 371/185493, TNA.

77. H.A. Copeman to A.J. Gower Isaac, 10 February 1966, T 225/2004, TNA.

78. 'Statement of Claim', paragraph 11, *Abdul Rahman* v *AEI*, 6 October 1970, FCO 8/2347, TNA.

79. M. C. G. Man to M. Stewart, 13 December 1965, FO 371/179886, TNA.

80. W. Morris to H. J. L. Suffield, 11 February 1970, FCO 8/1498, TNA.

81. John Stonehouse, *Death of an Idealist*, London: W.H. Allen, 1975, p. 48.

82. Ibid., p. 49.

83. Foreign Office Telegram No.728 to Jedda, 31 July 1964, FO 371/174683, TNA.

84. D.W. Healey to Prince Sultan, 23 December 1964, FO 371/174683, TNA.

85. Stonehouse, op cit., pp. 52-3.

86. Ibid., p. 50.

87. Ibid., p. 53.

88. R. Jenkins to H. Wilson, 24 November 1965, T 312/1135, TNA.

89. H. Wilson to R. Jenkins, 24 November 1965, T 312/1135, TNA.

90. Stonehouse, op cit., p. 77.

91. J. W. Adderley to J. P. Sheen, 19 December 1966, FCO 8/792, TNA.

92. R.J. Raff to F.W. Higginson, 1 July 1965, SC/MSS/165/1/2/1/

9, Caldecote Papers, IET.

93. GEN 90(78)1, 23 February 1978, CAB 130/1016, TNA and M. J. Kerry to F.R. Mingay, 3 March 1978, PJ 1/55, TNA. As explained in Chapter 9, this view of the Prevention of Corruption Act 1906 differed from that given by the British Government to the OECD in the 2000s. However, what matters here is how the law was perceived at around the time Edwards was making payments.

94. Patrick Bannerman of the Foreign and Commonwealth Office saw the documents showing which 'influential Saudis' Edwards had paid money to. See J.P. Bannerman to T.J. Clark, 27 June 1975, FCO 8/2586, TNA.

95. H.J. Lee, 'Development of a Saudi Arabian Navy, Brief for Chairman', July 1968, File 871, Vickers Archive, Cambridge University Library (hereafter VA).

96. L. Redshaw to Messrs G. Gatti & Co., 24 July 1968, File 871, VA.

97. L. Redshaw to H.E. Bell, 1 August 1968, File 871, VA.

98. H.E. Bell to L. Redshaw, 13 August 1968, File 871, VA.

99. H.E. Bell to L. Redshaw, 14 August 1968, File 871, VA.

100. Wingetac Telex No.567 to L. Redshaw, 15 August 1968, File 871, VA.

101. L. Redshaw to R.P.H. Yapp, 20 August 1968, File 871, VA.

102. P. Sabersky to R.P.H. Yapp, 23 August 1968, File 871, VA.

103. L. Redshaw to Dr Erwin Haymann, 2 September 1968, File 871, VA.

104. 'The Royal Saudi Arabian Navy', NISUM N/7484/73, DEFE 63/25, TNA.

191 105. United States Senate, *Hearings before the Subcommittee on Multinational Corporations of the Committee on Foreign Relations*, 94*th Congress.*, 2*nd Session.*, *Part* 14, Washington: U.S. Government Printing Office, 1976, p. 91.

106. Ibid.

107. David Boulton, *The Lockheed Papers*, London: Jonathan Cape,

1978, p. 7.

108. United States Senate, *Hearings*, 94*th Congress.*, 2*nd Session.*, *Part* 14, op cit., pp. 343-7, 349-50 and 353.

109. Ibid.

110. Report by Commissie van Drie, 26 August 1976, Chapter 2, p. 11, FCO 33/3014, TNA.

111. Mark Phythian, *The Politics of British Arms Sales Since* 1964, Manchester: Manchester University Press, 2000, p. 3.

112. Ibid., p. 61.

113. *Export of Defence Equipment*: *Report of an Inquiry by Sir Donald Stokes*, 12 November 1965, Appendix A, AVIA 65/1690, TNA.

114. 'Note of a Meeting between The Minister (RAF) and Sir Donald Stokes on 7th July', WO 32/21301, TNA.

115. 'Extract from minutes of Defence Perm Sec's mtg. on 14 July 1965', AVIA 65/1690, TNA.

116. *Export of Defence Equipment*: *Report of an Inquiry by Sir Donald Stokes*, 12 November 1965, p. 10, AVIA 65/1690, TNA.

117. Ibid., p. 35.

118. *Hansard*, House of Commons, Vol. 723, 1965-66, 25 January 1966, Col. 64.

119. P.H. Gore-Booth to All Heads of Mission in Foreign Countries, 27 October 1966, DEFE 13/509, TNA.

第二章

1. M.S. Weir to J.M. Brown, 26 May 1965, FO 371/179889, TNA.

2. D. I. Morphet to J. M. Brown, 11 August 1965, FO 371/179890, TNA.

3. J. M. Brown to D. I. Morphet, 25 August 1965, FO 371/179890, TNA.

4. C. D. Wiggin to W. Morris, 13 March 1965, FO 371/180660, TNA.

5. H. R. Hubert to I. R. Courtney, 5 March 1965, FO 371/

180660, TNA.

6. Ibid.

7. Ibid.

8. W. Morris, 'Appointment of a Lebanese agent to sell British Arms in the Middle East', 17 March 1965, FO 371/180660, TNA.

9. H. R. Hubert to W. Morris, 24 March 1965, FO 371/180660, TNA.

10. C. D. Wiggin to W. Morris, 10 April 1965, FO 371/180660, TNA.

11. R. S. Crawford to H. A. Caccia, 18 March 1965, FO 371/180660, TNA.

12. W. Morris to C. D. Wiggin, 8 October 1965, FO 371/180660, TNA.

13. D. N. Brinson to L. C. W. Figg, 18 January 1967, FCO 46/190, TNA.

192 14. H. R. Hubert to D. N. Brinson, 2 February 1967, FCO 46/190, TNA.

15. L. C. W. Figg to D. N. Brinson, 22 February 1967, FCO 46/190, TNA.

16. C. Hewertson to J.A. Patterson, 4 May 1967, T 225/2918, TNA.

17. 'Agents', DEFE 68/96, TNA.

18. J. Moreton to J. Patterson, 5 September 1967, T 225/2918, TNA.

19. R. F. Brown to D. W. Healey, 15 October 1969, DEFE 23/68, TNA.

20. 'Agreement between the United Kingdom Ministry of Defence (Directorate of Army Sales) and The Commercial and Industrial Company Limited, Amman, represented by Mr Shehadah Twal', 24 November 1969, DEFE 68/96, TNA.

21. T. E. Nissen to C. Hewertson, 4 August 1969, DEFE 68/96, TNA.

22. Ibid.

23. R. F. Brown to D. W. Healey, 15 October 1969, DEFE 23/

68, TNA.

24. T. E. Nissen to H. R. Hubert, 4 December 1970, DEFE 68/96, TNA.

25. T.E. Nissen to H.R. Braden, 10 July 1972, DEFE 68/96, TNA.

26. C.D. Wiggin to W. Morris, 10 April 1965, FO 371/180660, TNA.

27. Memorandum, 'Visit to Saudi Arabia by Commander R.G. Gaunt, DSC, RN. 5th–13th April 1968', FCO 8/787, TNA.

28. Ibid.

29. 'Country Assessment Sheet. Lebanon', June 1971, FCO 17/1446, TNA.

30. C.E. King to M. Stewart, 'Lebanon: Annual Review for 1969', 5 February 1970, FCO 17/1104, TNA.

31. P.H.G. Wright to A.F. Douglas-Home, 'First Impressions of Lebanon', 4 March 1972, FCO 17/1711, TNA.

32. D. A. Keown-Boyd to R. Y. Birley, 4 June 1971, FCO 17/1450, TNA.

33. C.E. King to J.P. Tripp, 1 April 1970, FCO 17/1119, TNA.

34. D. A. Keown-Boyd to R. Y. Birley, 4 June 1971, FCO 17/1450, TNA.

35. C.E. King to J.P. Tripp, 1 April 1970, FCO 17/1119, TNA.

36. D. A. Keown-Boyd to R. Y. Birley, 4 June 1971, FCO 17/1450, TNA.

37. J.A. Davidson to T.L. Crosthwait, 10 December 1968, FCO 8/1200, TNA.

38. D. A. Keown-Boyd to R. Y. Birley, 4 June 1971, FCO 17/1450, TNA.

39. Beirut Telegram OYO/052 to Ministry of Defence, 11 February 1971, FCO 17/1449, TNA.

40. H. R. Hubert, 'Visit to Beirut 13 – 18 February 1971', 19 February 1971, FCO 17/1449, TNA.

41. Ibid.

42. D. A. Keown-Boyd to R. Y. Birley, 4 June 1971, FCO 17/

1450, TNA.

43. Ibid.

44. H. R. Hubert, 'Visit to Beirut 13 – 18 February 1971', 19 February 1971, FCO 17/1449, TNA.

45. H. R. Hubert to V. E. Beckett, 25 March 1971, FCO 17/1449, TNA.

46. H.R. Hubert to S.A.R. Cawston, 24 February 1971, FCO 17/1449, TNA.

47. H. R. Hubert to V. E. Beckett, 25 March 1971, FCO 17/1449, TNA.

193 48. A.J. Sindall to V.E. Beckett, 21 May 1971, FCO 17/1449, TNA.

49. Beirut Telegram OYQ/EBR 188 to Ministry of Defence, 5 June 1971, FCO 17/1449, TNA.

50. H.R. Hubert to APS/Minister of State (DP), 21 June 1971, FCO 17/1450, TNA.

51. D. Sales(1), 'Visit to the Lebanon 16–20 May 1971', FCO 17/1449, TNA.

52. Coopers & Lybrand, 'Interim Report on Millbank Technical Services Limited', March 1975, p. 3, CAOG 18/676, TNA.

53. R. F. Brown to D. W. Healey, 15 October 1969, DEFE 23/68, TNA.

54. D. A. Keown-Boyd to J. A. Kershaw, 27 July 1971, FCO 17/1450, TNA.

55. H.R. Hubert to APS/Minister of State (DP), 21 June 1971, FCO 17/1450, TNA.

56. Ministry of Defence Telegram DIG OYQ to Beirut, 13 August 1971, FCO 17/1450, TNA.

57. Beirut Telegram OYQ 234 to Ministry of Defence, 5 August 1971, FCO 17/1450, TNA.

58. Ministry of Defence Telegram DIG OYQ to Beirut, 13 August 1971, FCO 17/1450, TNA.

59. Beirut Telegram OYQ to Ministry of Defence, 15 August 1971,

FCO 17/1450, TNA.

60. Ministry of Defence Telegram DIG OYQ to Beirut, 13 August 1971, FCO 17/1450, TNA.

61. Beirut Telegram No.414 to Foreign and Commonwealth Office, 21 September 1971, FCO 17/1451, TNA.

62. Beirut Telegram No.434 to Foreign and Commonwealth Office, 28 September 1971, FCO 17/1451, TNA.

63. Beirut Telegram OYQ303 to Ministry of Defence, 4 October 1971, FCO 17/1451, TNA.

64. B. G. Dove to H. J. L. Suffield, 18 October 1971, FCO 17/1451, TNA.

65. Beirut Telegram OYQ 348 to Ministry of Defence, 5 November 1971, FCO 17/1451, TNA.

66. Beirut Telegram OYQ 361 to Ministry of Defence, 25 November 1971, FCO 17/1451, TNA.

67. Beirut Telegram to Ministry of Defence, 29 November 1971, FCO 17/1451, TNA.

68. P. H. G. Wright to R. M. Evans, 4 December 1971, FCO 17/1451, TNA.

69. Beirut Telegram OYQ 389 to Ministry of Defence, 23 December 1971, FCO 17/1451, TNA.

70. I.R. Callan to V.E. Beckett, 22 July 1972, FCO 17/1714, TNA.

71. J. F. Doble to M. L. H. Hope, 18 December 1972, FCO 17/1714, TNA.

72. Beirut Telegram EDQ23 to Ministry of Defence, 19 January 1973, FCO 93/107, TNA.

73. P. H. G. Wright to A. D. Parsons, 28 March 1973, FCO 93/107, TNA.

74. Beirut Telegram No.727 to Foreign and Commonwealth Office, 11 194
October 1973, FCO 93/107, TNA.

75. Arms Working Party, 'Extract of Minutes of a Meeting held on Tuesday, 23rd July 1963', FO 371/168887, TNA.

76. War Office Telegram No. 927 to Jedda, 20 February 1964, FO 371/174682, TNA and Ministry of Defence Telegram ONR 0861 to Jedda, 3 June 1966, FO 371/185493, TNA.

77. Paris Telegram No.204 to Foreign Office, 27 February 1968, FCO 8/781, TNA.

78. T. N. Bromage to SO to MD/HDS, 3 May 1968, WO 32/20242, TNA.

79. Ministry of Defence Telegram OYQ to Jedda, 13 September 1968, FCO 8/782, TNA.

80. W. Morris to A. J. D. Stirling, 6 November 1968, FCO 8/1187, TNA.

81. A. J. M. Craig to W. H. Fullerton, 12 February 1969, FCO 8/1187, TNA.

82. A.J.D. Stirling to T.F. Brenchley, 'Tanks for Saudi Arabia', 19 December 1967, FCO 8/780, TNA.

83. J.H. Robbie to The Director of Procurement, Saudi Arabian Defence Forces, 11 March 1968, File 871, VA.

84. Memorandum, 'Prices of Vickers Offer for 175 Tanks', DEFE 68/136, TNA.

85. Jedda Telegram DA/83 to Foreign and Commonwealth Office, 22 April 1968, FCO 8/781, TNA.

86. J.H. Robbie to T.L. Rowan, 21 October 1968, File 871, VA.

87. B.S. Heath to J.H. Robbie, 'Visit to Saudi Arabia by Colonel B.S. Heath 4th–6th August 1968', 8 August 1968, File 871, VA.

88. D.J. McCarthy to R.A. Burroughs, 'Tanks for Saudi Arabia', 25 September 1968, FCO 8/782, TNA.

89. Jedda Telegram No.54 to Foreign Office, 24 January 1968, FCO 8/780, TNA.

90. Jedda Telegram No.624 to Foreign and Commonwealth Office, 17 October 1968, FCO 8/1187, TNA.

91. J.H. Robbie to T.L. Rowan, 21 October 1968, File 871, VA.

92. Jedda Telegram No.636 to Foreign and Commonwealth Office, 28

October 1968, FCO 8/1187, TNA.

93. D. J. McCarthy to W. Morris, 18 October 1968, FCO 8/1187, TNA.

94. W. Morris to D. J. McCarthy, 31 October 1968, FCO 8/1187, TNA.

95. B.S. Heath to T.L. Rowan, 'Visit to Saudi Arabia – 22nd to 26th September 1969. Report by Col. B.S. Heath', 29 September 1969, File 871, VA.

96. Ibid.

97. W.M. Wingate Gray to DIS, MoD, 10 December 1971, TNA, FCO 8/1754.

98. W.G. Neilson, 'Report for February/March 1970', 8 April 1970, FCO 8/1501, TNA.

99. W. Morris to H. J. L. Suffield, 11 February 1970, FCO 8/1498, TNA.

100. W. Morris to A. J. D. Stirling, 22 January 1969, FCO 8/1200, TNA.

101. W. Morris to R. McGregor, 16 February 1969, FCO 8/1191, TNA.

102. Author's calculations from *BP Statistical Review of World Energy* 195
June 2012, 'Oil Production – barrels (from 1965)'.

第三章

1. DO(O)(S)(64)13, 6 August 1964, CAB 148/8, TNA.

2. C. J. Treadwell to T. F. Brenchley, 2 October 1963, FO 371/168892, TNA.

3. Beirut Telegram PYO/189 to Ministry of Defence, 27 November 1968, FCO 8/1200, TNA.

4. R.F. Brown to T.F. Brenchley, 30 May 1968, FCO 8/788, TNA.

5. A.F. Douglas-Home to M.H. Macmillan, 10 May 1963, PREM 11/4447, TNA.

6. 'Report by Mr Symons', FO 371/174671, TNA.

7. Jedda Telegram No. 17 to Foreign and Commonwealth Office, 16 January 1969, FCO 8/1200, TNA and Foreign and Commonwealth Office Telegram No.14 to Jedda, 16 January 1969, FCO 8/1200, TNA.

8. Jedda Telegram No.53 to Foreign and Commonwealth Office, 2 February 1969, FCO 8/1200, TNA.

9. Ibid.

10. Jedda Telegram No.68 to Foreign and Commonwealth Office, 10 February 1969, FCO 8/1200, TNA.

11. W. M. L. Adler to H. R. Hubert, 11 February 1969, FCO 8/1200, TNA.

12. Bahrain Telegram No. 4 to Jedda, 18 February 1969, FCO 8/1200, TNA.

13. Annex C, W. Morris to A.D. Parsons, 4 August 1971, FCO 8/1753, TNA.

14. W. Morris to H. J. L. Suffield, 11 February 1970, FCO 8/1498, TNA.

15. W. Morris to D. J. McCarthy, 12 February 1969, FCO 8/1200, TNA.

16. Foreign and Commonwealth Office Telegram No.58 to Jedda, 24 February 1969, FCO 8/1200, TNA.

17. Ibid., and W.H. Fullerton to D.J. McCarthy, 5 March 1969, FCO 8/1200, TNA.

18. Foreign and Commonwealth Office Telegram No.58 to Jedda, 24 February 1969, FCO 8/1200, TNA.

19. Beirut Telegram No.97 to Foreign and Commonwealth Office, 19 February 1969, FCO 8/1200, TNA and Foreign and Commonwealth Office Telegram No.124 to Beirut, 7 March 1969, FCO 8/1200, TNA.

20. W. Morris to D. J. McCarthy, 12 February 1969, FCO 8/1200, TNA.

21. W. H. Fullerton to D. J. McCarthy, 5 March 1969, FCO 8/1200, TNA.

22. D.J. McCarthy to A.J.M. Craig, 8 July 1969, FCO 8/1200, TNA.

23. Ibid.

24. Ibid.

25. [CENSORED] to General Manager, Millbank Technical Services, 25 May 1970, FCO 8/1503, TNA.

26. D.J. McCarthy to A.J.M. Craig, 8 July 1969, FCO 8/1200, TNA.

27. Ibid. 196

28. H.St.J.B. Armitage to A.J.M. Craig, 17 July 1969, FCO 8/1200, TNA.

29. A.J.M. Craig to D.J. McCarthy, 7 August 1969, FCO 8/1198, TNA.

30. W.H. Fullerton to A.J.M. Craig, 14 August 1969, FCO 8/1187, TNA.

31. H.R. Hubert to W.G. Neilson, 29 September 1969, FCO 8/1195, TNA.

32. W. Morris to H.J.L. Suffield, 11 February 1970, FCO 8/1498, TNA.

33. H.St.J.B. Armitage to A.B. Milne, 6 November 1969, FCO 8/1999, TNA.

34. W. Morris to A.D. Parsons, 9 February 1972, FCO 8/1914, TNA.

35. H.St.J.B. Armitage to A.B. Milne, 6 November 1969, FCO 8/1999, TNA.

36. W.H. Fullerton to H.St.J.B. Armitage, 1 January 1970, FCO 8/1503, TNA.

37. W.H. Fullerton to H.St.J.B. Armitage, 11 February 1970, FCO 8/1502, TNA.

38. W.H. Fullerton to A.A. Acland, 23 February 1970, FCO 8/1502, TNA.

39. W.H. Fullerton to H.St.J.B. Armitage, 11 February 1970, FCO 8/1502, TNA.

40. A.A. Acland to W.H. Fullerton, 23 February 1970, FCO 8/1502, TNA.

41. A.A. Acland to W. Morris, 6 March 1970, FCO 8/1502, TNA.

42. Ibid.

43. Ministry of Defence Telegram 171350 MAR to Jedda, 17 March 1970, FCO 8/1502, TNA.

44. Foreign and Commonwealth Office Telegram No.116 to Jedda, 6 May 1970, FCO 8/1503, TNA and Letter D. G. H. Jarvis to [CENSORED], 4 June 1970, FCO 8/1503, TNA.

45. M.H. Tallboys to A.A. Acland, May 1970, FCO 8/1503, TNA.

46. Ibid.

47. H.J.L. Suffield to Private Secretary/P.A.R. Carrington, 3 March 1972, FCO 8/1914, TNA.

48. M.H. Tallboys to A.A. Acland, May 1970, FCO 8/1503, TNA.

49. Foreign and Commonwealth Office Telegram No.121 to Jedda, 11 May 1970, FCO 8/1503, TNA.

50. Letter D.G.H. Jarvis to [CENSORED], 4 June 1970, FCO 8/1503, TNA.

51. Letter D.G.H. Jarvis to I.A. Roberts, 15 June 1970, FCO 8/1503, TNA.

52. Letter A. A. Acland to W. Morris, 16 June 1970, FCO 8/1503, TNA.

53. J.M. Moss to J.A.N. Graham, 17 June 1970, FCO 8/1503, TNA.

54. J.M. Moss, 'Note of a Meeting between Lord Winterbottom and [CENSORED]', 17 June 1970, FCO 8/1503, TNA.

55. H. St. J. B. Armitage to I. A. Roberts, 22 June 1970, FCO 8/1503, TNA.

56. H.St.J.B. Armitage to H.R. Hubert, 17 October 1970, FCO 8/1504, TNA.

57. H.R. Hubert, 'Visit to Saudi Arabia to discuss the build-up of the National Guard. 9-15 October 1970', 16 October 1970, FCO 8/1504, TNA.

58. 'Presentation to His Royal Highness Prince Abdullah Bin Abdul Aziz, Commander, Saudi Arabian National Guard', DEFE 68/239, TNA.

59. H.J.L. Suffield to Private Secretary/P.A.R. Carrington, 3 March

1972, FCO 8/1914, TNA.

60. R. Anderson, ‘Visit to Saudi Arabia. 2nd-4th August 1971’, 5 197
August 1971, DEFE 13/797, TNA.

61. Annex C, W. Morris to A.D. Parsons, 4 August 1971, FCO 8/1753, TNA.

62. R. Anderson, ‘Visit to Saudi Arabia. 2nd-4th August 1971’, 5 August 1971, DEFE 13/797, TNA.

63. Annex C, W. Morris to A.D. Parsons, 4 August 1971, FCO 8/1753, TNA.

64. I.J.H.L. Gilmour to M.V. Macmillan, 24 November 1971, T 225/3863, TNA.

65. H.J.L. Suffield to Private Secretary/P.A.R. Carrington, 3 March 1972, FCO 8/1914, TNA.

66. Simon C. Smith, *Britain's Revival and Fall in the Gulf: Kuwait, Bahrain, Qatar and the Trucial States*, 1950-1971, London: Routledge-Curzon, 2004, pp. 103-4.

67. W. Morris to A.D. Parsons, 8 March 1972, FCO 8/1910, TNA.

68. Jedda Telegram No.26 to Foreign and Commonwealth Office, 11 January 1972, FCO 8/1914, TNA.

69. H.R. Hubert, ‘Saudi National Guard and Saudi Navy. Visit by Mr. H.R. Hubert to Jedda 7-9 January 72’, 11 January 1972, FCO 8/1914, TNA.

70. H. R. Hubert to R. Anderson, 20 January 1972, FCO 8/1914, TNA.

71. Ibid.

72. Jedda Telegram No.85 to Foreign and Commonwealth Office, 8 February 1972, FCO 8/1914, TNA.

73. Ministry of Defence Telegram DIG/EDQ to Jedda, 18 February 1972, FCO 8/1914, TNA.

74. R.G. Woodhouse, ‘Report by Defence Attaché, Jedda’, 16 June 1973, FCO 8/2118, TNA.

第四章

1. Christopher de Bellaigue, *Patriot of Persia: Muhammad Mossadegh and a Very British Coup*, London: The Bodley Head, 2012, p. 117.

2. Donald N. Wilber, *Regime Change in Iran*, Nottingham: Spokesman, 2006, p. 37.

3. De Bellaigue, op cit., pp. 230-2.

4. N.W. Browne, 'British Policy on Iran, 1974-1978', p. 42, FCO 8/4029, TNA.

5. Ibid, p. 40.

6. Ibid, p. 44.

7. A. Reeve, 'Conventional Arms Transfer Policy', Tables II and III, FCO 66/1423, TNA.

8. Coopers & Lybrand, 'Interim Report on Millbank Technical Services Limited', March 1975, Appendix E1, CAOG 18/676, TNA.

9. 'Leading Personalities in Iran, 1979', FCO 8/3349, TNA.

198 10. Tehran Telegram WWW/EDQ 201 to Ministry of Defence, 23 November 1970, FO 248/1694, TNA.

11. Ibid.

12. 'Certificate of Nationalisation. Shapoor Ardeshirji Reporter', 5 August 1955, HO 334/391, TNA.

13. Abbas Milani, *The Shah*, Basingstoke: Palgrave Macmillan, 2011, p. 172.

14. A.M. Palliser to D.A.L. Owen, 13 February 1978, DEFE 23/198, TNA.

15. 'Certificate of Nationalisation. Shapoor Ardeshirji Reporter', 5 August 1955, HO 334/391, TNA.

16. Tehran Telegram WWW/EDQ 201 to Ministry of Defence, 23 November 1970, FO 248/1694, TNA.

17. Ministry of Defence Telegram RTT 241010Z to Tehran, 24 November 1970, FO 248/1694, TNA.

18. Tehran Telegram WWW/RTT 207 to Ministry of Defence, 25 No-

vember 1970, FO 248/1694, TNA.

19. Foreign and Commonwealth Office Telegram No.594 to Tehran, 4 December 1970, FO 248/1694, TNA.

20. R. G. Roe to S. A. Reporter, 4 December 1970, DEFE 24/1691, TNA.

21. P.A.R. Carrington to the Shah of Iran, 4 December 1970, DEFE 24/1691, TNA.

22. Tehran Telegram WWW/OYQ 254 to Ministry of Defence, 10 December 1970, FO 248/1694, TNA.

23. Tehran Telegram WWW/EDQ 298 to Ministry of Defence, 23 December 1970, FO 248/1694, TNA.

24. Coopers & Lybrand, 'Interim Report on Millbank Technical Services Limited', March 1975, p. 9 and Appendix E1, CAOG 18/676, TNA.

25. F. W. Mulley to D. W. Healey, 27 April 1978, PREM 16/2130, TNA.

26. Coopers & Lybrand, 'Interim Report on Millbank Technical Services Limited', March 1975, p. 5, CAOG 18/676, TNA.

27. Ibid., p. 10, and Appendix A.

28. *Supplement to The London Gazette*, London: HMSO, 1 January 1973, p. 17.

29. Tehran Telegram No.671 to Foreign and Commonwealth Office, 14 November 1977, DEFE 24/1690, TNA and J.E.D. Street to PS/F.W. Mulley, 11 July 1977, DEFE 24/1317, TNA.

30. S.A. Reporter to H.J.L. Suffield, 18 January 1975, DEFE 23/217, TNA.

31. Tehran Telegram 7652 to Washington, 31 October 1973 (http://aad.archives.gov/aad/series-description.jsp?s=4073&cat=all&bc=sl).

32. Tehran Telegram 6191 to State Department, 25 July 1974 (http://aad.archives.gov/aad/series-description.jsp?s=4073&cat=all&bc=sl).

33. Tehran Telegram 1096 to State Department, 3 February 1976 (http://aad.archives.gov/aad/series-description.jsp?s=4073&cat=all&bc=

sl).

34. ‘Visit of the Secretary of State for Foreign and Commonwealth Affairs to Iran. 4-8 March 1976. UK Defence Sales to Iran’, DEFE 13/1123, TNA.

199 35. A. Sharman to F.R. Mingay, 23 March 1977, PJ 1/47, TNA.

36. J.E.D. Street to PS/F.W. Mulley, 11 July 1977, DEFE 24/1317, TNA.

37. ‘Brief B7. Brief for Foreign and Commonwealth Secretary's visit to Iran 13-15 May’, DEFE 23/149, TNA.

38. Asadollah Alam, *The Shah and I: The Confidential Diary of Iran's Royal Court*, 1968-77, London: I.B. Tauris & Co., 2008, p. 421.

39. Tehran Telegram No.671 to Foreign and Commonwealth Office, 14 November 1977, DEFE 24/1690, TNA.

40. Ibid.

41. F.W Mulley to L.J. Callaghan, 28 October 1977, DEFE 24/1690, TNA.

42. D.O. Henley to F. Cooper, 12 January 1977, DEFE 68/110, TNA.

43. A.D. Osborne to J.E.D. Street, 21 February 1977, DEFE 23/149, TNA.

44. ‘Aide Memoire on the Randel Case: Implications for HMG’, 26 October 1977, DEFE 23/217, TNA.

45. J.E.D. Street to PS/F.W. Mulley, 24 October 1977, DEFE 13/1176, TNA.

46. F.W Mulley to L.J. Callaghan, 28 October 1977, DEFE 24/1690, TNA.

47. *London Evening News*, 14 April 1976.

48. ‘Aide Memoire on the Randel Case: Implications for HMG’, 26 October 1977, DEFE 23/217, TNA.

49. F.W Mulley to L.J. Callaghan, 28 October 1977, DEFE 24/1690, TNA.

50. N.W. Browne, ‘British Policy on Iran, 1974-1978’, pp. 3-5,

FCO 8/4029, TNA.

51. State Department Telegram 212238 to Tehran, 26 August 1976 (http://aad.archives.gov/aad/series-description.jsp?s=4073&cat=all&bc=sl).

52. J. E. D. Street to PS/F. W. Mulley, 11 July 1977, DEFE 24/1317, TNA.

53. D.E. Tatham to I.T.M. Lucas, undated draft, FCO 8/2867, TNA.

54. 'Aide Memoire on the Randel Case: Implications for HMG', 26 October 1977, DEFE 23/217, TNA.

55. Anthony Parsons, *The Pride & the Fall: Iran* 1974-1979, London: Jonathan Cape, 1984, p. 29.

56. 'Sir Leicester SUFFIELD. Re-examined by MR RICHARDSON', *Regina* v *Wellburn & Ors*, 9 November 1977, DEFE 24/1690, TNA.

57. *Hansard*, House of Commons, Vol. 939, 1977-78, 17 November 1977, Col. 368W.

58. Parsons, op cit., p. 53.

59. Tehran Telegram No.671 to Foreign and Commonwealth Office, 14 November 1977, DEFE 24/1690, TNA.

60. Foreign and Commonwealth Office Telegram No.531 to Tehran, 25 November 1977, DEFE 23/217, TNA.

61. Tehran Telegram No.675 to Foreign and Commonwealth Office, 20 November 1977, DEFE 24/1690, TNA.

62. Tehran Telegram No.713 to Foreign and Commonwealth Office, 30 November 1977, DEFE 23/217, TNA.

63. A. M. Palliser to F. Cooper, 21 December 1977, DEFE 23/ 200
217, TNA.

64. R. Anderson to F. Cooper, 3 January 1978, DEFE 23/217, TNA.

65. A.M. Palliser to D.A.L. Owen, 13 February 1978, DEFE 23/198, TNA.

66. F. W. Mulley to D. W. Healey, 27 April 1978, PREM 16/2130, TNA.

67. A.M. Palliser to D.A.L. Owen, 13 February 1978, DEFE 23/

198, TNA.

68. A. M. Palliser to F. Cooper, 16 January 1978, DEFE 23/217, TNA.

69. R. Anderson to PS/F. Cooper, 26 January 1978, DEFE 23/217, TNA.

70. A. P. Hockaday to F. Cooper, 18 January 1978, DEFE 23/217, TNA.

71. R. G. Roe to S. A. Reporter, 4 December 1970, DEFE 24/1691, TNA.

72. N.W. Browne, ' British Policy on Iran, 1974–1978', p. 5, FCO 8/4029, TNA.

73. Tehran Telegram No.154 to Foreign and Commonwealth Office, 21 February 1978, FCO 8/3210, TNA.

74. R. Ellis to F. Cooper, 1 March 1978, DEFE 23/198, TNA.

75. R. Anderson to AUS(Sales Admin), 14 February 1978, DEFE 23/198, TNA.

76. R. Ellis to F. Cooper, 16 March 1978, DEFE 23/198, TNA.

77. A.M. Palliser to D.A.L. Owen, 13 February 1978, DEFE 23/198, TNA.

78. Alam, op cit., p. 56.

79. R. Anderson to F. Cooper, 3 January 1978, DEFE 23/217, TNA.

80. R. Anderson to F. Cooper, 8 February 1978, DEFE 23/198, TNA.

81. Alan Munro, *Keep the Flag Flying: A Diplomatic Memoir*, London: Gilgamesh Publishing, 2012, p. 124.

82. S.A. Reporter to R. Ellis, 1 June 1979, DEFE 23/198, TNA.

83. R.S. Gorham to PUSD, 10 April 1979, FCO 8/3349, TNA.

84. EY(79)15, 16 March 1979, CAB 134/4358, TNA.

85. EY(79)16, 15 March 1979, CAB 134/4358, TNA.

86. *Report of the Inquiry into the Export of Defence Equipment and Dual-Use Goods to Iraq and Related Prosecutions*, London: HMSO, 15 February 1996, Volume 1, p. 286.

87. EY(79)5th Meeting, 21 March 1979, CAB 134/4358, TNA.

88. OD(79)6, 6 June 1979, CAB 148/183, TNA.

89. EY(79)5th Meeting, 21 March 1979, CAB 134/4358, TNA.

90. F. L. Pym to M. H. Thatcher, 22 November 1979, FCO 93/1979, TNA.

91. N.W. Browne, 'British Policy on Iran, 1974-1978', p. 25, FCO 8/4029, TNA.

第五章

1. E.L. Richardson to G.R. Ford, 8 June 1976, http://www.sechistorical.org/collection/papers/1970/1976_0608_RichardsonScowcroftT.pdf and 'Report on National Laws Penalizing Bribery', http://www.sechistorical.org/collection/papers/1970/1976_1231_LawsBribery.pdf.

2. P.R.H. Wright, 'Note of a Meeting after lunch at Chequers on Sunday, 22 May 1977', 22 May 1977, FV 22/117, TNA. 201

3. House of Representatives, *Unlawful Corporate Payments Act of* 1977, 95th Congress, 1st Session, Report No. 95-640, 28 September 1977.

4. U.S. General Accounting Office, *Impact of Foreign Corrupt Practices Act on U.S.Business* (Publication No. AFMD-81-34), March 1981.

5. U. S. Securities and Exchange Commission, 'Report of the Securities and Exchange Commission on Questionable and Illegal Corporate Payments and Practices', in *Securities Regulation & Law Report*, Special Supplement, No. 353, 19 May 1976.

6. Boulton, op cit., p. 257.

7. Ibid., p. 261.

8. Ibid., p. 262.

9. United States Senate, *Hearings before the Subcommittee on Multinational Corporations of the Committee on Foreign Relations*, 94*th Congress*, 1*st Session*, *Part* 12, Washington: U.S. Government Printing Office, 1975, p. 107.

10. Ibid., pp. 160 and 166.

11. Boulton, op cit., p. 264.

12. United States Senate, *Hearings before the Committee on Banking, Housing and Urban Affairs, 94th Congress, 1st Session*, Washington: U.S. Government Printing Office, 1975, p. 52.

13. Ibid., p. 40.

14. Lockheed Aircraft Corporation, op cit., p. 14.

15. Report by Commissie van Drie, 26 August 1976, Chapter 2, p. 1, FCO 33/3014, TNA.

16. Ibid., Chapter 1, p. 1.

17. E.J.W. Barnes to C.A.R. Crosland, 'Prince Bernhard and the Lockheed Affair', 28 September 1976, FCO 33/3014, TNA.

18. Report by Commissie van Drie, 26 August 1976, Foreword, p. 6, FCO 33/3014, TNA.

19. Ibid., Foreword, p. 2.

20. E.J.W. Barnes to C.A.R. Crosland, 'Prince Bernhard and the Lockheed Affair', 28 September 1976, FCO 33/3014, TNA.

21. Ibid.

22. Boulton, op cit., p. 141.

23. United States Senate, *Hearings*, *94th Congress*, *2nd Session*, *Part* 14, op cit., p. 30.

24. Ibid., p. 378.

25. Ibid., pp. 36 and 383.

26. A.M. Layden to C. Hulse, 2 March 1976, FCO 33/2941, TNA.

27. A.D.S. Goodall to R.A. Hibbert, 19 March 1976, FCO 33/2941, TNA.

28. M.E. Pellew to P.G. Harborne, 5 March 1979, FCO 33/4047, TNA and Case of European Court of Human Rights, 18 December 1980 (CASE CROCIANI, PALMIOTTI, TANASSI, LEFEBVRE D'OVIDIO V. ITALY) Appeal Nbr: 8603/79; 8722/79; 8723/79; 8729/79.

202 29. Case of European Court of Human Rights, 18 December 1980 (CASE CROCIANI, PALMIOTTI, TANASSI, LEFEBVRE D'OVIDIO V. ITALY) Appeal Nbr: 8603/79; 8722/79; 8723/79; 8729/79.

30. Boulton, op cit., p. 242.

31. Ibid., p. 248.

32. Ibid., p. 250.

33. Ibid.

34. James Babb, *Tanaka: The Making of Postwar Japan*, Harlow: Longman, 2000, pp. 94-5.

35. Peter J. Hertzog, *Japan's Pseudo-Democracy*, Folkestone: Japan Library, 1993, p. 164.

36. Babb, op cit., p. 99.

37. Hertzog, op cit., pp. 166-7.

38. Boulton, op cit., p. 13.

39. Lockheed Aircraft Corporation, op cit., pp. 21-2.

40. J.R. Garson to General Counsel, Department of Commerce, undated, http://www.sechistorical.org/collection/papers/1970/1976_0331_GarsonLawT.pdf.

41. U.S. Securities and Exchange Commission, op cit.

42. Ibid.

43. U. S. General Accounting Office, *Impact of Foreign Corrupt Practices Act on U.S. Business*, op cit.

44. 'Statement of the Honourable Roderick M. Hills Chairman, Securities and Exchange Commission, before the Subcommittee on Consumer Protection and Finance of the House of Representatives Committee on Interstate and Foreign Commerce', 21 September 1976, http://www.sechistorical.org/collection/papers/1970/1976_0921_HillsStatementT.pdf.

45. Acting Commissioner of Internal Revenue to Acting General Counsel, 'Corporate Slush Funds - Illegal Foreign Payments', 9 March 1977, http://www.sechistorical.org/collection/papers/1970/1977_0309_IRSCorporate.pdf.

46. Ibid.

47. 'U.S. Government Agency Actions regarding Illicit Foreign Payments', November 1975, http://www.sechistorical.org/collection/papers/1970/1975_1101_USForeign.pdf.

48. U.S. General Accounting Office, *Lockheed's Commission Payments*

to Obtain Foreign Sales (Publication No. PSAD-77-85), March 1977.

49. *Gaines* v. *Haughton*, 645 F.2D 761 (9th Cir. 1981) (hereafter *Gaines* v *Haughton*).

50. Lockheed Aircraft Corporation, op cit., p. 3.

51. Ibid., p. 10.

52. G.R. Ford to H.A. Kissinger, 31 March 1976, http://www.sechistorical.org/collection/papers/1970/1976_0331_WebbRichardsonT.pdf.

203 53. The White House, 'Statement by the President', 14 June 1976, http://www.sechistorical.org/collection/papers/1970/1976_0614_PresidentQuestionableT.pdf.

54. J.E. Carter to W. Proxmire, 20 June 1977, http://www.sechistorical.org/collection/papers/1970/1977_0620_CarterFCPA.pdf.

55. House of Representatives, op cit.

56. U.S. Securities and Exchange Commission, op cit.

57. Public Law 94-329, 30 June 1976, http://www.gpo.gov/fdsys/pkg/STATUTE-90/pdf/STATUTE-90-Pg729.pdf.

58. T.F. Brenchley, 'Saudi Arms Deal', 1 September 1966, FO 371/185498, TNA.

59. Prince Sultan to Saudi Arabian Air Defence Consortium, 7 December 1965, FO 371/185493, TNA.

60. F.W. Page to J.R. Christie, 30 July 1969, FCO 8/1194, TNA.

61. T.F. Brenchley, 'Saudi Arms Deal', 1 September 1966, FO 371/185498, TNA.

62. Jedda Telegram No.586 to Foreign Office, 18 October 1966, FO 371/185499, TNA.

63. T.F. Brenchley, 'Saudi Arms Deal', 1 September 1966, FO 371/185498, TNA.

64. 'Note of a Meeting with Prince Sultan in Riyadh on 26 November, 1966', FCO 8/2586, TNA.

65. 'Re-amended Statement of Claim', paragraph 4, *Edwards* v *AEI*, 8 March 1974, FCO 8/2347, TNA.

66. W. Morris to D.J. McCarthy, 20 June 1969, FCO 8/1193, TNA.

67. 'Saudi Arabia Report No. 10', 18 October 1967, SC/MSS/165/1/2/1/3, Caldecote Papers, IET.

68. 'Re-amended Statement of Claim', paragraph 9, Edwards v AEI, 8 March 1974, FCO 8/2347, TNA.

69. W. Morris to D.J. McCarthy, 20 June 1969, FCO 8/1193, TNA.

70. Lord Caldecote to G. Edwards, 22 November 1967, SC/MSS/165/1/2/1/3, Caldecote Papers, IET.

71. G. Edwards to Lord Caldecote, 11 December 1967, SC/MSS/165/1/2/1/3, Caldecote Papers, IET.

72. G. Edwards to Lord Caldecote, 24 January 1968, SC/MSS/165/1/2/1/4, Caldecote Papers, IET.

73. J.W. Adderley to Lord Caldecote, 19 July 1968, SC/MSS/165/1/2/1/4, Caldecote Papers, IET.

74. 'Amended Statement of Claim', paragraph 7, *Edwards* v *AEI*, 19 November 1969, FCO 8/2347, TNA.

75. 'Re-amended Statement of Claim', paragraph 12, *Edwards* v *AEI*, 8 March 1974, FCO 8/2347, TNA.

76. J. R. Young to J. H. Wilkinson, 23 September 1974, FCO 8/2347, TNA.

77. W. Morris to D.J. McCarthy, 20 June 1969, FCO 8/1193, TNA.

78. B. Cookson to D. Lewis, 5 June 1969, SC/MSS/165/1/2/1/5, Caldecote Papers, IET.

79. Handwritten note of Lord Caldecote, January 1969, SC/MSS/ 204
165/5/2/4, Caldecote papers, IET.

80. C.B. Benjamin to US/EIR, 'Saudi Arabian Air Defence Scheme: Brief for Minister' Visit: 21-26 January', 13 January 1971, Appendix V, FCO 8/1746, TNA.

81. 'Statement of Claim', *Abdul Rahman* v *AEI*, 6 October 1970, FCO 8/2347, TNA.

82. 'Country Assessment Sheet: Saudi Arabia', April 1974, FCO 8/2340, TNA.

83. P. R. H. Wright to M. S. Weir, 3 September 1974, FCO 8/

2347, TNA.

84. Goodman, Derrick & Co., Solicitors to The Treasury Solicitor, 2 October 1974, FCO 8/2347, TNA.

85. L. J. R. Dando to J. R. Young, 19 February 1974, FCO 8/2346, TNA.

86. P. R. H. Wright to M. S. Weir, 3 September 1974, FCO 8/2347, TNA.

87. Ibid.

88. L.J.R. Dando to T.J. Clark, 6 August 1974, FCO 8/2347, TNA.

89. J. R. Young to P. R. H. Wright, 5 September 1974, FCO 8/2347, TNA.

90. Goodman, Derrick & Co., Solicitors to The Treasury Solicitor, 1 November 1974, FCO 8/2347, TNA.

91. Jedda Telegram No.300 to Foreign and Commonwealth Office, 8 May 1975, FCO 8/2586, TNA and Jedda Telegram No.5 Saving to Foreign and Commonwealth Office, 17 May 1975, FCO 8/2586, TNA.

92. R.K. Batstone to T.J. Clark, 21 May 1975, FCO 8/2586, TNA.

93. J.P. Bannerman to T.J. Clark, 27 June 1975, FCO 8/2586, TNA.

94. *Northrop Corp.* v. *Triad Financial Establishment*, 593 F.Supp. 928, 942 (C.D.Cal.1984) (hereafter *Northrop* v *Triad*).

95. Ibid.

96. Ibid.

97. Harry T. Drury and Peter J. Glenboski, *Peace Hawk: A Case Study of a Foreign Military Sales Program and its Management*, *June* 1977, http://www.dtic.mil/cgi-bin/GetTRDoc?Location=U2&doc=GetTRDoc.pdf&AD=ADA044210.

98. *Northrop* v *Triad*.

99. Ibid.

100. Ibid.

101. Ibid.

102. State Department Telegram 129755 to Jidda, 3 June 1975 (http://aad.archives.gov/aad/series-description.jsp?s=4073&cat=all&bc=

sl).

103. *Northrop* v *Triad*.

104. Ibid.

105. Jidda Telegram 3541 to State Department, 19 May 1975 (http://aad.archives.gov/aad/series-description.jsp?s=4073&cat=all&bc=sl).

106. State Department Telegram 129755 to Jidda, 3 June 1975, (http://aad.archives.gov/aad/series-description.jsp?s=4073&cat=all&bc=sl).

107. Jidda Telegram 3940 to State Department, 2 June 1975 (http://aad.archives.gov/aad/series-description.jsp?s=4073&cat=all&bc=sl). 205

108. Ibid.

109. Cairo Telegram 5516 to State Department, 3 June 1975 (http://aad.archives.gov/aad/series-description.jsp?s=4073&cat=all&bc=sl).

110. State Department Telegram 129754 to Jidda, 3 June 1975 (http://aad.archives.gov/aad/series-description.jsp?s=4073&cat=all&bc=sl).

111. State Department Telegram 129795 to Cairo, 4 June 1975 (http://aad.archives.gov/aad/series-description.jsp?s=4073&cat=all&bc=sl).

112. State Department Telegram 129800 to Cairo, 4 June 1975 (http://aad.archives.gov/aad/series-description.jsp?s=4073&cat=all&bc=sl).

113. J. P. Bannerman to T. J. Clark, 27 June 1975, FCO 8/2586, TNA.

114. Ibid.

115. State Department Telegram 133578 to Jidda, 7 June 1975 (http://aad.archives.gov/aad/series-description.jsp?s=4073&cat=all&bc=sl) and United States Senate, *Hearings*, 94*th Congress*, 1*st Session*, *Part* 12, op cit., pp. 112-3.

116. State Department Telegram 137147 to OECD, 12 June 1975 (http://aad.archives.gov/aad/series-description.jsp?s=4073&cat=all&bc=sl) and United States Senate, *Hearings*, 94*th Congress*, 1*st Session*, *Part*

12, op cit., pp. 182, 435 and 437-8.

117. J. P. Bannerman to T. J. Clark, 27 June 1975, FCO 8/2586, TNA.

118. Ibid.

119. Ibid.

120. Jidda Telegram 4317 to State Department, 16 June 1975 (http://aad. archives. gov/aad/series - description. jsp? s = 4073&cat = all&bc = sl).

121. J. P. Bannerman to T. J. Clark, 27 June 1975, FCO 8/2586, TNA.

122. Ibid.

123. Ibid.

124. Ibid.

125. I. T. M. Lucas to E. E. Orchard, 18 July 1975, FCO 8/2586, TNA.

126. H. R. Braden to J. P. Bannerman, 7 July 1975, FCO 8/2586, TNA.

127. *Northrop* v *Triad*.

128. *Northrop* v *Triad* and Lewis D. Solomon and Leslie G. Linville, 'Transnational Conduct of American Multinational Corporations: Questionable Payments Abroad', *Boston College Industrial and Commercial Law Review*, Vol. XVII, No. 3 (March 1976).

129. *Northrop* v *Triad*.

130. Ibid.

131. United States Senate, *Hearings*, 94*th Congress*, 1*st Session*, *Part* 12, op cit., p. 349.

132. Ibid., pp. 351 and 1088.

133. *Northrop* v *Triad*.

206 134. State Department Telegram 218786 to Jidda, 13 September 1975 (http://aad. archives. gov/aad/series - description. jsp? s = 4073&cat = all&bc = sl).

135. State Department Telegram 299348 to Doha, 19 December 1975

(http://aad. archives. gov/aad/series - description. jsp? s = 4073&cat = all&bc = sl).

136. U.S. Securities and Exchange Commission, op cit.

137. *Northrop* v *Triad.*

138. *Northrop Corporation* v. *Triad International Marketing, S.A., and Triad Financial Establishment*, 108 S.Ct.261, 484 U.S. 914, No. 87-349.

139. Sampson, op cit., p. 161.

140. Ibid., p. 304.

141. Whicker, op cit., pp. 172-3.

142. 'Visit by Foreign and Commonwealth Secretary to Saudi Arabia 25-27 August', Brief E4, FCO 8/3752, TNA.

143. W. Morris, 'Saudi Defence Procurement, and the Air Defence contracts in particular', 1 May 1971, DEFE 13/797, TNA.

144. *Who's Who in Saudi Arabia* 1983-84, op cit., p. 249.

第六章

1. D.W.G. Wass to J.L. Rampton, 5 April 1976, CAB 197/49, TNA.

2. J.J.B. Hunt to N.L. Wicks, 9 April 1976, PREM 16/909, TNA.

3. *The Sunday Times*, 11 April 1976.

4. GEN 11(76)2, 26 April 1976, CAB 130/859, TNA.

5. GEN 11(76) 1st Meeting, 28 April 1976, CAB 130/859, TNA.

6. *Hansard*, House of Commons, Vol. 911, 1975-76, 18 May 1976, Cols. 1213-14.

7. GEN 11(76) 1st Meeting, 28 April 1976, CAB 130/859, TNA.

8. R. N. Dales to P. R. H. Wright, 19 May 1976, PREM 16/2271, TNA.

9. P. R. H. Wright to R. N. Dales, 17 May 1976, PREM 16/2271, TNA.

10. R. N. Dales to P. R. H. Wright, 19 May 1976, PREM 16/2271, TNA.

11. C.W. France to D.W.G. Wass, 11 June 1976, T 364/29, TNA and F.D. Evans to P.R.H. Wright, 10 June 1976, FCO 8/2824, TNA.

12. C.W. France to D.W.G. Wass, 11 June 1976, T 364/29, TNA.

13. Ibid.

14. F. D. Evans to P. R. H. Wright, 8 June 1976, PREM 16/2271, TNA.

15. S.L. Egerton to P. Dimond, 8 June 1976, T 364/29, TNA.

16. Jedda Telegram No.319 to Foreign and Commonwealth Office, 9 June 1976, FCO 8/2824, TNA.

17. C.W. France to D.W.G. Wass, 11 June 1976, T 364/29, TNA.

18. Jedda Telegram CREDA 235 to Department of Trade, 14 June 1975, FCO 8/2824, TNA.

19. F.D. Evans to P.R.H. Wright, 10 June 1976, FCO 8/2824, TNA.

20. P. R. H. Wright to F. D. Evans, 10 June 1976, PREM 16/2271, TNA.

207 21. L. J. Callaghan to E. E. Dell, 11 June 1976, PREM 16/2271, TNA.

22. Ibid.

23. F.D. Evans to P.R.H. Wright, 10 June 1976, FCO 8/2824, TNA.

24. 'Background Note: BP/Saudi Arabia Bribery Allegations', FCO 58/1514, TNA.

25. I. T. M. Lucas to D. F. Murray, 8 November 1977, DEFE 24/1690, TNA.

26. A.J. Wilton to P.D. Brittain, 14 March 1973, FCO 8/1999, TNA and R.A.Kealy to J.R. Young, 10 July 1973, FCO 8/2001, TNA.

27. A.J. Wilton to P.D. Brittain, 14 March 1973, FCO 8/1999, TNA.

28. R.A. Kealy to J.R. Young, 10 July 1973, FCO 8/2001, TNA.

29. D.E. Tatham to I.T.M. Lucas, undated draft, FCO 8/2867, TNA.

30. J.H. Wilkinson to J.E.D. Street, 4 November 1977, DEFE 24/1690, TNA.

31. *Guardian*, 20 January 1978.

32. I. T. M. Lucas to D. F. Murray, 8 November 1977, DEFE 24/1690, TNA.

33. F. P. Nurdin to H. J. L. Suffield, 7 January 1974, DEFE 24/

1690, TNA.

34. F.W. Mulley to L.J. Callaghan, 28 October 1977, DEFE 24/1690, TNA.

35. ‘Sir Leicester SUFFIELD. Cross-examined by MR HOWARD’, *Regina* v *Wellburn & Ors*, 9 November 1977, DEFE 24/1690, TNA.

36. *Guardian*, 10 November 1977.

37. R.Ellis to F. Cooper, 21 December 1976, DEFE 68/109, TNA.

38. D.O. Henley to F. Cooper, 1 September 1976, PJ 1/43, TNA.

39. F. Cooper to D. O. Henley, 3 November 1976, DEFE 68/109, TNA.

40. Ibid.

41. A.J. Wilton to P.R.H. Wright, 28 February 1973, FCO 8/1999, TNA.

42. Phythian, op cit., p. 238.

43. F.W. Mulley to L.J. Callaghan, 28 October 1977, DEFE 24/1690, TNA.

44. R. Ellis to F. Cooper, 21 December 1976, DEFE 68/109, TNA.

45. C. Hewertson to J.A. Patterson, 4 May 1967, T 225/2918, TNA.

46. F. Cooper to H.J.L. Suffield, 9 June 1976, DEFE 68/110, TNA.

47. *Daily Mail*, 19 May 1977.

48. J.L. Beaven to H.B. Formstone, 12 May 1977, FCO 65/1930, TNA, Lagos Telegram CREDA 269 to Department of Trade, 23 May 1977, FCO 65/1930, TNA, and M.A. Holding to P.R.A. Mansfield, 27 May 1977, FCO 65/1930, TNA.

49. Foreign and Commonwealth Office Telegram No.379 to Lagos, 27 May 1977, FCO 65/1930, TNA.

50. *Hansard*, House of Commons, Vol. 932, 1976-77, 19 May 1977, Col. 693.

51. Ibid., Col. 692.

52. *Daily Mail*, 21 May 1977.

53. *Daily Telegraph*, 29 July 2008.

54. R.S. Faber to J.O. Kerr, 20 May 1977, FCO 69/592, TNA.

55. J.J.B. Hunt to N.L.Wicks, 20 May 1977, PREM 16/1287, TNA.

208 56. P.R.H. Wright, 'Note of a Meeting after lunch at Chequers on Sunday, 22 May 1977', 22 May 1977, FV 22/117, TNA.

57. National Enterprise Board, 'Allegations in the Daily Mail of 19 and 20 May 1977 about British Leyland Limited', 13 June 1977, DEFE 24/1316, TNA.

58. SAMV(75)10A, 15 October 1975, FCO 8/2605, TNA.

59. *Daily Mail*, 19 May 1977.

60. National Enterprise Board, 'Allegations in the Daily Mail of 19 and 20 May 1977 about British Leyland Limited', 13 June 1977, DEFE 24/1316, TNA.

61. Ibid.

62. D. J. Plumbly to R. A. Kealy, 27 September 1975, FCO 8/2405, TNA.

63. National Enterprise Board, 'Allegations in the Daily Mail of 19 and 20 May 1977 about British Leyland Limited', 13 June 1977, DEFE 24/1316, TNA.

64. R.H.W. Bullock to E.E. Dell, 28 June 1977, FV 22/118, TNA.

65. Ibid.

66. *Gaines* v *Haughton*.

67. GEN 90(77)1st Meeting, 6 July 1977, CAB 130/978, TNA.

68. N. L. Wicks to L. J. Callaghan, 6 July 1977, PREM 16/1287, TNA.

69. Ibid.

70. K. R. Stowe, 'Meeting between the Prime Minister and Mr. Varley. 10 Downing Street on Tuesday 12 July at 4.45 p.m.', 12 July 1977, PREM 16/1287, TNA.

71. GEN 90(77)2nd Meeting, 27 July 1977, CAB 130/978, TNA.

72. GEN 90 (77) 3rd Meeting, 27 October 1977, CAB 130/978, TNA.

73. GEN 90 (77) 4th Meeting, 9 November 1977, CAB 130/978, TNA.

74. D.M.D. Thomas to PS/D.A.L. Owen, 7 July 1978, FCO 69/603, TNA.

75. R. Anderson to F. Cooper, 18 April 1978, DEFE 23/198, TNA.

76. Jedda Telegram No. 93 to Foreign and Commonwealth Office, 6 February 1978, FCO 69/602, TNA.

77. D.M.D. Thomas to PS/D.A.L. Owen, 25 July 1978, FCO 69/603, TNA.

78. G. Feast to Heads of Post, 17 August 1978, FCO 69/604, TNA.

79. D. O. Henley to F. Cooper, 12 January 1977, DEFE 68/110, TNA.

80. H.J.L. Suffield to F. Cooper, 23 June 1976, DEFE 23/149, TNA.

81. Ibid.

82. Ibid.

83. F. Cooper to H.J.L. Suffield, 23 June 1976, DEFE 23/149, TNA.

84. J.C. Kay to D.A.L. Owen, 'Visit to Saudi Arabia by the Secretary of State for Defence: 20-25 September, 1977', 2 October 1977, FCO 8/3049, TNA.

85. A. J. Wilton to D. A. L. Owen, 23 March 1978, FCO 8/3126, TNA.

86. H.J.L. Suffield to F. Cooper, undated draft, DEFE 68/319, TNA.

87. *Annuaire Des Societies Libanaises A Responsabilite Limitee*, 3rd edition, Beirut: MECICO, 1977, p. 213.

88. Ibid.

89. Jedda Telegram No. 85 to Foreign and Commonwealth Office, 8 209
February 1972, FCO 8/1914, TNA and Ministry of Defence Telegram DIG/EDQ to Jedda, 18 February 1972, FCO 8/1914, TNA.

90. D. O. Henley to F. Cooper, 12 January 1977, DEFE 68/110, TNA.

91. Ibid.

92. Ibid.

93. Ibid.

94. Ibid.

95. F. Cooper to D.O. Henley, 2 May 1977, DEFE 68/110, TNA.

96. D.O. Henley to F. Cooper, 21 July 1977, DEFE 68/110, TNA.

97. D.O. Henley to F. Cooper, 2 June 1977, DEFE 68/110, TNA.

98. F. Cooper to D.O. Henley, 27 June 1977, DEFE 68/110, TNA.

99. F. Cooper to D.O. Henley, 10 August 1977, DEFE 68/110, TNA.

100. J.F. Howe to R. Ellis, 23 August 1977, DEFE 68/110, TNA.

101. *New York Times*, 2 April 1982.

102. J. P. Bannerman to D. E. Tatham, 11 July 1973, FCO 8/2125, TNA.

103. Associated Press, 10 February 2006.

104. *Report of the Tribunal of Inquiry into Payments to Politicians and Related Matters Part I*, Dublin: The Stationery Office, Prn. A6/1834, p. 104, paragraph 6-25.

105. Ibid., p. 103, paragraph 6-22 and p. 104, paragraph 6-24.

106. Ibid., p. 106, paragraph 6-34.

107. *Report of the Tribunal of Inquiry into Payments to Politicians*, op cit., p. 104, paragraph 6-24.

108. Associated Press, 10 February 2006.

109. J. W. D. Gray to R. E. Palmer, 23 March 1981, FCO 8/3820, TNA.

第七章

1. S.Res.265, 94th Congress (1975).

2. GEN 90(77)2, July 1977, CAB 130/978, TNA.

3. 'Entry into force of a Convention and Pre-Conditions to signing/ratification and Reservations and Amendment', September 1978, PJ 1/59, TNA.

4. GEN 11(76)1, 26 April 1976, CAB 130/859, TNA.

5. D. E. Tatham to I. T. M. Lucas, 2 February 1978, FCO 69/606, TNA.

6. GEN 11(76)1, 26 April 1976, CAB 130/859, TNA.

7. Ibid.

8. GEN 11(76)1st Meeting, 28 April 1976, CAB 130/859, TNA.

9. GEN 11(76)1, 26 April 1976, CAB 130/859, TNA.

10. *Hansard*, House of Commons, Vol. 911, 1975–76, 18 May 1976, Col. 1214.

11. 'Minutes of 62nd meeting of the British Overseas Trade Board held on Tuesday 21st June 1977 at 1 Victoria Street, London, SW1', FV 78/21, TNA.

12. N.D. Peace to F.R. Mingay, 8 February 1977, PJ 1/44, TNA.

13. H.F.R. Catherwood to E.E. Dell, 19 July 1977, PJ 1/50, TNA. 210

14. *Hansard*, House of Commons, Vol. 911, 1975–76, 18 May 1976, Col. 1214.

15. M.M. Baker to R.W. Gray, 6 July 1977, PJ 1/49, TNA.

16. R.W. Gray to M.M. Baker, 8 July 1977, PJ 1/49, TNA.

17. GEN 90(77)2, July 1977, CAB 130/978, TNA.

18. GEN 90(77)3, 22 July 1977, CAB 130/978, TNA.

19. GEN 90(77)2nd Meeting, 27 July 1977, CAB 130/978, TNA.

20. W. Morris to D.A.L. Owen, 'Corruption in Egypt', 26 February 1979, FCO 93/1967, TNA.

21. M. S. Weir to A. M. Palliser, 26 January 1976, FCO 8/2629, TNA.

22. A. J. Wilton to D. A. L. Owen, 'British Export Performance to Saudi Arabia', 3 May 1977, FV 22/117, TNA.

23. K. Keith to A.M. Palliser, 13 February 1979, FCO 8/3413, TNA.

24. Ibid.

25. M.E. Hunt to K. Keith, 1 March 1979, FCO 8/3413, TNA.

26. J.A. Ford to L.J. Callaghan, 'Indonesia: The Anatomy of Corruption', 5 April 1976, FCO 15/2172, TNA.

27. E.G. Norris to A.M. Simons, 21 June 1976, FCO 15/2145, TNA.

28. A. Mueller to S. Abramson, 17 March 1976, PJ 1/41, TNA.

29. The White House, 'Statement by the President', 14 June 1976, http://www.sechistorical.org/collection/papers/1970/1976_0614_PresidentQuestionableT.pdf.

30. IOC(76)50, 9 July 1976, PJ 1/42, TNA.

31. United Nations Economic and Social Council, E/5883, 4 August 1976, PJ 1/42, TNA.

32. The White House, 'Statement by the President', 14 June 1976, http://www. sechistorical. org/collection/papers/1970/1976 _ 0614 _ President QuestionableT.pdf.

33. E.L. Richardson to G.R. Ford, 19 January 1977, http://www.sechistorical.org/collection/papers/1970/1977_0119_RichardsonPresident.pdf.

34. F. R. Mingay to M. G. D. Evans, 24 November 1976, PJ 1/43, TNA.

35. F.R. Mingay, 'UN ECOSOC Ad Hoc Working Group on Corrupt Practices', 20 January 1977, PJ 1/44, TNA.

36. F.R. Mingay to R.M. Allott, 18 February 1977, PJ 1/46, TNA.

37. Ibid.

38. PMVE(77)42, 3 March 1977, PJ 1/46, TNA.

39. E.L. Richardson to G.R. Ford, 19 January 1977, http://www.sechistorical.org/collection/papers/1970/1977_0119_RichardsonPresident.pdf.

40. Office of Senator William Proxmire, Press Release, 12 March 1976, http://www.sechistorical.org/collection/papers/1970/1976_0312_ProxmireRelease.pdf.

211 41. E.L. Richardson to G.R. Ford, 19 January 1977, http://www.sechistorical.org/collection/papers/1970/1977_0119_RichardsonPresident.pdf.

42. P.M. Wald to H.O. Staggers, 20 April 1977, http://www.sechistorical.org/collection/papers/1970/1977_0420_WaldStaggers.pdf.

43. Department of Trade, 'UN ECOSOC Ad Hoc Intergovernmental Working Group on the Problem of Corrupt Practices. Third Session: 28 March-8 April 1977', April 1977, PJ 1/47, TNA.

44. GEN 11(76)1st Meeting, 28 April 1976, CAB 130/859, TNA.

45. BOTB(77)20, 10 June 1977, FV 78/22, TNA.

46. W.K. Prendergast to B.G. Cartledge, 29 November 1978, PREM 16/2130, TNA.

47. Ibid.

48. A. M. Palliser to R. T. Armstrong, 25 July 1980, FCO 8/3734, TNA.

49. R. Williams to DS5, ‘Saudi Arabian Defence Relations’, 3 November 1980, FCO 8/3753, TNA.

50. General Division 3, ‘ECOSOC Ad Hoc Intergovernmental Working Group on the Problem of Corrupt Practices. Third (Resumed) Session Geneva 27 June–1 July 1977’, 6 July 1977, PJ 1/49, TNA.

51. Ibid.

52. G7, ‘Appendix to Downing Street Summit Declaration. London, England, May 8, 1977’, http://www.g8.utoronto.ca/summit/1977london/appendix.html.

53. P.R.H. Wright, ‘Note of a Meeting after lunch at Chequers on Sunday, 22 May 1977’, 22 May 1977, FV 22/117, TNA.

54. United Nations Economic and Social Council, E/AC.6/L.606, 29 July 1977, PJ 1/51, TNA.

55. R.W. Gray to R.A. Burrows, 6 July 1977, PJ 1/49, TNA.

56. GEN 90(77)2nd Meeting, 27 July 1977, CAB 130/978, TNA.

57. General Division 3, ‘Supplementary Brief on International Action, for the Secretary of State for Trade’, 14 July 1977, PJ 1/50, TNA.

58. J.G. Pilling to F.R. Mingay, 10 August 1977, PJ 1/51, TNA.

59. E. E. Dell to L. J. Callaghan, 14 October 1977, PREM 16/1287, TNA.

60. D. W. Healey to L. J. Callaghan, 27 October 1977, DEFE 13/1176, TNA.

61. GEN 90 (77) 3rd Meeting, 27 October 1977, CAB 130/978, TNA.

62. GEN 90(77)6, 7 November 1977, CAB 130/978, TNA.

63. I.B. Nichol to R.M. Malbey, 6 January 1978, PJ 1/54, TNA.

64. M.W. Hunt to F.R. Mingay, December 1977, PJ 1/53, TNA.

65. M.K.O. Simpson-Orlebar to D.M.D. Thomas, ‘Proposed International Agreement to Combat Bribery and Extortion in International Trade’, 23 May 1978, FCO 58/1259, TNA.

66. F.R. Mingay to L. Pliatzky, 4 July 1978, PJ 1/58, TNA.

212 67. M.K.O. Simpson-Orlebar to D.M.D. Thomas, 'Proposed International Agreement to Combat Bribery and Extortion in International Trade', 23 May 1978, FCO 58/1259, TNA.

68. W.A.J. Ekins-Daukes to G. Lanchin, 14 December 1978, PJ 1/61, TNA.

69. W.A.J. Ekins-Daukes to L. Pliatzky, 28 November 1978, PJ 1/97, TNA.

70. W.B. Sinton to Mr Fell, 9 June 1978, FCO 58/1259, TNA.

71. F.R. Mingay to L. Pliatzky, 4 July 1978, PJ 1/58, TNA.

72. Ibid.

73. E.E. Dell to L.J. Callaghan, 14 July 1978, PJ 1/97, TNA.

74. J. Smith to L.J. Callaghan, 2 January 1979, PJ 1/61, TNA.

75. S.C. Silkin to L.J. Callaghan, 9 January 1979, PJ 1/61, TNA.

76. J. Smith to S.C. Silkin, 17 January 1979, PJ 1/61, TNA.

77. M. Rees to L.J. Callaghan, 22 January 1979, PJ 1/61, TNA.

78. S.C. Silkin to J. Smith, 22 January 1979, PJ 1/61, TNA.

79. B.G. Cartledge to T.G. Harris, 29 January 1979, PJ 1/61, TNA.

80. R. F. Stimson to PS/Mr Judd, 14 February 1979, FCO 58/1513, TNA.

81. 'Record of a Meeting between Mr Silkin and Mr Judd: 1600 hours, Thursday, 15th February 1979: Room 11, House of Commons', 15 February 1979, FCO 58/1513, TNA.

82. GEN 90(79)1, 26 March 1979, CAB 130/1075, TNA.

83. GEN 90(79)1st Meeting, 28 March 1979, CAB 130/1075, TNA.

84. GEN 90(79)1, 26 March 1979, CAB 130/1075, TNA.

85. GEN 90(79)1st Meeting, 28 March 1979, CAB 130/1075, TNA.

86. United Nations Economic and Social Council, E/1979/104, 25 May 1979, PJ 1/66, TNA.

87. W. A. J. Ekins-Daukes to Q. J. Thomas, 4 June 1979, PJ 1/66, TNA.

88. D. Mellor to W.B. Sinton, 10 January 1978, FCO 58/1257, TNA.

89. F.R. Mingay to E.E. Dell, 6 June 1978, PJ 1/57, TNA.

90. W.A.J. Ekins-Daukes to F.R. Mingay, 12 July 1979, PJ 1/67, TNA.

91. *Hansard*, House of Commons, Vol. 911, 1975-76, 18 May 1976, Col. 1214.

92. W.A.J. Ekins-Daukes to G. Lanchin, 26 June 1979, PJ 1/66, TNA.

93. T.G. Harris to W.A.J. Ekins-Daukes, 3 July 1979, PJ 1/66, TNA.

94. C. Parkinson to D.R. Hurd, 30 August 1979, PJ 1/67, TNA.

95. Lord Strathcona to C. Parkinson, 17 October 1979, PJ 1/67, TNA.

96. S.C. Rhodes to R.J. Ayling, 18 January 1980, PJ 1/68, TNA.

97. M.G.D. Evans to R. Ralph, 24 July 1980, PJ 1/69, TNA.

98. M.G.D. Evans to P. Gent, 3 October 1980, PJ 1/69, TNA.

99. M.J. Lackey to C. Parkinson, 21 October 1980, PJ 1/69, TNA.

100. 'Report on Export Disincentives. Report of the Working Party V to the Chairman of the Interagency Export Disincentives Task Force', February 1980, http://digitalcollections.library.cmu.edu/awweb/awarchive?type=file&item=470964.

101. U.S. General Accounting Office, *Impact of Foreign Corrupt Practices Act on U.S. Business*, op cit. 213

第八章

1. H.D.A.C. Miers to J.C. Moberly, 11 February 1980, FCO 8/3443, TNA.

2. 'Visit of the Secretary of State for Defence to Oman. 21-23 April 1975. Oman. I. Political', FCO 8/2403, TNA.

3. 'Visit of S of S for Defence to Saudi Arabia and the Gulf. Oman. Leading Personalities. 35 Qais Abdul Mun'im Al-Zawawi', FCO 8/3828, TNA.

4. H.D.A.C. Miers to J.C. Moberly, 11 February 1980, FCO 8/

3443, TNA.

5. H. D. A. C. Miers to A. J. M. Craig, 6 February 1981, FCO 8/4221, TNA.

6. OD(80)25th Meeting, 3 December 1980, CAB 148/189, TNA.

7. J. W. F. Nott to M. H. Thatcher, 2 April 1981, PREM 19/467, TNA.

8. A. Reeve, 'Conventional Arms Transfer Policy', Table IX, FCO 66/1423, TNA.

9. Charles Gardner, *British Aircraft Corporation: A History*, London: Batsford, 1981, p. 249.

10. Ibid.

11. J.C. Kay to D.A.L. Owen, 'Visit to Saudi Arabia by the Secretary of State for Defence: 20–25 September, 1977', 2 October 1977, FCO 8/3049, TNA.

12. British Aerospace, News Release, 10 August 1982.

13. R. Anderson to PS/R. Mason, 17 December 1975, FCO 8/2591, TNA and Lord Strathcona to F. L. Pym, 10 December 1980, DEFE 13/1362, TNA.

14. A. W. Pearce to M. H. Thatcher, 8 April 1981, PREM 19/467, TNA.

15. A.J. Coker to C. Lee, 2 February 1978, FCO 8/3130, TNA.

16. I. T. M. Lucas to A. J. Wilton, 7 December 1976, FCO 8/2813, TNA.

17. William Simpson, *The Prince: The Secret Story of the Word's Most Intriguing Royal Prince Bandar bin Sultan*, New York: Regan Books, 2006, p. 13.

18. David B. Ottaway, *The King's Messenger: Prince Bandar Bin Sultan and America's Tangled Relationship with Saudi Arabia*, New York: Walker & Company, 2008, pp. 23–4.

19. PBS Frontline, *Transcript: Black Money*, http://www.pbs.org/wgbh/pages/frontline/blackmoney/etc/script.html.

20. Ottaway, op cit., pp. 41–3.

21. Simpson, op cit., p. 132.

22. Jedda Telegram EDQ 170 to Ministry of Defence, 30 March 1972, DEFE 68/133, TNA.

23. F.E. Rosier to A.J.M. Craig, 8 July 1980, FCO 8/3740, TNA.

24. R.O. Miles to H.D.A.C. Miers, 18 December 1980, FCO 8/3758, TNA.

25. R.C. Mottram to C.D. Powell, 25 September 1985, PJ 5/39, TNA.

26. Ibid.

27. Simpson, op cit., p. 138. 214

28. R.C. Mottram to C.D. Powell, 25 September 1985, PJ 5/39, TNA.

29. PBS Frontline, *Transcript*: *Black Money*, http://www.pbs.org/wgbh/pages/frontline/blackmoney/etc/script.html.

30. Simpson, op cit., p. 144.

31. ‘Memorandum of Understanding for the Provision of Equipment and Services for the Royal Saudi Air Force’, PJ 5/39, TNA.

32. R.C. Mottram to C.D. Powell, 26 September 1985, PJ 5/39, TNA.

33. T. Knapp to P. Mountfield, 21 October 1985, PJ 5/39, TNA.

34. A.J.M. Craig to P.A.R. Carrington, 25 January 1981, FCO 8/4200, TNA.

35. P.F. Ricketts to C.D. Powell, 10 October 1985, http://image.guardian.co.uk/sys-files/Guardian/documents/2007/06/01/ch07doc05.pdf.

36. Chrissie Hirst, *The Arabian Connection*: *the UK Arms Trade to Saudi Arabia*, London: Campaign Against Arms Trade, May 2000, p. 9.

37. ‘Witness Statement of Stephen Pollard’, paragraph 11, *Campaign Against Arms Trade* v *Information Commissioner* [2008] UKIT EA_2006_0040 (hereafter CAAT v IC), Campaign Against Arms Trade (hereafter CAAT).

38. Ibid.

39. D.C. Hole to W.H. Fullerton, 18 February 1969, FCO 8/

1191, TNA.

40. J.E. Petersen, *Oman's Insurgencies*: *The Sultanate's Struggle for Supremacy*, London: Saqi Books, 2007, p. 217.

41. I.S. Winchester to A.A. Acland, 5 September 1970, FCO 8/1454, TNA.

42. A.J.M. Craig to D.J. McCarthy, 11 September 1969, FCO 8/1194, TNA.

43. M.S. Weir to P.R.H. Wright, 'Airwork and the Saudi Air Defence Scheme', 23 March 1967, FCO 8/792, TNA.

44. 'Aide Memoire', 20 February 1967, SC/MSS/165/5/2/11, Caldecote papers, IET.

45. D.J. McCarthy to P.T. Hayman, 'Saudi use of British contract pilots?', 2 December 1969, FCO 8/1110, TNA.

46. W. Morris to D. J. McCarthy, 9 December 1969, FCO 8/1110, TNA.

47. W. Morris to M. Stewart, 'Saudi Arabia/People's Republic of South Yemen: The Wadi'a Border Clash', 20 January 1970, FCO 8/1459, TNA.

48. P.W. Gardiner to J.H.A. Winship, 2 November 1989, Gardiner papers, CAAT.

49. P.W. Gardiner, 'Witness Statement', 23 June 2006, pp. 4-5, Gardiner papers, CAAT.

50. Ibid., p. 6.

51. Ibid., p. 2.

52. Ibid., p. 15.

53. Ibid.

54. Ibid., p .14.

55. Ibid.

56. Ibid., p. 27.

57. Ibid., pp. 26-9.

215 58. Ibid., p. 24.

59. Ibid., p. 26.

60. Ibid., pp. 26–30.

61. Ibid.

62. Ibid.

63. Ibid., pp. 34 and 47.

64. *Daily Mail*, 7 April 2007.

65. P.W. Gardiner, 'Witness Statement', 23 June 2006, p. 47, Gardiner papers, CAAT.

66. Ibid., p. 49.

67. Ibid., p. 40.

68. Ibid., p. 43.

69. Ibid., p. 45.

70. Ibid., p. 39.

71. Ibid., p. 40.

72. Ibid., p. 43.

73. Ibid., p. 35.

74. Ibid., p. 36.

75. Ibid., p. 33.

76. Ibid., p. 34.

77. Ibid., p. 23.

78. H.J.L. Suffield to F. Cooper, 23 June 1976, DEFE 23/149, TNA and D.O. Henley to F. Cooper, 12 January 1977, DEFE 68/110, TNA.

79. H.J.L. Suffield to F. Cooper, undated draft, DEFE 68/319, TNA.

80. *Hansard*, House of Commons, Vol. 199, 1991–92, 27 November 1991, Col. 560W.

81. *Hansard*, House of Commons, Vol. 308, 1997–98, 16 March 1998, Col. 446W.

82. 'Background', Draft Parliamentary answer to Allan Rogers MP, 22 November 1991, Ministry of Defence Freedom of Information disclosure to the author.

83. National Audit Office Freedom of Information disclosure to the author.

84. Ibid.

85. J. Parsons to L.H. Hughes, 9 September 1991, National Audit Office Freedom of Information disclosure to the author.

86. 'Statement of Nicholas Martin Prest', paragraph 18, *Chan U Seek* v *Alvis Vehicles Limited* (Claim No. HC02C01157) (hereafter *Chan U Seek* v *Alvis*), CAAT.

87. Ibid., paragraph 60.

88. Ibid., paragraph 6.

89. 'Amended Particulars of Claim', paragraph 6 (3), *Chan U Seek* v *Alvis*, CAAT.

90. 'Re-amended Defence', paragraph 6.1, *Chan U Seek* v *Alvis*, CAAT.

91. 'Amended Particulars of Claim', paragraph 7, *Chan U Seek* v *Alvis*, CAAT.

216 92. 'Statement of Nicholas Martin Prest', paragraph 12, *Chan U Seek* v *Alvis*, CAAT.

93. Ibid., paragraph 31.

94. Ibid., paragraphs 34-5.

95. Ibid., paragraph 51.

96. Ibid., paragraph 44.

97. 'Deposition by Witness Rini Soewondho', paragraph 20, *Chan U Seek* v *Alvis*, CAAT.

98. 'Witness Statement of Lionel Wilfred Steele', paragraph 20, *Chan U Seek* v *Alvis*, CAAT.

99. Ibid., paragraph 16.

100. 'Statement of Nicholas Martin Prest', paragraph 44, *Chan U Seek* v *Alvis*, CAAT.

101. Ibid., paragraph 53.

102. 'Witness Statement of Lionel Wilfred Steele', paragraph 30, *Chan U Seek* v *Alvis*, CAAT.

103. 'Statement of Nicholas Martin Prest', paragraph 57, *Chan U Seek* v *Alvis*, CAAT.

104. *Guardian*, 7 December 2004.

105. Ibid.

106. V. New to S. Hawley, 23 March 2005, CAAT.

107. J. Thorpe to N.J. Gilby, 22 March 2005, CAAT.

108. V. New to S. Hawley, 23 March 2005, CAAT.

109. J. Thorpe to N.J. Gilby, 22 March 2005, CAAT.

110. http://amabhungane.co.za/article/2011-06-24-the-arms-deal-cache.

111. 'Note for Opening', *Regina* v *BAE Systems plc*, p. 4.

112. Ibid., p. 5.

113. http://dl.dropbox.com/u/29088336/arms cache share/ x960000_BAE plans covert offshore payment system.pdf.

114. Ibid.

115. Ibid.

116. Ibid.

117. US State Department to D. Parkes, May 2011, http://www.pmddtc.state.gov/compliance/consent_agreements/pdf/BAES_PCL.pdf.

118. 'Note for Opening', *Regina* v *BAE Systems plc*, p. 5.

119. U.S. Department of Justice. U.S. Attorney. Northern District of Georgia, 'News Release', 27 January 1995, http://www.justice.gov/criminal/fraud/fcpa/cases/lockheed/1995-01-27-lockheed-press-release-(plea-as-to-lockheed-love).pdf.

120. Ibid.

121. OECD, *United States: Phase 2: Report on Application of the Convention on Combating Bribery of Foreign Public Officials in International Business Transactions and the* 1997 *Recommendation on Combating Bribery in International Business Transactions*, Paris: OECD, 2002, p. 16.

122. 'Information', *U.S.* v *General Electric Company*: Docket No. 92-CR-087, http://www.justice.gov/criminal/fraud/fcpa/cases/general-electric/1992-07-22-general-electric-information.pdf and 'Statement of Facts in Support of Guilty Plea', *U.S.* v *Herbert B. Steindler*, et al: Court Docket Number: 94-CR-068; 94-CR-029, http://www.justice.gov/criminal/fraud/fcpa/cases/steindlerh-et-al/1994-07-18-steindlerh-et- 217

al-statement-of-facts-(as-tosteindler).pdf.

123. Michael V. Seitzinger, *Foreign Corrupt Practices Act: A Legal Overview*, Congressional Research Service Report RS21925, 2 September 2004, pp. CRS-4 to CRS-5.

124. Public Law No. 100-418, 23 August 1988, http://www.justice.gov/criminal/fraud/fcpa/history/1988/houserpt-100-418.pdf.

125. Mark Pieth, Lucinda A. Low, Peter J. Cullen, *The OECD Convention on Bribery: A Commentary*, Cambridge: Cambridge University Press, 2007, p. 11.

126. OECD, *Recommendation of the Council on Bribery in International Business Transactions* (adopted by the Council 27 May 1994).

127. Pieth et al, op cit., p. 13.

128. Ibid., p. 14.

129. Ibid., p. 15.

130. Ibid., p. 18.

131. *SIPRI Yearbook* 2001: *Armaments, Disarmament and International Security*, Stockholm: SIPRI, p. 223.

132. BAE Systems, *Annual Report* 2000, Farnborough: BAE Systems, 2001, p. 43.

133. J. Weston to W.S. Cohen, 16 November 2000, in Appendix A, 'Statement of Offense', *U.S.* v *BAE Systems plc*: Docket No. 10-CR-035-JDB (hereafter U.S. v BAE), http://www.justice.gov/criminal/fraud/fcpa/cases/bae-system/03-01-10baesystems-plea-agree.pdf.

134. P.W. Gardiner, 'Witness Statement', 23 June 2006, p. 59, Gardiner papers, CAAT.

135. Ibid., pp. 60-1.

136. Blake-Turner & Co to S. Fordyce and P.W. Gardiner, 19 February 2002, Gardiner papers, CAAT.

137. Blake-Turner & Co to P.W. Gardiner, 15 April 2002, Gardiner papers, CAAT.

138. P.W. Gardiner to P.J.S. Wilson, 30 May 2002, Gardiner papers, CAAT.

139. P.W. Gardiner, 'Witness Statement', 23 June 2006, p. 68, Gardiner papers, CAAT.

140. Ibid., pp. 72-3.

141. P.W. Gardiner to J.H.A. Winship, 18 April 2002, Gardiner papers, CAAT.

142. P.W. Gardiner to P.J.S. Wilson, 30 May 2002, Gardiner papers, CAAT.

143. P.W. Gardiner, 'Witness Statement', 23 June 2006, pp. 83-5, Gardiner papers, CAAT.

144. Ibid., p. 86. 218

145. Ibid., p. 90.

146. OECD, *United Kingdom Phase 2bis Report on the Application of the Convention on Combating Bribery of Foreign Public Officials in International Business Transactions and the* 1997 *Recommendation on Combating Bribery in International Business Transactions*, Paris: OECD, October 2008, p. 50.

147. OECD, *United Kingdom Phase* 2 *Report on the Application of the Convention on Combating Bribery of Foreign Public Officials in International Business Transactions and the* 1997 *Recommendation on Combating Bribery in International Business Transactions*, Paris: OECD, March 2005, pp.48-9.

148. OECD, *United Kingdom Phase 2bis Report*, op cit., p. 50.

149. OECD, *United Kingdom Phase* 2 *Report*, op cit., p. 49.

150. 'Witness Statement of Robert Wardle', 17 December 2007, paragraph 4, *Corner House Research & Campaign Against Arms Trade*, *R* (*on the application of*) v *Director of the Serious Fraud Office & Anor* [2008] EWHC 714 (Admin) (hereafter *Corner House* v *SFO*).

151. M. Cowie to L. Charalambous, 11 October 2004, Gardiner papers, CAAT.

第九章

1. *Hansard*, House of Commons, Vol. 475, Part 2, 2007-08, 1 May 2008, Col. 573W, and 'Witness statement of Robert Wardle', 31 January

2008, paragraph 27, *Corner House* v *SFO*.

2. Author's calculations from OECD, *Steps taken to implement and enforce the OECD Convention on Combating Bribery of Foreign Public Officials in International Business Transactions*: *United States*, Paris: OECD, 31 May 2011.

3. OECD, *United Kingdom Phase* 2 *Report*, op cit., p. 40.

4. Ibid., p. 48.

5. Ibid., p. 80.

6. M. Lester to P. H. Goldsmith, 7 November 2005 in 'Exhibit RW4', 'Witness Statement of Robert Wardle', *Corner House* v *SFO*.

7. J. G. Jones to A. T. O'Donnell, 6 December 2005 in 'Exhibit RW2', 'Witness Statement of Robert Wardle', *Corner House* v *SFO*.

8. M. Lester to P. H. Goldsmith, 7 November 2005 in 'Exhibit RW4', 'Witness Statement of Robert Wardle', *Corner House* v *SFO*.

9. Ibid.

10. Agence France Press, 3 October 2005.

11. M. Lester to P. H. Goldsmith, 7 November 2005 in 'Exhibit RW4', 'Witness Statement of Robert Wardle', *Corner House* v *SFO*.

12. Ibid.

13. Reuters, 10 September 2006.

219 14. J. Hitchin to M. Cowie, 8 December 2005 in 'Exhibit RW4', 'Witness Statement of Robert Wardle', *Corner House* v *SFO*.

15. *Financial Times*, 4 April 2007.

16. 'Witness Statement of Robert Wardle', 17 December 2007, paragraphs 8 and 11, *Corner House* v *SFO*.

17. Ibid., paragraphs 12 and 14–15.

18. A.T. O'Donnell to J. G. Jones, 16 December 2005 in 'Exhibit RW2', 'Witness Statement of Robert Wardle', *Corner House* v *SFO*.

19. Ministry of Defence, Press Release, 22 December 2005.

20. J. G. Jones to A. T. O'Donnell, 25 January 2006 in 'Exhibit RW2', 'Witness Statement of Robert Wardle', *Corner House* v *SFO*.

21. *Financial Times*, 26 February 2007.

22. House of Commons, Constitutional Affairs Committee, Session 2006－07, Fifth Report, *Constitutional Role of the Attorney General*, London: TSO, 19 July 2007, Ev 34.

23. *Financial Times*, 26 February 2007.

24. *Corner House* v *SFO*, paragraph 4.

25. House of Commons, Constitutional Affairs Committee, op cit., Ev 34.

26. *Financial Times*, 26 February 2007.

27. A.T. O'Donnell to J.G. Jones, 29 September 2006 in 'Exhibit RW2', 'Witness Statement of Robert Wardle', *Corner House* v *SFO*.

28. J.G. Jones to A.T. O'Donnell, 3 October 2006 in 'Exhibit RW2', 'Witness Statement of Robert Wardle', *Corner House* v *SFO*.

29. H. Garlick to J.G. Jones, 27 October 2006, in 'Exhibit RW4', 'Witness Statement of Robert Wardle' in *Corner House* v *SFO* and 'Helen Garlick' in *Corner House Research & Ors*, *R* (*On The Application of*) v *The Serious Fraud Office* [2008] UKHL 60.

30. 'Memorandum of Understanding for the Provision of Equipment and Services for the Royal Saudi Air Force', PJ 5/39, TNA.

31. House of Commons, Defence Committee, Session 1989–90, First Report, *The Appointment of the Head of Defence Export Services*, London: HMSO, 22 November 1989, Ev 30.

32. Riyadh Telegram ZMC/ZDK/ZBG/A2P to Ministry of Defence, 6 January 1986, PJ 5/40, TNA.

33. Ibid.

34. *Guardian*, 28 October 2006.

35. Transcript, 4 March 2008, p. 88, *CAAT* v *IC*, CAAT.

36. 'Witness Statement of Stephen Pollard', paragraph 15, *CAAT* v *IC*, CAAT.

37. 'Witness Statement of Paul Inman', paragraph 18, *CAAT* v *IC*, CAAT.

38. 'Second Witness Statement of Simon Marsh', paragraph 7, in *Campaign Against Arms Trade* v. *IC* (Freedom of Information Act 2000)

[2011] UKFTT EA_2011_0109 (GRC), CAAT.

39. *CAAT* v *IC*, paragraph 84.

40. *Daily Mail*, 25 November 2006.

220 41. *Hansard*, House of Commons, Vol. 453, Part 1, 2006-07, 30 November 2006, Col. 1222.

42. *Daily Telegraph*, 29 November 2006.

43. K. Hartley, *The Industrial and Economic Benefits of Eurofighter Typhoon*, Hallbergmoos: Eurofighter, 16 June 2006, p. 21. This figure is derived by taking the jobs total for the Saudi export order and applying the British work share percentage for the Typhoon programme.

44. 'Statement of Facts and Issues', paragraph 26, in *Corner House Research & Ors, R (On The Application of)* v *The Serious Fraud Office* [2008] UKHL 60.

45. 'Witness Statement of Robert Wardle', 17 December 2007, paragraph 28, *Corner House* v *SFO*.

46. A.C.L. Blair to P.H. Goldsmith, 8 December 2006 in 'Exhibit RW2', 'Witness Statement of Robert Wardle', *Corner House* v *SFO*.

47. 'Witness Statement of Robert Wardle', 17 December 2007, paragraph 34, *Corner House* v *SFO*.

48. A.C.L. Blair to P.H. Goldsmith, 8 December 2006 in 'Exhibit RW2', 'Witness Statement of Robert Wardle', *Corner House* v *SFO*.

49. O. Robbins to J.G. Jones, 12 December 2006 in 'Exhibit RW2', 'Witness Statement of Robert Wardle', *Corner House* v *SFO*.

50. 'Witness Statement of Robert Wardle', 17 December 2007, paragraph 39, *Corner House* v *SFO*.

51. *Intelligence and Security Committee Annual Report* 2006-2007, Cm 7299, London: TSO, January 2008, paragraph 107.

52. 'Witness Statement of Robert Wardle', 17 December 2007, paragraph 51, *Corner House* v *SFO*.

53. Hansard, House of Lords, Vol. 687, 2006-07, 14 December 2006, Cols 1711-3.

54. OECD, *United Kingdom Phase* 2 *Report*, op cit., p. 80.

55. OECD, *United Kingdom Phase 2bis Report*, op cit., p. 5.

56. OECD, Press Release, 14 March 2007.

57. Monty Raphael, *Blackstone's Guide to The Bribery Act* 2010, Oxford: Oxford University Press, 2010, pp. 23-4.

58. OECD, *United Kingdom Phase* 2 *Follow-up Report on the Implementation of the Phase* 2 *Recommendations*, Paris: OECD, June 2007, p. 6.

59. Raphael, op cit., p. 25.

60. OECD, *United Kingdom Phase 2bis Report*, op cit., p. 41.

61. Ibid., p. 70.

62. Raphael, op cit., p. 27.

63. https://www.wikileaks.org/plusd/cables/07PARIS829_a.html.

64. 'Serious Fraud Office Investigation into BAE Systems/Saudi Arabia. Further note to OECD from United Kingdom', 8 March 2007, paragraph 8, CAAT.

65. https://www.wikileaks.org/plusd/cables/07PARIS829_a.html.

66. 'Serious Fraud Office Investigation into BAE Systems/Saudi Arabia. Further note to OECD from United Kingdom', 8 March 2007, paragraph 6, CAAT.

67. Transcript, 4 March 2008, p. 26, *CAAT* v *IC*, CAAT. 221

68. *Hansard*, House of Commons, Vol. 489, Part 2, 2008-09, 10 March 2009, Col. 400W.

69. https://www.wikileaks.org/plusd/cables/07PARIS829_a.html.

70. OECD, *United Kingdom Phase 2bis Report*, op cit., p. 12.

71. Ibid., p. 13.

72. Ibid., p. 12.

73. Ibid., p. 35.

74. Mark Hollingsworth with Sandy Mitchell, *Saudi Babylon: Torture, Corruption and Cover-Up Inside the House of Saud*, Edinburgh: Mainstream Publishing Company, 2006.

75. House of Lords and House of Commons, Joint Committee on Human Rights, Session 2008-09, Twenty-third Report, *Allegations of UK*

Complicity in Torture, London: TSO, 4 August 2009, HC 230, summary.

76. *Exaro News*, 24 April 2012.

77. *Financial Times*, 30 April 2007.

78. http://www.saudiembassy.net/archive/2007/news/page784.aspx.

79. Ministry of Defence, Press Release, 17 September 2007.

80. Reuters, 17 September 2007.

81. *Hansard*, House of Commons, Vol. 457, Part 2, 2006-07, 27 February 2007, Col. 1149W.

82. *Corner House Research & Campaign Against Arms Trade*, *R* (*on the application of*) v *Director of the Serious Fraud Office & Anor* [2008] EWHC 714 (Admin).

83. *Corner House Research & Ors*, *R* (*On The Application of*) v *The Serious Fraud Office* [2008] UKHL 60.

84. *Guardian*, 18 February 2011.

85. 'Statement of Offense', *U.S.* v *BAE*, http://www.justice.gov/criminal/fraud/fcpa/cases/bae - system/03 - 01 - 10baesystems - plea - agree.pdf.

86. Ibid.

87. Woolf Committee, *Ethical business conduct in BAE Systems plc-the way forward: Executive Summary*, London: Woolf Committee, May 2008, p. 4.

88. Ibid.

89. Lockheed Aircraft Corporation, op cit., p. 3.

90. Woolf Committee, op cit., pp. 5-6.

91. *Jane's Defence Weekly*, 13 May 1998.

92. *Financial Times*, 18 October 2000.

93. *Air Forces Monthly*, July 2001.

94. 'Statement of Offense', *U.S.* v *BAE*, http://www.justice.gov/criminal/fraud/fcpa/cases/bae - system/03 - 01 - 10baesystems - plea - agree.pdf.

95. *Financial Times*, 11 December 2001.

96. Statement of Offense', *U.S.* v *BAE*, http://www.justice.gov/

criminal/fraud/fcpa/cases/bae－system/03－01－10baesystems－plea－agree.pdf.

97. *Guardian*, 30 September 2008 and 2 March 2009.

98. Statement of Offense', *U.S.* v *BAE*, http://www.justice.gov/ 222
criminal/fraud/fcpa/cases/bae－system/03－01－10baesystems－plea－agree.pdf.

99. *Flight International*, 18－24 September 2001.

100. Ibid., 11－17 February 2003 and Gripen International, Press Release, 3 February 2003.

101. Statement of Offense', *U.S.* v *BAE*, http://www.justice.gov/criminal/fraud/fcpa/cases/bae－system/03－01－10baesystems－plea－agree.pdf.

102. Serious Fraud Office, Press Release, 29 January 2010.

103. *Guardian*, 7 February 2010.

104. Notes by Rob Evans of hearing at Highbury magistrates court, 28 January 2010, CAAT.

105. Notes by Rob Evans of hearing at Westminster magistrates court, 3 February 2010, CAAT.

106. 'Settlement Agreement between the Serious Fraud Office and BAE Systems plc', February 2010.

107. 'Note for Opening', *Regina* v *BAE Systems plc*, p. 5.

108. Ibid., p. 6.

109. Ibid.

110. Ibid., p. 7.

111. Ibid.

112. Ibid.

113. Ibid.

114. Ibid., p. 10.

115. 'Settlement Agreement between the Serious Fraud Office and BAE Systems plc', February 2010.

116. *Regina* v *BAE Systems plc*, paragraph 15.

117. Serious Fraud Office, Press Release, 5 February 2010.

118. ‘Statement of Offence’, *Regina* v *BAE Systems plc*.

119. ‘Settlement Agreement between the Serious Fraud Office and BAE Systems plc’, February 2010.

120. *Regina* v *BAE Systems plc*, paragraph 19.

121. Office of the United States Attorney Southern District of California, News Release, 1 March 2005, and ‘Information’, *U.S.* v *Titan Corporation*: Docket No. 05-CR-314-BEN, http://www.justice.gov/criminal/fraud/fcpa/cases/titan-corp.html.

122. Department of Justice, Press Release, 1 March 2010.

123. OECD, *Phase* 3 *Report on Implementing the OECD Anti-Bribery Convention in the United Kingdom*, Paris: OECD, March 2012, p. 38.

124. State Department, Press Release, 17 May 2011.

125. Paul Holden and Hennie van Vuuren, *The Devil in the Detail: How the Arms Deal changed everything*, Jeppestown, Jonathan Ball Publishers, 2011, p. 99.

126. Holden and van Vuuren, op cit., pp. 191 and 208. The author possesses a copy of the SFO affidavit quoted by Holden and van Vuuren to which this and the following three endnotes refer. The author was passed a copy after it was leaked to a South African newspaper and widely circulated in the media.

223 127. Ibid., p. 195.

128. Ibid., p. 196.

129. Ibid., pp. 196-7.

130. OECD, *OECD Working Group on Bribery Annual Report* 2011, Paris: OECD, pp. 14 and 17.

131. OECD, *Phase* 3 *Report*, op cit., p. 39.

132. Ibid., p. 40.

133. *Private Eye*, Issue 1314, and *Exaro News*, 15 May 2012.

134. F. Cooper to H. J. L. Suffield, 23 June 1976, DEFE 23/149, TNA.

135. H. J. L. Suffield to F. Cooper, 23 July 1976, DEFE 23/149, TNA.

136. H. J. L. Suffield to F. Cooper, undated draft, DEFE 68/319, TNA.

137. H. J. L. Suffield to F. Cooper, 23 July 1976, DEFE 23/149, TNA.

138. H. J. Amery to P. A. R. Carrington, 22 May 1980, FCO 8/3738, TNA.

139. I.T.M. Lucas to M.S. Weir, 'Agency arrangements for Saudi Arabia', 21 February 1978, FCO 8/3118, TNA.

140. Ibid.

141. H.St.J.B. Armitage to A.B. Milne, 6 November 1969, FCO 8/1999, TNA.

142. Ibid.

143. H.J.St.B. Armitage to A.B. Milne, 29 November 1969, FCO 8/1999, TNA.

144. W. Morris to I. S. Winchester, 8 February 1972, FCO 8/1914, TNA.

145. D.J. McCarthy to C.S., 18 November 1976, FCO 8/2633, TNA.

146. SAMV(75)10A, 15 October 1975, FCO 8/2605, TNA.

147. National Enterprise Board, 'Allegations in the Daily Mail of 19 and 20 May 1977 about British Leyland Limited', 13 June 1977, DEFE 24/1316, TNA.

148. F. Cooper to H.J.L. Suffield, 23 June 1976, DEFE 23/149, TNA and H. J. L. Suffield to F. Cooper, 23 June 1976, DEFE 23/149, TNA.

149. *Annuaire Des Societies Libanaises A Responsabilite Limitee*, op cit., p. 213.

150. H. V. B. Brown to M. W. Hunt, 22 January 1978, FCO 8/3118, TNA.

151. J. E. D. Street to M. S. Weir, 8 February 1978, FCO 8/3118, TNA.

152. I.T.M. Lucas to M.S. Weir, 'Agency arrangements for Saudi Arabia', 21 February 1978, FCO 8/3118, TNA.

153. B.A. Major to D.I. Lewty, 12 April 1978, FCO 8/3118, TNA.

154. Jedda Telegram No.255 to Foreign and Commonwealth Office, 23 April 1978, FCO 8/3118, TNA.

155. B.A. Major to H.R. Braden, 25 April 1978, FCO 8/3118, TNA.

156. 1980 Annual Report of Duranton Limited (No.1022377), available at http://www.companieshouse.gov.uk.

157. *Private Eye*, Issue 1330.

158. Ibid.

159. J.D.S. Dawson to M.O'D.B. Alexander, 1 July 1981, PREM 19/1126, TNA.

160. H. J. Amery to P. A. R. Carrington, 22 May 1980, FCO 8/3738, TNA.

161. *Exaro News*, 30 October 2012.

224 162. *Exaro News*, 29 May 2012.

163. Serious Fraud Office, Press Release, 7 August 2012.

164. *Hansard*, House of Commons, Vol. 549, Part 2, 2012-13, 3 September 2012, Col. 69W.

结论

1. E.G. Norris to A.M. Simons, 21 June 1976, FCO 15/2145, TNA.

2. William M. Daley, *The National Export Strategy: Working for America, Seventh Annual Report to the United States Congress*, Washington: Trade Promotion Coordinating Committee, March 2000, p. 11.

3. 'Witness Statement of Joe Roeber', paragraph 45, *Gilby* v *IC* [2008] UKIT EA_2007_0071.

4. *Global Enforcement Report* 2011, Annapolis: TRACE International, 2011, Figure VII.

5. A. J. M. Craig to H. D. A. C. Miers, 24 March 1980, FCO 8/3443, TNA.

6. See *CIA World Factbook* at https://www.cia.gov/library/publications/theworld-factbook.

7. Andrew Feinstein, Paul Holden and Barnaby Pace, *Corruption and*

the arms trade: sins of commission in SIPRI Yearbook 2011: *Armaments, Disarmament and International Security*, Stockholm: SIPRI, p. 26.

8. Ibid.

9. Pride Chigwedere et al., ‘Estimating the Lost Benefits of Antiretroviral Drug Use in South Africa’, *Journal of Acquired Immune Deficiency Syndromes*, Vol. 49, Issue 4 (December 2008).

10. Feinstein et al., op cit., p. 26.

11. Holden and van Vuuren, op cit., p. 354.

12. http://www.transparency.org/whoweare/organisation/faqs_on_corruption.

13. Laurence Cockcroft, *Global Corruption: Money, Power and Ethics in the Modern World*, London: I.B. Tauris, 2012, chapter 4.

14. W. Morris to H. J. L. Suffield, 11 February 1970, FCO 8/1498, TNA.

15. http://www.ti-defence.org/what-we-do/govmil.

16. Lord Beswick to R. E. Dearing, 14 February 1978, FV 22/119, TNA.

17. OECD, *OECD Working Group on Bribery Annual Report* 2011, op cit., p.3.

18. See the *Defense News* Top 100 for 2011 at http://special.defensenews.com/top-100.

19. Cockcroft, op cit., p. 175.

225

索　　引

Abdullah, Prince (Commander of Saudi Arabian National Guard, later Crown Prince then King, Saudi Arabia): 阿卜杜拉王子（曾任沙特阿拉伯国民警卫队司令，后为王储和国王），38，40，86，109，141，167，175；desire for Government-to-Government deal：阿卜杜拉希望与英国达成政府间协议，50；negotiation with British Government：阿卜杜拉与英国政府谈判，51–54，106，109；refusal to use agents：阿卜杜拉拒绝使用代理人，40–41；relations with Austin, Peter：阿卜杜拉与彼特·奥斯汀的关系，177；relations with British Military Mission：阿卜杜拉与英国军事代表团的关系，42；relations with Fustok, N.：阿卜杜拉与福斯图克的关系，43，49，102，105，176

Abdul Aziz bin Abdullah, Prince：阿卜杜勒·阿齐兹·本·阿卜杜拉王子；BAe benefits programme：阿卜杜勒·阿齐兹·本·阿卜杜拉王子与英国宇航公司的利益输送计划，141

Abdul Rahman, Prince (businessman, later Deputy Minister of Defence and Aviation, Saudi Arabia)：阿卜杜勒·拉赫曼王子（商人，后担任沙特阿拉伯国防与航空部副部长），5，91；agreement with Associated Electrical Industries (AEI)：阿卜杜勒·拉赫曼王子与英国联合电气工业公司之间的协议，9，13；agreement with Geoffrey Edwards：阿卜杜勒·拉赫曼王子与杰弗里·爱德华兹之间的协议，9，82–84；commissions：阿卜杜勒·拉赫曼王子的佣金，7，9，82–84；legal action against Associated Electrical Industries（AEI）83−84；relations with Geoffrey Edwards：阿卜杜勒·拉赫曼王子与杰弗里·爱德华兹的关系，5，12−13，40，82−84

Abeer bin Turki，Princess：阿比尔·本·图尔基公主；BAe benefits programme：阿比尔·本·图尔基公主与英国宇航公司的利益输送计划，141

Acland，Antony（Head of Arabian Department，Foreign and Commonwealth Office）：英国外交和联邦事务部阿拉伯地区事务负责人安东尼·阿克兰，49−52

Aden，亚丁（也门地名），137

Adham，Kamal（Head of Saudi Intelligence）：沙特阿拉伯情报机构负责人卡马尔·阿德哈姆，46；owner of Pennway Investment Corporation and consultant for Rolls−Royce：彭威投资公司实控人和劳斯莱斯公司顾问，115−116；Scicon bid for Saudi Ministry of the Interior contract：西康公司竞标沙特阿拉伯内政部的合同，94−95

Administration of Justice Act 1970：1970 年英国《司法行政法》，84

Africa：非洲，101，118，123，172−173

African National Congress：非洲国民大会党，173

Agency fee：代理费，参见 Reporter Shapor 词条

Agents（general）：代理人（统称）；role in business deals：代理人在商业协议中的角色，4，19，30，46

Agusta：意大利阿古斯塔公司，173

air defence system：防空系统，参见 Saudi Arabian Air Defence（SAAD）scheme 词条

Airbus Group：空客集团，参见 GPT Special Project Management Limited 词条

Airwork：英国航空服务公司；commissions：英国航空服务公司的佣金，9，80，88。另参见 Edwards，Geoffrey；Saudi Arabian Air Defence（SAAD）scheme；Winship，Tony 三个词条

Akins，James（American Ambassador to Saudi Arabia）：美国驻沙特阿拉伯大使詹姆斯·艾金斯，86

Al Haggar, Colonel Fahad：法哈德·阿尔·哈加尔上校，97；commissions：法哈德·阿尔·哈加尔上校的佣金，97。另参见 Kuwait 词条

Al Salam：和平军购协议，166，168

Al Yamamah x：鸽子军购协议 x，134－137，142－143，152－164，166－167，172，174－175；initial Serious Fraud Office investigation：英国严重欺诈调查署对鸽子军购协议的初步调查，153；investigation by American Department of Justice：美国司法部对鸽子军购协议的调查，167，178。另参见 BAe benefits programme；Serious Fraud Office investigation of BAE Systems 词条

Alam, Asadollah（Iranian Minister of Court）：伊朗宫廷大臣阿萨杜拉·阿拉姆，62，68

Alamuddin, Najeeb：纳吉布·阿拉姆丁，26

Alamuddin, Sulayman（Managing Director, Near East Resources）：近东资源公司总经理苏莱曼·阿拉姆丁；friend of Hubert, Harold：苏莱曼·阿拉姆丁是哈罗德·休伯特的朋友，26；sales to Lebanon：苏莱曼·阿拉姆丁撮合英国对黎巴嫩的军售，26，30，31；sales to Saudi Arabia：苏莱曼·阿拉姆丁撮合英国对沙特阿拉伯的军售，44，47，49

Alderman, Richard（Director, Serious Fraud Office）：英国严重欺诈调查署署长理查德·奥尔德曼，166

Al-Helaissi, Abdurrahman（Saudi Ambassador to London）：沙特阿拉伯驻英国大使阿卜杜拉曼·阿赫莱西，33，46

Ali Reza, Abdullah：阿卜杜拉·阿里·雷扎，98；commissions：阿卜杜拉·阿里·雷扎的佣金，98

Ali Reza, Ali：阿里·阿里·雷扎，35－37；commissions：阿里·阿里·雷扎的佣金，35－37

All Nippon Airways（ANA）：全日空航空公司，75

Alvis：英国艾维士汽车公司；commissions：英国艾维士汽车公司支付佣金，45，51，91，143－144，146；negotiation of deal in Indonesia：英国艾维士汽车公司与印尼谈判采购协议，143－146；negotiation of

226 deal with Saudi Arabian National Guard：英国艾维士汽车公司与沙特阿拉伯国民警卫队谈判采购协议，41－46，49－52；negotiation of deal

with Saudi Army：英国艾维士汽车公司与沙特阿拉伯军队谈判，33；use of Near East Resources as agent in Lebanon：英国艾维士汽车公司在黎巴嫩雇佣近东资源公司为代理商，26，31；use of Near East Resources as agent in Saudi Arabia：英国艾维士汽车公司在沙特阿拉伯雇佣近东资源公司为代理商，44-45，49

Al-Zawawi，Qais（Minister of State for Foreign Affairs，Oman）：盖斯·阿尔-扎瓦维（阿曼外交部国务大臣）；corruption：盖斯·阿尔-扎瓦维的腐败，129

American Government：美国政府，151，166；action against corruption：美国政府的反腐行动，77，89；attempting to prevent disclosures about corruption：美国政府试图阻止丘奇委员会披露关于腐败的信息，87，90；knowledge of commissions：美国政府知道佣金的事情，85，91；OECD Anti-Bribery Convention：经合组织《反贿赂公约》，150；proposals for international agreement against corruption：美国政府提议制定国际反腐协议，112，117-120，122，124-127。另参见 Trade Promotion Coordinating Committee 词条

AMX-30 tanks：法国 AMX-30 坦克，37

Anglo-Persian Oil Company：盎格鲁—波斯石油公司，参见 British Petroleum（BP）词条

Anglo-Iranian Oil Company：盎格鲁—伊朗石油公司，参见 British Petroleum（BP）词条

Anti-terrorism，Crime and Security Act 2001：2001 年《反恐怖主义、打击犯罪和维护安全法》，151-152，154，163-164，174；convictions secured under：根据《反恐怖主义、打击犯罪和维护安全法》的定罪，154，174

antitrust laws：反垄断法，76

Arabian American Oil Company（ARAMCO）：阿美石油公司，12

Arabian Electronic Projects of Jedda（AEP）：位于吉达的“阿拉伯电子项目公司”，94。另参见 Adham，Kamal 词条

arbitration：仲裁，84

Arms Export Control Act（America）：美国《武器出口管制法》，79；conviction under：根据美国《武器出口管制法》的定罪，172

Arstow：阿尔斯托公司，174

Associated Electrical Industries（AEI）：英国联合电气工业公司，82；commissions：英国联合电气工业公司支付佣金，9，80-81，87，91。另参见以下几个词条：Abdul Rahman，Prince；Edwards，Geoffrey；Freedom of Information Act；Saudi Arabian Air Defence（SAAD）scheme；Thunderbird missile system

Austin，Peter：彼得·奥斯汀，175，177

Austria：奥地利，169

BAE Systems（BAE）：英国宇航系统公司，150，154，183；benefits programme：英国宇航系统公司（前身为“英国宇航公司”）的利益输送计划，关于该计划，可参见以下词条：Abeer bin Turki，Princess；Abdul Aziz bin Abdullah，Prince；Behery，General；Gardiner，Peter；Faisal bin Turki，Prince；Haifa bin Turki，Princess；Noura，Princess；Saudi Royal Family；Travellers World；Turki bin Nasser，Prince；Winship，Tony；commissions：英国宇航系统公司支付佣金，151，169-171，173；compliance with Foreign Corrupt Practices Act：英国宇航系统公司遵守美国《反海外腐败法》的情况，150-151，167；investigation/conviction/fine by American Department of Justice x：美国司法部对英国宇航系统公司的调查/定罪/罚款 x，148，167，169-170，172-173，178，183；sale of Eurofighter Typhoon to Saudi Arabia：英国宇航系统公司向沙特阿拉伯出售欧洲战斗机联合体的“台风”战斗机，155-157，161，166；sales to Czech Republic：英国宇航系统公司对捷克的销售，169-170，183；sales to Hungary：英国宇航系统公司对匈牙利的销售，169-170，183；sales to South Africa：英国宇航系统公司对南非的销售，172-174；sales to Tanzania：英国宇航系统公司对坦桑尼亚的销售，170-171；use of agents：英国宇航系统公司使用代理人，164，168-172。另参见以下词条：British Aerospace；British Aircraft Corporation；Serious Fraud Office investigation of BAE Systems；Woolf Committee

Bahrain：巴林，53，57，130

Baldwin，Jack：杰克·鲍德温，82

Bandar bin Sultan, Prince：班达尔・本・苏尔坦王子，132，167；Al Yamamah：班达尔・本・苏尔坦王子与鸽子军购案的关系，134

Bank of England Exchange Control：苏格兰银行外汇管制，69，102，111-112，114

Bannerman, Patrick：英国外交官帕特里克・班纳曼，88

Barger, Tom（Director, Northrop）：诺斯罗普公司董事汤姆・巴杰，86

Barnett, Joel（Chief Secretary to the Treasury）：英国财政部首席秘书乔尔・巴内特，94，112，114，117，126

Barton, Graham：格雷厄姆・巴顿，101，103，105

Basque：印尼图图特夫人实控的巴斯克公司，146

Bean, Mr Justice：比恩法官，171

Beherey, General：沙特阿拉伯皇家空军的贝赫里将军；BAe benefits programme：贝赫里将军与英国宇航公司的利益输送计划，139-140

Benin：贝宁，172

Bernhard, Prince：伯恩哈德亲王，18，74，79

Beswick, Frank（Chairman, British Aerospace）：英国宇航公司董事长弗兰克・贝斯维克，182

Blair, Tony（British Prime Minister）：英国首相托尼・布莱尔，155-156，161

Bolton-Lee, Anouska：阿努斯卡・博尔顿-李，141

Bourn, Sir John（Comptroller and Auditor General）：英国主计长兼审计长约翰・伯恩爵士，143

Brandt's：英国威廉・勃兰特之子有限公司，参见 William Brandt's Sons and Company Ltd 词条

bribe：贿赂；definition ix：贿赂的定义 ix；general mentions of/euphemisms for：贿赂的一般表达/委婉表达，9，10，12，19，21-22，24，26，31，36-37，40，46，49，54，58，72-74，77-79，85，93，97，102-105，107，109-120，122-126，128，136，151，163，168，174，178-180，182，184-185；Bribery Act 2010：2010 年英国《反贿赂法》，174

227

British Aerospace（BAe）：英国宇航公司，69，150；benefits programme：英国宇航公司的利益输送计划，参见下列词条：Abeer bin Turki，Princess；Abdul Aziz bin Abdullah，Prince；Behery，General；Gardiner，Peter；Faisal bin Turki，Prince；Haifa bin Turki，Princess；Noura，Princess；Saudi Royal Family；Travellers World；Turki bin Nasser，Prince；Winship，Tony。Commissions：英国宇航公司支付佣金，142－143，148，171；draft statement on business ethics：英国宇航公司关于商业伦理的声明草案，182；involvement in Saudi Arabian Air Defence Assistance Project（SADAP）：英国宇航公司参与沙特阿拉伯防空支援项目，142；role of fixers：中间人的角色，130；use of agents：使用代理人，147－148。另参见以下词条：Al Yamamah；Gardiner，Peter；Red Diamond Trading Ltd；Reporter，Shapoor；Siemens Plessey Electronic Systems；Winship，Tony

British Aerospace Defence Systems Limited：参见 Siemens Plessey Electronic Systems 词条

British Aerospace（Operations）Limited：参见 British Aerospace（BAe）词条

British Aircraft Corporation（BAC）：英国飞机公司，4，16，19，80；attempts to settle *Edwards* v *AEI*：英国飞机公司试图解决爱德华兹诉英国联合电气工业公司案，83－84；commissions：英国飞机公司支付佣金，7，9－11，13，15，80，82，88，91，106－108；involvement in Saudi Arabian Air Defence Assistance Project（SADAP）：英国飞机公司卷入沙特阿拉伯防空支援项目，106，108，131－132；sales to Kuwait：英国飞机公司对科威特的销售，98；use of Near East Resources as agent in Lebanon：英国飞机公司在黎巴嫩利用近东资源公司担任代理商，26。另参见以下词条：Edwards，Geoffrey；Reporter，Shapoor；Saudi Arabian Air Defence（SAAD）scheme；Thunderbird missile system

British Government：英国政府，42，173；Al Yamamah：英国政府与鸽子军购协议，134，142，163；assurances about BAC：英国政府关于英国飞机公司的保证，14；attitudes to corruption in international trade：英国政府对于国际贸易腐败的态度，101，104，110，112，114－115，153；attitudes to proposed agreement against corruption in international trade：英国政府对于别国提出制定国际反腐败协议的态度，112–113，117–119，121–127

British Leyland scandal：英国利兰汽车公司的丑闻，99，101，103；involvement in arms sales：英国利兰汽车公司参与军售的情况，19–20，22，24，71，155，159，166；knowledge of commissions：英国利兰汽车公司知道佣金的存在，13，19，31，71，80，82–83，91，96–98，104，111，131，142；Ministers：大臣，61，64，70–71，94，101，104–105，109–110，112–115，117，119，121–123，125，156；OECD Anti-Bribery Convention：经合组织《反贿赂公约》，150，163，165；Randel case：兰德尔案，63–64，98；relations with Saudi Arabia：英国政府与沙特阿拉伯的关系，132，156–158，160–162，165–166。另参见以下词条：diplomats；Ministerial Group on Improper Trade Practices；Ministerial Group on Special Commissions and Similar Payments；Shah of Iran

British Hovercraft Corporation：英国气垫船公司，47；commissions：英国气垫船公司支付佣金，47

British Leyland：英国利兰汽车公司，176；commissions：英国利兰汽车公司支付佣金，102，105；problems for investigators xv：调查人员面临的问题，xv；scandal：英国利兰汽车公司的丑闻，99–103，105，108，112，114，121

British Overseas Trade Board：英国海外贸易委员会；discussions about corruption in international trade，英国海外贸易委员会关于国际贸易腐败的讨论，113

British Petroleum（BP）：英国石油公司，56，92；payments in Italy and other countries：英国石油公司在意大利等国支付佣金，92–94，110，112，126。另参见 Scicon 词条

British Shipbuilders：英国造船厂。关于英国造船厂竞标尼日利亚合同的情况，参见 Nigeria 词条

British Virgin Islands：英属维京群岛，148，174

Brown，Raymond（Head of Defence Sales）：国防贸易组织主管雷蒙德·布朗，20，21，23，33，41，176

Buckingham Palace：白金汉宫，167

Buqshan：布克尚，47；commissions：布克尚的佣金，47

Burnand，Peter：皮特·博南德，25－27，30；commissions：皮特·博南德的佣金，25－27

C－130 aircraft：C－130 运输机，74，149

Cabinet Secretary：内阁秘书，93，101，156－158

Cable & Wireless：英国大东电报局，175；commissions：英国大东电报局支付佣金的情况，106。另参见以下词条：Engineering and Trading Operations Company Beirut；SIMEC International

Caldecote，Lord（Director，the British Aircraft Corporation）：卡尔迪科特勋爵（英国飞机公司负责沙特阿拉伯市场的主管）；attempts to settle *Edwards* v *AEI*：卡尔迪科特勋爵试图调停爱德华兹诉英国联合电气工业公司的案子，83；knowledge of activities of Geoffrey Edwards：卡尔迪科特勋爵了解爱德华兹的活动，7，12，81－82；knowledge of
228 commissions：卡尔迪科特勋爵了解佣金的情况，6－7，81－82；personal papers xiii：卡尔迪科特勋爵收藏的个人文件 xiii，13。另参见 Thunderbird missile system 词条

California：美国加利福尼亚州，75

Callaghan，Jim（British Prime Minister）：吉姆·卡拉汉（英国首相），70，72；British Leyland scandal：卡拉汉首相与英国利兰汽车公司的丑闻，101，103；decisions about BP payments in Italy：卡拉汉首相对于英国石油公司在意大利支付佣金的决定，93；discussions about corruption in international trade：关于国际贸易腐败的讨论，104，114；knowledge of commissions：卡拉汉对佣金的了解，98；proposals for international agreement against corruption：卡拉汉首相提议制定国际反腐败协议，118，121，123－124；Scicon bid for Saudi Ministry of the Interior contract：卡拉汉首相对西康公司竞标沙特阿拉伯内政部合同的态度，94－96

Campaign Against Arms Trade：反对军火交易运动组织，162

Carr，Edgar：埃德加·卡尔，11

Carrington，Lord（Peter）：卡灵顿勋爵，7，60，132

Carter，Jimmy（American President）：吉米·卡特（美国总统），

78, 118, 127, 132

Catherwood, Sir Frederick (Chairman, British Overseas Trade Board)：英国海外贸易委员会主席弗雷德里克·凯瑟伍德爵士，113-114

Cawston, Colonel Antony (British Defence Attaché, Beirut)：英国驻贝鲁特武官安东尼·考斯顿上校，26-27, 32

Cayman Islands：开曼群岛，114, 175, 177

Central Intelligence Agency (CIA)：美国中央情报局；financing of Italian political parties：美国中央情报局资助意大利政党，75；1953 coup in Iran with the Secret Intelligence Service (SIS)：美国中央情报局与英国秘密情报局在1953年共同策划伊朗政变，56, 65, 68

Central Policy Review Staff：中央政策审查小组，114-115

Central Treaty Organisation：中央条约组织，56

Centurion tank："百夫长"坦克 24

Chalabi：查拉比，29, 31-32

Chamoun, Camile：卡米勒·夏蒙，25；commissions：卡米勒·夏蒙的佣金，28, 30-32。另参见以下词条：Millbank Technical Services; Suffield, Sir Lester

Chan U Seek：陈裕锡，143-145；commissions：陈裕锡的佣金，144

Chandler, Colin：科林·钱德勒，159

Chidiac：希迪亚克；commissions：希迪亚克的佣金，27, 29, 30

Chieftain tank："酋长"坦克；attempted sale to the Netherlands：试图向荷兰出售"酋长"坦克，23；sale to Iran：向伊朗出售"酋长"坦克，58-60, 63-64, 66, 70；sale to Jordan：向约旦出售"酋长"坦克，71；sale to Kuwait：向科威特出售"酋长"坦克，97-98；use in Iran：伊朗使用"酋长"坦克，67

Church Committee：丘奇委员会；documents xiii：丘奇委员会的文件，xiii, 89；hearings：丘奇委员会的听证会，73-75, 79, 85-86, 87, 89-90；investigation：丘奇委员会的调查，73-76, 91, 110

Church, Senator Frank：参议员丘奇，73, 89

Churchill, Winston (British Prime Minister)：丘吉尔（英国首

相），56

Civil Service：英国文官委员会，113

Code of Conduct for Transnational Corporations：跨国公司行为守则，125，127

Cohen，William（American Defense Secretary）：美国国防部长威廉·科恩，150，167

'Commissie van drie'：三人委员会，74

commissions（general）：佣金，4，16，22-24，33，46-48，76-77，79，85，93，99，102，104，108，111，114-116，118，121，130，142-143，172，179；ban in Iran：伊朗的禁佣令，61；bans in Saudi Arabia：沙特阿拉伯的禁佣令，16，33，35，38，40-42，46，54，89，103，107，176，181。另参见以下词条：Abdul Rahman，Prince；Airwork；Al Haggar，Colonel Fahad；Ali Reza，Abdullah；Ali Reza，Ali；Alvis；Arms Export Control Act；Associated Electrical Industries（AEI）；British Aerospace（BAe）；British Aircraft Corporation（BAC）；British Hovercraft Corporation；British Leyland；Buqshan；Burnand，Peter；Chamoun，Camile；Chan U Seek；Chidiac；Edwards，Geoffrey；Engineering and Trading Operations Company Beirut；Fahd，Prince；Fustok，Mr N.；Fustuq；Habre，Abdullah；Kamouh，Antoine；Khalid bin Abdullah，Prince；Khashoggi，Adnan；Lockheed Aircraft Corporation；Malik，Adam；Marubeni Corporation；Matthew，John（QC）；Millbank Technical Services（MTS）；Near East Resources；Northrop Corporation；Redshaw，Leonard；Scicon；SIMEC International；Tanaka，Kakuei；Twal，Shehadah；Vickers；Vithlani，Shailesh；Wingetac

Companies Act 1985：1985年《公司法》，171

Confederation of British Industry：英国工业联合会，113

Congress：国会，76，78-79，110，118，134，149

conventions used：国会出台的反腐法案，xvi

Cookson，Brian（Company Secretary，the British Aircraft Corporation）：英国飞机公司秘书布莱恩·库克森，83

Cooper，Sir Frank（Permanent Secretary，Ministry of Defence）：英国国防部常务次官弗兰克·库珀爵士；directives on commissions in arms deals：库珀关于军火交易佣金的指导方针，99，106，109，143；229 discussions about BAC commissions：库珀关于英国飞机公司佣金的讨论，108；discussions about Shapoor Reporter：库珀关于沙普尔·里波特的讨论，65；sales to Kuwait：库珀关于向科威特销售军火的看法，98；sales to Saudi Arabia：库珀关于向沙特阿拉伯销售军火的看法，106－107，175

corruption arguments：库珀关于国际贸易腐败的看法，181－182；definitions：腐败的定义 ix，181；evidence：腐败的证据，xiv；extent of：腐败的程度，72，129；impact of：腐败的影响，180－181；role in arms trade xi：库珀在军火交易中的角色 xi，22。另参见 bribe 词条

Council of Europe Criminal Law Convention against Corruption ix：欧洲委员会《反腐败刑法公约》，ix

Cowper－Coles，Sir Sherard（British Ambassador to Saudi Arabia）：英国驻沙特阿拉伯大使谢拉德·考珀－科尔斯爵士，161－162，165，167

Craig，James（Deputy to，later British Ambassador to Saudi Arabia）：詹姆斯·克雷格（曾任英国驻沙特阿拉伯大使莫里斯的副手，后来担任英国驻沙特阿拉伯大使），47，134，179－180；meeting with fixer in Lebanon：詹姆斯·克雷格在黎巴嫩会见中间人，51

Criminal Justice Act 1987：1987 年英国《刑事司法法》，155

Crociani，Camillo（President，Finmeccanica）：卡米洛·克罗恰尼（意大利芬梅卡尼卡集团总裁），75

Crotale surface－to－air missile deal：“响尾蛇”地对空导弹交易，32

Crowe，Sir Colin（British Ambassador to Saudi Arabia）：科林·克罗爵士（英国驻沙特阿拉伯大使），7，9

Crown Agents：英联邦代办处，26，46，71

Crown Dependencies：英国的自治领地，184；cumshaw：参见 bribe 词条

Czech Republic：捷克，154，169

Daily Mail：《每日邮报》，99－102，105，121，160

Daily Telegraph：《每日电讯报》，160

Daimler：英国戴姆勒公司，参见 Near East Resources 词条

Dassault：法国达索公司，9，11。另参见 Edwards，Geoffrey 词条

Defence Sales Organization（DSO）：国防贸易组织，19-20，21，89，101，154；agent in Jordan：国防贸易组织在约旦的代理人，23；agent in the Netherlands：国防贸易组织在荷兰的代理人，23；approving commissions：国防贸易组织批准支付佣金，91，96-99，106，142，175；dealings with agents：国防贸易组织与代理人打交道，33，48，65-66，97，176；policy on use of agents：国防贸易组织关于使用代理人的政策，22-23，51，68，99，106，176-177；sales campaign in Lebanon：国防贸易组织在黎巴嫩的推销活动，24-28，30；sales to Iran：国防贸易组织对伊朗的销售，59-60，63，66-67，69；sales to Kuwait：国防贸易组织对科威特的销售，96-98；sales to Saudi Arabia：国防贸易组织对沙特阿拉伯的销售，106，142，159；sales to Saudi Arabian National Guard：国防贸易组织对沙特阿拉伯国民警卫队的销售，43，45，50-51，55，105，175；discussions about corruption in international trade：国防贸易组织关于国际贸易中腐败的讨论，101，104，110，114；proposals for international agreement against corruption：国防贸易组织提出制定国际反腐败协议，121-123；Scicon bid for Saudi Ministry of the Interior contract：国防贸易组织对于西康公司竞标沙特阿拉伯内政部合同的态度，95-96。另参见以下词条：Brown，Raymond；Cooper，Sir Frank；Prest，Nicholas；Randel，Lieutenant Colonel David；Suffield，LesterDell，Edmund（Trade Secretary）

den Uyl，Joop（Dutch Prime Minister）：约普·登厄伊尔（荷兰首相），74

Department of Defence（South Africa）：南非国防部，173

Department of Defense（America）：美国国防部，参见 Pentagon 词条

Department of Industry：英国工业部，182

Department of Trade：英国贸易部，95，110

Department of Trade and Industry：英国贸易与工业部，158

developing countries：发展中国家；attitudes to proposed agreement against corruption in international trade：发展中国家对国际反腐败协议

的态度，118，123，125，127

Diplomatic Conference：外交会议，120，122-123，125，127

diplomats：外交官，attitudes to agents：外交官对代理人的态度，21-22，176-177；attitudes to corruption allegations：外交官对腐败指控的态度，64-65，111，129，136，181；decision-making about the use of agents：外交官对于使用代理人的决定，42，44，49-50，54，59，71；discussions about possible official involvement in bribery：外交官对于官方参与海外贿赂的讨论，47-48；involvement in *Edwards* v *AEI* and *Abdul Rahman* v *AEI*：外交官参与爱德华兹诉英国联合电器工业公司案及阿卜杜勒·拉赫曼诉英国联合电器工业公司案，83-84，88-89；proposals for international agreement against corruption：外交官提出制定国际反腐败协议，124，127

Scicon bid for Saudi Ministry of the Interior contract：英国外交官对西康公司竞标沙特阿拉伯内政部项目的看法，94-95

Dixson，Dr Maurice（Commercial Director，Military Aircraft Division，British Aerospace）：英国宇航公司军用飞机部门商务总监莫里斯·迪克森博士，159

Donaldson，Brigadier Adrian（Commander，British Military Mission，Saudi Arabian National Guard）：英国驻沙特阿拉伯国民警卫队军事代表团指挥官阿德里安·唐纳森准将，42-44，54；enquiries about fixers：阿德里安·唐纳森调查一位来自黎巴嫩的中间人，42-43。另参见 Saudi Arabian National Guard 词条

Douglas-Home，Alec（Foreign Secretary）：英国外交大臣亚历克·道格拉斯-休姆，42

Dove，Basil（Manager，Millbank Technical Services）：米尔班克技术服务公司的一位经理巴兹尔·多弗，28 230

Duguid，Gordon（salesman，the British Aircraft Corporation）：英国飞机公司销售员戈登·杜吉德，7；discussion of commissions：戈登·杜吉德关于佣金的讨论，9-10。另参见 Edwards，Geoffrey 词条

Duranton International：杜兰顿国际公司，175，177

ECOSOC：经社理事会，参见 UN Economic and Social Council

(ECOSOC) 词条

Edwards, Geoffrey: 杰弗里·爱德华兹, 4, 14, 16, 90; agreement with Associated Electrical Industries (AEI): 爱德华兹与英国联合电气工业公司的协议, 9; agreement with the British Aircraft Corporation (BAC): 爱德华兹与英国飞机公司的协议, 7, 11; commissions: 爱德华兹的佣金, 7, 9, 13, 14-16, 80-82, 84, 87-88; influential contacts: 爱德华兹有影响力的人脉, 12, 16, 88; legal action against Associated Electrical Industries (AEI): 爱德华兹针对英国联合电气工业公司的法律行动, 82-84, 87-89, 173; mercenary organisation: 爱德华兹与雇佣军组织的关系, 137; relations with Airwork: 爱德华兹与英国航空服务公司的关系, 9; relations with Associated Electrical Industries (AEI): 爱德华兹与英国联合电气工业公司的关系, 5, 9, 81-82; relations with Defence Sales Organization (DSO): 爱德华兹与国防贸易组织的关系, 33; relations with Duguid, Gordon: 爱德华兹与英国飞机公司销售员戈登·杜吉德的关系, 11-12; relations with Saudi Royal Family: 爱德华兹与沙特阿拉伯王室的关系, 4, 5, 119; relations with the British Aircraft Corporation (BAC): 爱德华兹与英国飞机公司的关系, 5-16。另参见以下词条: Abdul Rahman, Prince; Freedom of Information Act; Harold, Hubert; Saudi Arabian Air Defence (SAAD) scheme; Thunderbird missile system

Egypt: 埃及, 149, 182

Eisenhower, Dwight D. (American President): 美国总统德怀特·艾森豪威尔, 56

Ellis, Ron (Head of Defence Sales): 国防贸易组织主管罗恩·埃利斯, 67, 69, 98

Embassies: 大使馆, 115; American, Jedda: 美国驻沙特阿拉伯大使馆, 86; British, Beirut: 英国驻黎巴嫩大使馆; British Defence Attaché: 英国驻黎巴嫩大使馆的武官, 40-41, 43-44; view of local commercial practices: 英国驻黎巴嫩大使馆对于黎巴嫩当地商业惯例的看法, 25; views of arms deals: 英国驻黎巴嫩大使馆对于英国—黎巴嫩军火交易的看法, 25, 27, 32-33; British, Cairo view of local commercial practices: 英国驻埃及大使馆对当地商业惯例的看法, 115;

British, Caracas enquiry about agents：英国驻委内瑞拉大使馆对代理人的调查，22–23；British, Jedda：英国驻沙特阿拉伯大使馆，49，54，105；bribery reports：英国驻沙特阿拉伯大使馆关于贿赂的报告，21，37；discussions about official involvement in bribery：英国驻沙特阿拉伯大使馆关于官方参与贿赂的讨论，47–48；recommendations about agents：英国驻沙特阿拉伯大使馆关于代理人的建议，35，43，52，94–95，116；reports about bans on commissions：英国驻沙特阿拉伯大使馆关于沙特阿拉伯禁佣令的报告，33，40；British, Riyadh：英国驻利雅得大使馆，165；British, Rome：英国驻意大利大使馆，75；British, Tehran：英国驻伊朗大使馆，71；attitude towards agents：英国驻伊朗大使馆对代理人的态度，21，24；reports about Shapoor Reporter：英国驻伊朗大使馆对沙普尔·里波特的态度，58–60

Emergency Loan Guarantee Board：美国紧急贷款担保委员会，77

Engineering and Trading Operations Company Beirut：贝鲁特工程和贸易运营公司，176；commissions：贝鲁特工程和贸易运营公司的佣金，106。另参见以下词条：Cable & Wireless；Fustok, Mahmoud；SIMEC International

Envers Trading Corporation：巴拿马恩沃斯贸易公司，参见 Vithlani, Shailesh 词条

Ernst and Ernst：恩斯特 & 恩斯特会计师事务所，73，86

Eurofighter consortium：欧洲战斗机联合体，160

Eurofighter Typhoon：欧洲战斗机联合体“台风”战斗机，参见 BAE Systems（BAE）词条

Europe：欧洲，118–119，126，148，150，169–170，177

Evans, Rob：《卫报》记者罗伯·埃文斯，159

Evans, Sir Dick（Chairman, British Aerospace）：迪克·埃文斯（英国宇航公司董事长）；approval of agent：迪克·埃文斯批准使用代理人，170

Eveleigh, Mr Justice：埃夫利法官，84

Exaro News：调查新闻网站艾克萨罗新闻网，175

Export Credits Guarantee Department（ECGD）：英国出口信贷担保署，27，70，164；knowledge of commissions：英国出口信贷担保署

知道佣金的事情，111，114，146，166

Export-Import Bank（America）：美国进出口银行，76

Exports：出口，70，110-111，155

licences：英国宇航系统公司申请出口许可证，172

F-5 aircraft：F-5 战斗机，85，87

F-15 fighter jet：F-15 战斗机，132

F-35 joint strike fighter：F-35 联合打击战斗机，151，181

F-110 engines：F-110 发动机，149

Fahd，Prince（Minister of Interior，later Crown Prince，then King，Saudi Arabia）：法赫德王子（沙特阿拉伯内政部长，后来成为王储、国王），7，132；commissions：法赫德王子的佣金，7，107；corruption allegations：涉及法赫德王子的腐败指控，130；Scicon bid for Saudi Ministry of the Interior contract：西康公司竞标沙特阿拉伯内政部合同，94-95

Faisal bin Turki，Prince：费萨尔·本·图尔基王子

BAe benefits programme：英国宇航公司针对沙特阿拉伯王室的利益输送计划，139-141

231 Falle，Sir Sam（British High Commissioner to Nigeria）：英国驻尼日利亚高级专员萨姆·法勒爵士，101

Fanali，Diulio（Head of the Italian Air Force）：意大利空军司令迪利奥·法纳利，75

Far East：远东，146

Farouknia（Genarmerie chief，Iran）：伊朗宪兵司令法鲁克尼亚，61

Feisal，King（of Saudi Arabia）：沙特阿拉伯费萨尔国王，1，5，16，42-43，132；assassination：费萨尔国王被暗杀，86，89；bans commissions on Saudi arms deals 1968：费萨尔国王 1968 年发布的禁佣令，16，33，35，38，40-42，46，54，181；budget decisions：费萨尔国王对采购预算享有决策权，3，14；concern about Panhard deal：费萨尔国王对沙特阿拉伯同法国潘哈德公司交易的担忧，33；lobbied by Americans：美国人游说费萨尔国王，12；personal example：费萨尔国

王自己树立的榜样，5-6；relations with British Government：费萨尔国王与英国政府的关系，42，53-55；sales to Saudi Arabian National Guard：对沙特阿拉伯国民警卫队的销售，53；warns Vickers about commissions：费萨尔国王在佣金问题上对英国维克斯公司的警告，36

Finmeccanica：意大利芬梅卡尼卡集团，75

Fitzpatrick, Colin (British Defence Attaché, Jedda)：科林·菲茨帕特里克（英国驻沙特阿拉伯武官），35-37；report of commissions：科林·菲茨帕特里克关于佣金的报告，35-37

Ford, Gerald (American President)：杰拉尔德·福特（美国总统）；proposals for international agreement against corruption：美国总统福特提出签署国际合作反腐败协议，117；proposals for new American law against corruption：提出新的美国反腐败法，117-118；Task Force on Questionable Corporate Payments Abroad：美国总统福特设立调查美国公司可疑海外支付问题的特别工作组，78，112，117

Ford, Sir John (British Ambassador to Indonesia)：英国驻印尼大使约翰·福特，116

Foreign and Commonwealth Office：英国外交和联邦事务部，22，48-49，52，130；internal history of relations with Iran：英国外交和联邦事务部内部对于英国—伊朗关系的看法，57，64，71；knowledge of corruption：英国外交和联邦事务部知道国际贸易的腐败，25，130。另参见 Foreign Office 词条

Foreign Corrupt Practices Act (America)：美国《反海外腐败法》，72，79，90，127-128，149，151；becomes law：美国《反海外腐败法》的制定过程，78，122，163，182；convictions secured under：依据美国《反海外腐败法》定罪，149，154，167，172，182；sources：消息源，xi-ii

Foreign Military Sales：对外军售，85

Foreign Office：英国外交和联邦事务部，参见 Foreign and Commonwealth Office 词条

Foxley, Ian：英国陆军军官伊恩·福克斯利，177

France：法国，19；arms deals：法国的军火交易，11，53，82，86，94，97，107，130，169；attitudes to proposed agreement against corruption in international trade，法国对国际合作反腐败协议的态度，120，122–123，127

France，Sir Christopher（Permanent Secretary，Ministry of Defence）：克里斯托弗·弗朗斯爵士（英国国防部常务次官），143

Frangié，Suleiman（Lebanese President）：苏莱曼·弗朗吉亚（黎巴嫩总统），27，31

Freedom of Information Act：《信息自由法》，160；use of to acquire documents xiii：本书作者利用《信息自由法》获取相关文件的情况，xiii，43–44，91

Fullerton，Bill（desk officer for Saudi Arabia，Foreign and Commonwealth Office）：英国外交和联邦事务部处理沙特阿拉伯事务的官员比尔·富勒顿，49

Fustok，Mahmoud：福斯图克，108–109，176；payments to Charles Haughey：福斯图克给爱尔兰总理查尔斯·豪伊支付贿赂，109；commissions：福斯图克的佣金，102。另参见 British Leyland，Engineering and Trading Operations Company Beirut 词条

METICO：福斯图克控制的梅迪科公司，49，176

G7 summit：七国集团峰会，120，126

Gabr，Hassan：哈桑·加布尔，37

Gardiner，Peter（Managing Director，Travellers World）：彼得·加德纳（国际旅行者公司总经理），138；BAe benefits programme：彼得·加德纳帮助英国宇航公司实施为沙特阿拉伯王室成员输送利益的项目，139，141–142，151–153；legal advice：彼得·加德纳的法律建议，151–152；personal papers xiii：彼得·加德纳保存的一些文件，xiii，153；Serious Fraud Office：彼得·加德纳向英国严重欺诈调查署提供信息，153

Garlick，Helen（Assistant Director，Serious Fraud Office）：海伦·加里克（英国严重欺诈调查署署长助理），158–159，163–164

Gaunt，Commander：英国海军中校甘特，24

General Electric Company：美国通用电气公司，150；conviction for corruption in Israel：美国通用电气公司因在以色列腐败而被定罪，

149。另参见以下词条：Associated Electrical Industries（AEI）；Weinstock，Arnold

Ghanem，General（Commander – in – Chief，Lebanese Armed Forces）：加尼姆将军（黎巴嫩军队总司令），27，32

Gilby v Information Commissioner source of Chapter 3 documents：吉尔比诉英国信息专员案为第三章的文件来源，xiii

Global Select：全球精选公司，146

Goldsmith，Peter（Attorney General）：彼得·戈德史密斯（英国总检察长），155–162，165

Government Communications Headquarters（GCHQ）：政府通信总部；documents xv：政府通信总部的文件，xv；reports：政府通信总部的报告，94

Government–to–Government contract（British）：（英国的）政府间合同，22，48，99；with Iran：英国与伊朗的政府间合同，61；with Lebanon：英国与黎巴嫩的政府间合同，27；with Saudi Arabia：英国与沙特阿拉伯的政府间合同，91，106，108，131，164；with Saudi Arabian National Guard：英国与沙特阿拉伯国民警卫队的政府间合同，40，42–43，50，106，175，177 232

GPT Special Project Management Limited：GPT 特殊项目管理有限公司，参见 Serious Fraud Office investigation of GPT Special Project Management Limited 词条

Granada Television：格拉纳达电视台，参见 British Petroleum（BP）词条

Grand Mosque，Mecca：麦加大清真寺，120，129

Greece：希腊，93

Green，David（QC，Director，Serious Fraud Office）：大卫·格林（英国严重欺诈调查署署长），177

Greenwood，Allen（Chairman，British Aircraft Corporation）：艾伦·格林伍德（英国飞机公司董事长），107

Gripen aircraft：“鹰狮”战斗机，169–170，173–174

Guardian：英国《卫报》，98，136，159

Habre, Abdullah：阿卜杜拉·哈布雷，25，31；commissions：阿卜杜拉·哈布雷的佣金，25-26，30。另参见 Burnand, Peter 词条

Hadsphaltic：哈德法尔蒂克建筑公司，176

Haifa bin Turki, Princess：海法·本·图尔基公主；BAe benefits programme：海法·本·图尔基公主与英国宇航公司利益输送计划的关系，139-140

Harvard University study：哈佛大学关于南非的研究报告，180

Haughey, Charles：爱尔兰总理查尔斯·豪伊，参见 Fustok, Mahmoud 词条

Hawk trainer aircraft："鹰"式喷气教练机，134，159，173-174

Hawker Hunter："霍克猎手"战斗机，33

Hawker Siddeley, Lebanese bribe request：黎巴嫩人向霍克·西德利飞机公司索贿，33，119

Haughton, Daniel (Chairman, Lockheed Aircraft Corporation)：丹尼尔·豪顿（洛克希德公司董事长），89

Healey, Denis：丹尼斯·希利（曾任英国财政大臣和国防大臣），14-15，19，23，43；Chancellor：英国财政大臣，101；Defence Secretary：英国国防大臣，14-15，19，23，43，101；proposals for international agreement against corruption：丹尼斯·希利对制定国际反腐败协议的态度，124

Heath, retired Colonel Bernard (salesman, Vickers)：伯纳德·希思（英国维克斯公司的销售员、退役上校），37

Helms, Richard (American Ambassador to Iran)：美国驻伊朗大使理查德·赫尔姆斯，61

Henley, Sir Douglas (Comptroller and Auditor General)：英国主计长兼审计长道格拉斯·亨利爵士；correspondence about BAC commissions：道格拉斯·亨利关于英国飞机公司佣金的信函，108-109

Her Majesty's Revenue and Customs，参见 Inland Revenue (Britain) 词条

High Court：英国高等法院，157，167

Hills, Roderick (Chairman, Securities and Exchange Commission)：罗德里克·希尔斯（美国证券交易委员会主席），76-77

HIV/AIDS：艾滋病毒，180

Hlongwane, Fana：法纳·赫隆瓦内（南非国防部长乔·莫迪塞的政治顾问），173-174

Hlongwane Consulting：赫隆瓦内咨询公司，参见 Hlongwane, Fana 词条

Hobday, Glen (salesman, the British Aircraft Corporation)：格伦·霍布迪（英国飞机公司销售员），12-13；commission requests：格伦·霍布迪请求向中间人支付佣金，13；Order of the British Empire：大英帝国勋章，15

Holland：参见 Netherlands, the 词条

Home Office：英国内政部，154

House of Lords：参见 Parliament 词条

House of Representatives (America)：美国众议院，78

Hoveyda, Amir Abbas (Iranian Prime Minister)：阿米尔·阿巴斯·侯维达（伊朗总理），61，64-65

Howarth, Gerald (Parliamentary Under Secretary of State, Ministry of Defence)：杰拉尔德·豪沃思（英国国防部负责国际安全战略事务的政务次官），177-178

HSBC：汇丰银行，175

Hubert, Harold (Director of Army Sales, Defence Sales Organisation)：哈罗德·休伯特（国防贸易组织主管）；attitude to bribery：哈罗德·休伯特对贿赂的态度，21-23，26，45；deal with Geoffrey Edwards：哈罗德·休伯特与杰弗里·爱德华兹打交道，21；involvement in decisions about commissions：哈罗德·休伯特参与关于佣金的决策，27，43，45，55；relations with Alamuddin, Sulayman：哈罗德·休伯特与苏莱曼·阿拉姆丁的关系，26，47；relations with Chidiac：哈罗德·休伯特与希迪亚克的关系，27；sales campaign in Lebanon：哈罗德·休伯特在黎巴嫩开展销售活动，26-27，32；sales to Saudi Arabian National Guard：哈罗德·休伯特向沙特阿拉伯国民警卫队开展销售活动，43-45，47，52-55；use of agents：哈罗德·休伯特允许英国军火公司使用代理人，21，22，24

Hungary：匈牙利，169

Hussein, King (of Jordan)：约旦国王侯赛因，23，71

ICI：帝国化工，116

Indonesia：印尼，144，146；Army：印尼军队，116，143-146

Information Tribunal：信息法庭，参见 Freedom of Information Act 词条

Inland Revenue (Britain)：英国国内税务局，111，114，155-156。另参见 Reporter，Shapoor 词条

Inland Revenue Service (America)：美国国内税务局，77

International Hospitals Group：英国国际医院集团，177

International Traffic in Arms Regulations：美国《国际军火交易条例》，172；conviction secured under：根据美国《国际军火交易条例》定罪，172

Iran：伊朗，22，24，38，64，71，89，154；British arms deals：伊朗与英国的军火交易，60，70，97；corruption：伊朗的腐败，71，
233 119；Islamic revolution：伊朗伊斯兰革命，39，67，69-71，129，132；Ministry of War：伊朗战争部，38；1953 coup：1953 年伊朗政变，56，68；strategic importance：伊朗的战略重要性，56，70

Iraq：伊拉克，22

Islamic fundamentalists：伊斯兰原教旨主义者，120，129

Israel：以色列，89，132，134；bribery：以色列官员向外国军火公司索贿，149

Italy：意大利，74-75，79，90，120；Air Force：意大利空军，74；June 1976 elections：1976 年 6 月的意大利选举，75。另参见以下词条：British Petroleum (BP)；Saudi Arabia

Jack, Michael (MP)：迈克尔·杰克（英国保守党议员），160

Japan：日本，75，79，86，90，118，120

Jenkins, Roy (Minister of Aviation)：罗伊·詹金斯（英国航空部部长），14-15

Jersey：泽西岛，4，16，69，90

Jet Provost training aircraft：喷气式教练机，7，8，80，131。另参

见 Strikemaster 词条

jobs：喷气式教练机对英国工作岗位的影响，70，156，160

Jones，Bill：比尔·琼斯，97

Jones，Ronald：罗纳德·琼斯，165

Jones， Tom （Chairman and Chief Executive， Northrop Corporation）：汤姆·琼斯（诺思罗普公司董事长兼首席执行官）73

Jordan：约旦，22，23，48，71

Joseph，Keith（MP）：基思·约瑟夫（议员），101

Judd，Frank（Minister of State，Foreign and Commonwealth Office）：弗兰克·贾德（英国外交和联邦事务部国务大臣）；proposals for international agreement against corruption：弗兰克·贾德提议制定国际反腐败协定，124-125

Judicial Review：旨在重启鸽子军购案调查的司法复核；action against Serious Fraud Office：针对英国严重欺诈调查署采取的行动，162，174；disclosure of documents xiii：文件的披露，xiii，163

Juliana，Queen：荷兰朱莉安娜女王，74

Kamouh，Antoine：安东尼·卡穆赫（来自黎巴嫩的中间人），81-82，84，90；commissions：安东尼·卡穆赫的佣金，81-82，90

Keith，Sir Kenneth（Chairman，Rolls- Royce）：劳斯莱斯公司董事长肯尼斯·基思爵士；attempt to bribe Anwar Sadat：肯尼斯·基思试图向埃及总统安瓦尔·萨达特行贿，115；seeks advice about Kamal Adham：肯尼斯·基思寻求关于沙特阿拉伯情报机构负责人卡马尔·阿德哈姆的建议，115-116

Kérékou，Mathieu（Beninese President）：马蒂厄·克雷库（贝宁总统），172

Khalid bin Abdullah，Prince：哈立德·本·阿卜杜拉王子；commissions：哈立德·本·阿卜杜拉王子的佣金，88

Khalil，Abdul Rauf（Managing Director，Arabian Electronic Projects of Jedda）：阿卜杜勒·拉乌夫·哈利勒（吉达阿拉伯电子项目公司总经理），94-95

Khashoggi，Adnan：阿德南·卡舒吉，44，46，49-50，95；agent

for Lockheed：阿德南·卡舒吉为洛克希德公司充当代理人，12，89；commissions：阿德南·卡舒吉的佣金，55，86－87，89－90；sales to Saudi Arabian National Guard：阿德南·卡舒吉对沙特阿拉伯国民警卫队的销售，54－55；Triad Financial Establishment/International Marketing：三合财务公司与三合国际营销公司的首要实控人均为阿德南·卡舒吉，85－87，90

Kissinger，Henry（American Secretary of State）：亨利·基辛格（美国国务卿），64，90

Kleinwort Benson：克莱沃特本森银行，62，66。另参见 Reporter，Shapoor 词条

Kotchian，Carl（President，Lockheed Aircraft Corporation）：洛克希德公司总裁卡尔·科奇安；Commissions：卡尔·科奇安为代理人支付佣金，18；evidence at Church Committee hearings：卡尔·科奇安在丘奇委员会的听证会上出示的证据，74－75

kumshaw：贿赂，参见 bribe 词条

Kuss，Henry（Pentagon arms salesman）：亨利·库斯（五角大楼首席军火销售员），13，19

Kuwait：科威特，89；'dirty tricks' by the Defence Sales Organisation（DSO）：国防贸易组织在科威特采用的肮脏手段，96－98

Land Rovers：路虎汽车，102，176

Law Officers（British Government）：英国司法官员，15

laws：法律，15－16，63，72，75－76，78，102，114，117－119，121－122，127－128，142－143，147，150－151，161－165，173－174，176，181－183；British failure to bring in new bribery law：英国未能引入新的反贿赂法，163；penalties for corporate corruption：对于公司腐败的处罚，184。另参见以下词条：Administration of Justice Act 1970；Anti-terrorism，Crime and Security Act 2001；Arms Export Control Act（America）；Bribery Act 2010；Companies Act 1985；Criminal Justice Act 1987；Foreign Corrupt Practices Act（America）；Prevention of Corruption Act 1906；Public Bodies Corrupt Practices Act 1889

Lebanon：黎巴嫩，22，24－33，40，58，93，119

Lefebvre, Ovidio：奥维迪奥·勒费布尔（律师），75

Leigh, David：戴维·雷，159

Leopard tank："豹"式坦克，58

Levene, Peter (Chief Executive, Alvis)：彼得·莱文（英国艾维士汽车公司首席执行官），144-145

Levi, Edward (American Attorney General)：爱德华·列维（美国司法部长），90

Liberal Democratic Party (Japan)：自民党（日本），75

Libya：利比亚，90

Liechtenstein：列支敦士登，85，148，175

Lightning fighter jet："闪电"战斗机，7，8，11，80，98，131-132，134

Little Whale Cay：小鲸鱼岛，177 234

Lockheed Aircraft Corporation：美国洛克希德飞机公司，169，181；agent in Japan：美国洛克希德飞机公司在日本的代理人，18，75；agent in Turkey：美国洛克希德飞机公司在土耳其的代理人，18；commissions：美国洛克希德飞机公司支付的佣金，18，73-75，89，91；conviction for corruption in Egypt：美国洛克希德飞机公司由于在埃及行贿被定罪，149，182；legal opinion：美国洛克希德飞机公司的法律意见书，75-76；problems for investigators xv：美国洛克希德飞机公司给调查人员制造的难题，xv；rival to BAC in Saudi Arabia：美国洛克希德飞机公司在沙特阿拉伯对英国飞机公司构成对手，9，12；scandal：美国洛克希德飞机公司的丑闻，72-75，77，79，89，91，95，99-101，130，172，182；Special Review Committee xv：洛克希德公司董事组成的特别审查委员会，xv，77-78，103，168；Swiss bank account：瑞士银行账户，18；TriStar airliners："三星"客机，75，95

Lockheed Martin：参见 Lockheed Aircraft Corporation 词条

Lowry, Michael：参见 Moriarty Tribunal 词条

Macmillan, Harold (British Prime Minister)：哈罗德·麦克米伦（英国首相），42

Malaysia：马来西亚，116-117

Malik, Adam (Foreign Minister, Indonesia)：亚当·马利克（印尼外交部长）；commissions：马利克的佣金，116

Marconi：马可尼电子系统公司，150

Marubeni Corporation：丸红株式会社，75；commissions：丸红株式会社的佣金，75；Okubo, Toshiharu：大久保俊治，75

Matthew, John (QC)：约翰·马修（律师）；legal opinion about commissions：约翰·马修关于佣金的法律意见书，62-63，164

Mbeki, Thabo (South African President)：塔博·姆贝基（南非总统），180

McCarthy, Donal (Head of Arabian Department, Foreign and Commonwealth Office)：多纳尔·麦卡锡（英国外交和联邦事务部阿拉伯地区事务主管），49；discussions about official involvement in bribery：多纳尔·麦卡锡关于官员参与贿赂的讨论，36-37，44-46

Memorandum of Understanding for Al Yamamah：鸽子军购谅解备忘录，134-135，158-159，164；inadvertent disclosure of：鸽子军购谅解备忘录的无意泄露，159-160；with Iran：英国与伊朗的谅解备忘录，67，69；with Kuwait：英国与科威特的谅解备忘录，98；with Saudi Arabia：英国与沙特阿拉伯的谅解备忘录，106，131，157；with Saudi Arabian National Guard：英国与沙特阿拉伯国民警卫队的谅解备忘录，53，55，106，175

Mensdorff-Pouilly, Count Alfons：阿尔方斯·门斯多夫-波伊利，169-170

Merlin International Limited：坦桑尼亚梅林国际有限公司，参见 Vithlani, Shailesh 词条

METICO：参见 Fustuq 词条

Middle East：中东，6，11，17-18，23，33，38，44，55，90，93，99，101，111，115，122，127，130-131，150，157，167，177

MiG-21 aircraft：米格-21 战斗机，169

Miki, Takeo (Japanese Prime Minister)：三木武夫（日本首相），75

Military Industrial Complex, Isfahan：伊斯法罕军事工业综合体项目，60

Millbank Technical Services (MTS)：米尔班克技术服务公司，27，60；commissions：米尔班克技术服务公司支付佣金，51-54，62-63，67，91，97，108，164；fees：米尔班克技术服务公司支付的费用，59，64-65，67-68；relations with Fustuq：米尔班克技术服务公司与福斯图克的关系，53，55，108；sales campaign in Lebanon：米尔班克技术服务公司对黎巴嫩的销售，27-32；sales to Iran：米尔班克技术服务公司对伊朗的销售，58-63，70-71；sales to Kuwait：米尔班克技术服务公司对科威特的销售，97；sales to Saudi Arabian National Guard：米尔班克技术服务公司对沙特阿拉伯国民警卫队的销售，45-46，50-54，71，108；use of agents：米尔班克技术服务公司使用代理人，46，51-52，62-65，67，99。另参见 Reporter，Shapoor 词条

Ministerial Group on Improper Trade Practices：英国反不当贸易行为部级工作组，121，125

Ministerial Group on Special Commissions and Similar Payments：英国关于特殊佣金与类似付款的部级工作组，94，110-112

Ministry of Defence (British)：英国国防部，21，26，48，50-53，59，63-65，67，70，105-106，108-109，129，142-143，153，164，175-176，177-178；Saudi Armed Forces Project：英国国防部监管的“沙特阿拉伯武装部队项目”，159-160，177-178；view of role of agents：英国国防部对代理人角色的看法，4，19。另参见 Defence Sales Organisation 词条

Ministry of Defence and Aviation (Saudi Arabia)：参见 Saudi Arabia 词条

Ministry of Justice：英国司法部，178

Ministry of War (Iran)：伊朗战争部，61

Mitchell，Sandy：桑迪·米切尔，165

Modise，Joe (South African Defence Minister)：乔·莫迪塞（南非国防部长），173-174

Mohammed bin Saud，Prince (Minister of Defence，Saudi Arabia)：穆罕默德·本·沙特王子（沙特阿拉伯国防部长），4

Montagu，Sir Nicholas (Head of the Inland Revenue)：尼古拉斯·蒙塔古爵士（英国国内税务局局长），155

Moriarty Tribunal (Irish)：爱尔兰莫里亚蒂法庭，109

Morris, Willie (British Ambassador to Saudi Arabia, later Egypt)：威廉·莫里斯（英国驻沙特阿拉伯大使，后来又担任英国驻埃及大使），36，132，137，176，179，181；discussions about official involvement in bribery：关于英国官方参与贿赂的讨论，36–37，38，43–44，48；report of AEI/Edwards dispute：关于爱德华兹与英国联合电气工业公司纠纷的报告，81，83；reports of bribery in Egypt：关于埃及贿赂现象的报告，115；reports of bribery in Saudi Arabia：关于沙特阿拉伯贿赂现象的报告，38，91；sales to Saudi Arabian National Guard：对沙特阿拉伯国民警卫队的销售，42–43，49–50，52–55

235 Mossadegh, Muhammad (Iranian Prime Minister)：伊朗总理穆罕默德·摩萨台，56，68

Mulley, Fred (Defence Secretary)：弗雷德·穆利（英国国防大臣），98

Nasser, General：纳赛尔将军，3

Nasser, Major General Sherif (Commander-in-Chief, Jordanian Army)：谢里夫·纳赛尔少将（约旦陆军总司令），23

National Archives and Records Administration：美国国家档案和记录管理局；documents xiii：美国国家档案和记录管理局文件，xiii

National Audit Office：英国国家审计署，143；knowledge of commissions：英国国家审计署知道佣金的存在，143

National Enterprise Board：英国国有企业管理委员会，参见 Ryder, Lord 词条

nationalised industries：英国国有化的产业，92，104–105

Near East Resources：近东资源公司；agent for Defence Sales Organisation (DSO)：为国防贸易组织充当代理人，22；agent for Daimler：为英国戴姆勒公司充当代理人，26；agent for Shorts：为英国肖特兄弟公司充当代理人，26；commissions：近东资源公司的佣金，26，44–45。另参见以下词条：Alvis；British Aircraft Corporation, the (BAC)；Vickers

Netherlands, the：荷兰，23，74–75，79，90

Nigeria：尼日利亚，100-101，103

Nixon，Richard（American President）：理查德·尼克松（美国总统），73

Norris，Sir Eric（British High Commissioner，Malaysia）：英国驻马来西亚高级专员埃里克·诺里斯爵士，116-117，179

North Atlantic Treaty Organisation（NATO）：北约，79，132，169

Northrop Corporation：美国诺斯罗普公司，55；attempt to hire Geoffrey Edwards：美国诺斯罗普公司试图雇佣爱德华兹，11；commissions：美国诺斯罗普公司支付佣金，85-87，89-91；relations with Triad：美国诺斯罗普公司与三合公司的关系，85-87，89-90；rival to BAC in Saudi Arabia：美国诺斯罗普公司在沙特阿拉伯与英国飞机公司构成对手，9；sales to Saudi Arabia（'Peace Hawk'）：美国诺斯罗普公司对沙特阿拉伯的销售（"和平鹰"计划），85-86，89，95；scandal：美国诺斯罗普公司的丑闻，73，79，85，87-91，101，172

Northrop Grumman：参见 Northrop Corporation 词条

Nott，John（Trade Secretary）：约翰·诺特（英国贸易大臣），125；knowledge of corruption：约翰·诺特对佣金的了解，130；proposals for international agreement against corruption：约翰·诺特对于制定国际反腐败协议的态度，126-127

Noura，Princess：诺拉公主，152；BAe benefits programme：诺拉公主与英国宇航公司的利益输送计划，136，139-141

Nurdin，Frank：英国瑞克尔电子集团的销售主管弗兰克·努尔丁，97，99，121。另参见 Kuwait 词条

Obasanjo，General Olusegun：尼日利亚军事独裁者奥卢塞贡·奥巴桑乔将军，101

OECD Ad Hoc Group on Illicit Payments：经合组织非法支付问题特设小组，150

OECD Anti-Bribery Convention：经合组织《反贿赂公约》，参见 OECD Convention on Combating Bribery of Foreign Public Officials in International Business Transactions 词条

OECD Convention on Combating Bribery of Foreign Public Officials in International Business Transactions：经合组织《打击在国际商业交易中贿赂外国公职人员公约》，149－150，161－163，183；definition of bribe ix：经合组织对贿赂的定义，ix；另参见 Serious Fraud Office investigation of BAE Systems 词条

offshore financial system：离岸金融体系，184

Okubo，Toshiharu（Managing Director，Marubeni Corporation）：丸红株式会社总经理大久保俊治。参见 Marubeni Corporation 词条

Old Bailey：（英国伦敦老贝利街的）中央刑事法庭，155

Olver，Dick（Chairman，BAE Systems）：英国宇航系统公司董事长迪克·奥尔弗，168

Oman：阿曼，130；Randel case：阿曼与兰德尔案，63。另参见 Qaboos，Sultan 词条

Onn，Datuk Hussein（Prime Minister，Malaysia）：马来西亚总理侯赛因·奥恩，117

Organization for Economic Co-operation and Development（OECD）ix：经合组织，ix，114，126，149－151，153－154，162－163，165，172，174，184；Working Group on Bribery：经合组织反贿赂工作组，162－164，183

Organization of the Petroleum Exporting Countries（OPEC）：石油输出国组织，57，132

Owen，David（Foreign Secretary）：外交大臣戴维·欧文，66，68，71

Page，Sir Frederick（Chairman，British Aerospace）：英国宇航公司董事长弗雷德里克·佩奇爵士，131

Pahlavi family：巴列维家族，71

Pahlavi Foundation：巴列维国王基金，64，66，71

Pahlavi，Mohammed Reza：伊朗国王穆罕默德·礼萨·巴列维，参见 Shah of Iran，the 词条

Pahlavi，Reza：穆罕默德·礼萨·巴列维国王的父亲雷扎·巴列维，68

Palliser，Sir Michael（Permanent Secretary，Foreign and Commonwealth Office)：外交和联邦事务部常务次官迈克尔·帕利塞爵士，65-66，68，115-116

Panhard armoured cars：法国潘哈德公司的装甲车，36，44；scandal about Saudi deal：关于沙特阿拉伯从法国潘哈德公司采购装甲车的丑闻，33

Park，Alex (Chief Executive，British Leyland)：英国利兰汽车公司首席执行官亚历克斯·帕克，102-103

Parkinson，Cecil (Minister of State for Trade)：塞西尔·帕金森(英国贸易部国务大臣)；proposals for international agreement against corruption：塞西尔·帕金森提议制定国际反腐败协定，127

Parliament (British)：英国议会，19，64，73，94，98，101，103- 236
105，108，112，114，117，121，123，126，130，142-143，157，160，162，165，167

Parliament (Dutch)：荷兰议会，74

Parsons，Sir Anthony (British Ambassador to Iran)：英国驻伊朗大使安东尼·帕森斯爵士，62，64，65

Patey，William (British Ambassador to Saudi Arabia)：威廉·佩蒂(英国驻沙特阿拉伯大使)；evidence at Information Tribunal xiii：威廉·佩蒂大使在信息法庭上出示的证据，xiii，43

PC-9 basic training aircraft：PC-9 初级教练机，134

Peace Hawk："和平鹰"计划，参见 Northrop Corporation 词条

Pennway Investment Corporation：彭威投资公司，参见 Adham，Kamal 词条

Pentagon (American Department of Defense)：五角大楼（美国国防部)，13，19，55，85-86，89，167

People's Republic of South Yemen (PRSY)：南也门人民共和国，参见 Yemen 词条

Persian Gulf：波斯湾，53，56，180；British military withdrawal：英国从波斯湾撤军，53，56

Petromin：意大利向沙特阿拉伯国家石油矿产公司支付的佣金。另参见 Saudi Arabia 词条

Pharaoun，Ghaith：盖斯·法鲁恩，44

Pilatus：瑞士皮拉图斯飞机公司，134

Poland：波兰，169

Popular Front for the Liberation of the Occupied Arabian Gulf：被占领的阿拉伯湾人民解放阵线，137

Pound, Stephen（MP）：斯蒂芬·庞德（英国议员），177

Powell, Charles：英国首相玛格丽特·撒切尔的私人秘书查尔斯·鲍威尔，134-135

Powell, Jonathan：英国首相办公厅主任乔纳森·鲍威尔，157

Pownall, Orlando（QC）：奥兰多·鲍纳尔（律师），152

Prest, Nicholas（Chairman and Chief Executive, Alvis）：尼古拉斯·普雷斯特（英国艾维士汽车公司董事长兼首席执行官），144-146

Prevention of Corruption Act 1906：1906 年《防止腐败法》，15-16，63，125，152，154，164-165，169；convictions secured under：根据 1906 年《防止腐败法》定罪，154

Private Eye：《私密之眼》杂志，175

Proxmire, Senator William：参议员威廉·普罗克西迈尔，118

P. T. Surya Kepanjen（PTSK）：里尼·索旺多经营的 PTSK 公司，145

Public Accounts Committee：英国议会公共账目委员会，143

Public Bodies Corrupt Practices Act 1889：1889 年《公共机构腐败行为法》，152

Pym, Francis（Defence Secretary）：弗朗西斯·皮姆（英国国防大臣），130

Qaboos, Sultan（of Oman）：阿曼苏丹卡布斯，129，137

Qatar：卡塔尔，53，130

Racal：英国瑞克尔电子集团

Randel case：兰德尔案，63，68；sales to Kuwait：兰德尔对科威特的销售，97-98

Rakhmana, Mrs Siti：西蒂·拉赫马纳夫人，145-146

Randel, Lieutenant Colonel David：国防贸易组织的中校大卫·兰

德尔；receipt of money from Racal：从英国瑞克尔电子集团收钱，63，121；arrested and charged with corruption：兰德尔被捕和被起诉腐败，63；trial：兰德尔受审，64-65，97，154，176

Range Rovers：揽胜，102

Rapier missile units："长剑"导弹组件，69

Reagan，Nancy：南希·里根，132

Reagan，Ronald（American President）：罗纳德·里根（美国总统），132

Red Diamond Trading Ltd：红钻贸易公司，148-149，171-172；commissions：红钻贸易公司收取的佣金，171-174

Redshaw，Leonard（Chairman，Vickers Shipbuilding Group）：维克斯公司的负责人伦纳德·雷德肖；commissions：伦纳德·雷德肖支付佣金，17-18；negotiation of submarine deal with Saudi Arabia：伦纳德·雷德肖同沙特阿拉伯谈判潜艇销售事宜，16-18

Reema bin Bandar，Princess：里玛·本·班达尔公主，141

Rees，Merlyn：英国内政大臣默林·里斯；proposals for international agreement against corruption：默林·里斯对签署国际反腐合作协议的态度，124

Reid，John（Defence Secretary）：约翰·里德（英国国防大臣），155-156，161

Reporter，Ardeshirji：阿德希尔·里波特，68

Reporter，Shapoor：沙普尔·里波特，58-60，69；agent for British Aerospace（BAe）：担任英国宇航公司的代理人，69；agent for British arms companies：担任英国军火公司的代理人，68；agent for Millbank Technical Services：担任米尔班克技术服务公司的代理人，59-60，62-67；agent for the British Aircraft Corporation（BAC）：担任英国飞机公司的代理人，69；career with the Secret Intelligence Service（SIS）：为英国秘密情报局效力，58，68；fee：沙普尔·里波特收取佣金，59-60，62，64-65，66-68，176；investigation by the Inland Revenue：沙普尔·里波特被英国国内税务局调查；67，69；investigation by intelligence services：沙普尔·里波特被英国情报部门调查，69；relations with the Shah of Iran：沙普尔·里波特与伊朗国王的关系，58-

60, 64, 66–67, 69

Robbie, Jim (Director, Vickers)：英国维克斯公司董事吉姆·罗比，35

Roe, R. G. (Managing Director, Millbank Technical Services)：米尔班克技术服务公司总经理罗伊，59

Roeber, Joe：乔·罗伯（《隐秘市场：国际军火交易中的腐败》作者）；discussion of arms trade corruption xi：乔·罗伯对于军火交易腐败的探讨，xi, 179；Rolls–Royce：劳斯莱斯公司，115–116

Romania：罗马尼亚，154

Rosier, Sir Frederick (Director, British Aerospace)：弗雷德里克·罗西尔（英国宇航公司董事），132

Rowan, Sir Leslie (Chairman, Vickers)：莱斯利·罗文（维克斯公司董事长），35–36；sales visit to Saudi Arabia：莱斯利·罗文对沙特阿拉伯的销售，35–36

Royal Engineers：英国皇家工兵，109, 177

Royal Ordnance Factories：英国皇家军械厂，70–71

Royal Saudi Air Force (RSAF)：沙特阿拉伯皇家空军，136–137, 158–159

Ryder, Lord：莱德勋爵，101–103；report：莱德勋爵的报告，102, 105, 114, 176。另参见 British Leyland 词条

237

Saab：瑞典萨博公司，169–170, 173

Saad, Lily：莉莉·萨德夫人（法国汤姆森休斯顿公司在黎巴嫩的代理人），32

Sa'ad, Shaikh (Kuwaiti Defence Minister)：萨阿德（科威特国防部长）；banning of agents from arms deals：萨阿德禁止军火交易代理人，97–98

Saba, Dr Elias (Lebanese Minister of Defence)：埃利亚斯·萨巴（黎巴嫩国防部长）；banning of agents from arms deals：埃利亚斯·萨巴禁止军火交易代理人，27–28

Sadat, Anwar (Egyptian President)：安瓦尔·萨达特（埃及总统），115

Said, Wafiq：瓦菲克·赛义德，132

Saladin armoured cars：“萨拉丁”坦克，41，43-44，46，49，51

Salam, Saeb（Lebanese Prime Minister）：黎巴嫩总理赛义卜·萨拉姆，25-27，30；commissions：赛义卜·萨拉姆的佣金，32

Salim, Yoesie：尤西·萨利姆，144-145

Sampson, Anthony：安东尼·桑普森（《军火市场》一书作者），90；discussion of arms trade corruption xi：安东尼·桑普森对于军火交易腐败的探讨，xi

Sampson, William：威廉·桑普森，165

Sanson, Alec（salesman, the British Aircraft Corporation）：阿莱德·桑森（英国飞机公司销售员），5-7；discussion of commission arrangements：阿莱德·桑森对于佣金安排的讨论，6-7

SAS：英国特种空勤团，120

Saud, ibn, founder and King（of Saudi Arabia）：伊本·沙特（沙特阿拉伯开国君主），1，3，40

Saud, King（of Saudi Arabia）：沙特阿拉伯国王沙特，3，40，42

Saudi Arabia：沙特阿拉伯，38，51，53-54，56，71，75，81，85-86，89，93-96，105，115，129-132，134，137，141，154-158，164-165；corruption：沙特阿拉伯的腐败，21，24，119，130，167，180；Decree No. 1275：沙特阿拉伯第1275号法令，89，103，107，181；intelligence co-operation with Britain：沙特阿拉伯与英国的情报合作，161-162，165；Italian commission payments to Petromin：意大利向沙特阿拉伯国家石油矿产公司支付的佣金，130；Ministry of Defence and Aviation：沙特阿拉伯国防与航空部，40，86，88；Ministry of Finance：沙特阿拉伯财政部，34；Ministry of the Interior：沙特阿拉伯内政部，47，94-95；place to do business：沙特阿拉伯的经商环境，3，6，41；police and security services：沙特阿拉伯警察与安全部队，120，165；Special Security Forces：特别安全部队，120，165；strategic importance：沙特阿拉伯的战略重要性，83；torture：沙特阿拉伯使用酷刑，165；use of agents：使用代理人，164。另参见 commissions 词条

Saudi Arabian Air Defence Assistance Project（SADAP）：沙特阿拉伯防空支援项目，参见 the British Aircraft Corporation（BAC）and British

Aerospace（BAe）词条

Saudi Arabian Air Defence（SAAD）scheme：沙特阿拉伯防空系统采购计划，8；commissions：沙特阿拉伯防空系统采购计划的佣金，13-15，80-81；Consortium：沙特阿拉伯防空系统采购计划的竞标联合体，80，137；contracts signed：合同签署，80-81；involvement of Airwork：英国航空服务公司参与沙特阿拉伯防空系统采购计划，8-9，13，80-81，106，137；involvement of Associated Electrical Industries（AEI）：英国联合电气工业公司参与沙特阿拉伯防空系统采购计划，8-9，13，80-81，83，87，106；involvement of Geoffrey Edwards：杰弗里·爱德华兹参与沙特阿拉伯防空系统采购计划，8-15，80-81，106；involvement of the British Aircraft Corporation（BAC）：英国飞机公司参与沙特阿拉伯防空系统采购计划，8-13，80-82，131；negotiation：沙特阿拉伯防空系统采购计划的谈判，9，13

Saudi Arabian National Guard：沙特阿拉伯国民警卫队，38，40，58；arms deals：沙特阿拉伯国民警卫队的军火交易，41-55，106，175-177；British Military Mission：英国驻沙特阿拉伯军事代表团，42，44，120；Land Rover deal：路虎采购，102；Office of the Program Manager：英国国防部驻沙特阿拉伯国民警卫队项目经理办公室，55；SANGMED contract：沙特阿拉伯国民警卫队医疗服务项目，177。另参见以下词条：Abdullah，Prince；Freedom of Information Act

Saudi Arabian National Guard Communications（SANGCOM）project：沙特阿拉伯国民警卫队通信项目，参见 Cable & Wireless 词条

Saudi Army：沙特陆军，52，176。另参见以下词条：Panhard armoured cars；Tounisi，General Makki；Vickers

Saudi Ministry of Finance：沙特阿拉伯财政部，参见 Saudi Arabia 词条

Saudi Princes：参见 Saudi Royal Family 词条

Saudi Royal Family：沙特阿拉伯王室，1，3-4，80，87，119，130，134，154，161-162，178；BAe benefits programme：英国宇航公司向沙特阿拉伯王室成员输送利益的项目，138-139，142；commissions：沙特阿拉伯王室的通信，82，84，86，88，115，134，159；Council of Ministers：沙特阿拉伯部长理事会，37-38，52-53，81，89；decision-making：沙特阿拉伯的决策权，5，53，115。另参见以下词条：Abdullah，Prince；Abdul Aziz bin Abdullah，Prince；Abdul Rahman，Prince；Abeer bin Turki，Princess；Bandar bin Sultan，Prince；Fahd，Prince；Faisal bin Turki，Prince；Feisal，King；Haifa bin Turki，Princess；Khalid bin Abdullah，Prince；Mohammed bin Saud，Prince；Noura，Princess；Reema bin Bandar，Princess；Saud，ibn；Saud，King；Sudairi，Zaid；Sultan，Prince；Turki bin Faisal，Prince；Turki bin Nasser，Princes；Turki，Prince

Scicon：西康公司（英国石油公司旗下从事软件业务的子公司），238
94-96；commissions：西康公司的佣金，94-96

Scorpion armoured fighting vehicles：“蝎子”装甲车，143-146

Secret Intelligence Service（SIS）：英国秘密情报局，65，68；documents xv：英国秘密情报局的文件，xv；1953 coup in Iran with Central Intelligence Agency（CIA）：英国秘密情报局与美国中央情报局联合策划伊朗1953年政变，56，68；reports：英国秘密情报局的报告，94。另参见 Reporter，Shapoor 词条

‘Section 2 notices’：参见 Serious Fraud Office investigation of BAE Systems 词条

Securities and Exchange Commission（SEC）：美国证券交易委员会，78，106；enforcement of securities laws：美国证券交易委员会执行证券相关法律的情况，76，79，91；Historical Society xiii：美国证券交易委员会历史学会，xiii；Lockheed scandal：美国证券交易委员会调查洛克希德公司丑闻，77，90；Northrop scandal：美国证券交易委员会调查诺斯罗普公司丑闻，73；voluntary disclosure programme：美国证券交易委员会的自愿披露计划，76-77，94-96，111；securities laws：证券法律，76

Senate（America）：美国参议院，110

Serious Fraud Office（SFO）xiv：英国严重欺诈调查署，xiv，154-155，174。另参见 Garlick，Helen；Wardle，Robert 词条

Serious Fraud Office investigation of BAE Systems：英国严重欺诈调查署调查英国宇航系统公司，147，149，153，154-158，160-167，169-171，173-174；conviction：英国严重欺诈调查署的调查结论，170-172，183；duration xiv：英国严重欺诈调查署的调查时限，xiv；

Serious Fraud Office investigation of GPT Special Project Management Limited：英国严重欺诈调查署调查 GPT 特殊项目管理有限公司，174－175，177－178

Shah of Iran, the：伊朗国王，38－39，55，57－58，64，69；'fund'：伊朗国王基金，59，65－67，71；1953 coup in Iran：1953 年伊朗政变，56，65，68；policy on corruption：伊朗国王关于腐败的政策，24，61，68；problems faced by his regime：伊朗国王的政权面临的问题，64，67，120；Randel case：伊朗国王对兰德尔案的态度，63，65，154；relations with British Government：伊朗国王与英国政府的关系，56－60，65，69，120，176。另参见 Reporter，Shapoor 词条

Shaw, Sir Michael（MP, Deputy Chairman, Public Accounts Committee）：迈克尔·肖爵士（英国下议院议员、议会公共账目委员会副主席），143

Sheldon, Robert（MP, Chairman, Public Accounts Committee）：罗伯特·谢尔登（英国下议院议员、议会公共账目委员会主席），143

Shell：壳牌公司，116

Shorts：英国肖特兄弟公司，参见 Near East Resources 词条

Siemens Plessey Electronic Systems：西门子普莱西电子系统公司，170；commissions：西门子普莱西电子系统公司的佣金，170。另参见 BAE Systems 词条

Silkin, Sam（QC, Attorney General）：萨姆·西尔金（英国总检察长），105；discussions about corruption in international trade：萨姆·西尔金关于国际贸易腐败的探讨，114；proposals for international agreement against corruption：萨姆·西尔金关于签署国际反腐败协议的态度，121，123－125

SIMEC International：斯迈克国际公司，108，175－177；commissions：斯迈克国际公司的佣金，106，175

Smith, John（Trade Secretary）：约翰·史密斯（英国贸易大臣）；proposals for international agreement against corruption：约翰·史密斯对签署国际反腐败协议的看法，123－124

Soekarno, Mr：苏加诺，144－145

Soewondho, Rini：里尼·索旺多，145-146

Somerfield, Bryan：布莱恩·索默菲尔德（斯迈克国际公司董事），175-177

Sourakia：阿拉伯语报纸《苏拉基亚》，134

Sources xii：资料来源，xii；British Government xiv：英国政府，xiv；Caldecote papers：卡尔迪科特勋爵收藏的文件，13

South Africa：南非，147，154，173-174，180

South Korea：韩国，146

Soviet Union：苏联，19，56，169

Special Review Committee：洛克希德公司董事组成的特别审查委员会，参见 Lockheed Aircraft Corporation 词条

State Department：美国国务院，12；fines BAE Systems：美国国务院处罚英国宇航系统公司，172，183；views of Northrop scandal：美国国务院对诺斯罗普公司丑闻的看法，87-88；study of anti-corruption laws：美国国务院对于反腐败法律的研究，72。另参见 Arms Export Control Act 词条

Steel, David (Chairman, British Petroleum)：戴维·斯蒂尔（英国石油公司董事长），92

Steele, Lionel (International Sales Manager, Alvis)：莱昂内尔·斯蒂尔（艾维士汽车公司国际销售经理），145

Stokes, Sir Donald：唐纳德·斯托克斯爵士，21，59；review of British arms exports：唐纳德·斯托克斯爵士对于如何增加英国军火出口的评估，19

Stonehouse, John (Parliamentary Secretary, Ministry of Aviation)：约翰·斯通豪斯（英国航空部政务次官），14-15

Stormer vehicles："风暴"装甲车，144，146

Strathcona, Lord (British Defence Minister)：斯特拉斯科纳勋爵（英国国防部负责军事采购的副大臣）；proposals for international agreement against corruption：斯特拉斯科纳勋爵对签署国际合作反腐败协议的态度，127

Straw, Jack (Foreign Secretary)：杰克·斯特劳（英国外交大臣），156，161

Strikemaster aircraft：“打击大师”喷气式教练机，131，134

‘Sudairi Seven’：苏德里七兄弟，40。另参见以下词条：Abdul Rahman, Prince；Fahd, Prince；Sultan, Prince

Sudairi, Zaid：扎伊德·苏德里，35

Suffield, Sir Lester (Head of Defence Sales)：莱斯特·萨菲尔德爵士（国防贸易组织主管），132；evidence at Randel trial：莱斯特·萨菲尔德在审判兰德尔时作证，64-65；involvement in decisions about commissions：莱斯特·萨菲尔德参与关于佣金安排的决策过程，28，50，60，66，97-99，106；sales campaign in Lebanon：莱斯特·萨菲尔德对黎巴嫩的销售活动，27-28，32；sales to Iran：莱斯特·萨菲尔德
239 对伊朗的销售活动，58，62，66；sales to Kuwait：莱斯特·萨菲尔德对科威特的销售活动，97-99；sales to Saudi Arabia：莱斯特·萨菲尔德对沙特阿拉伯的销售活动，38，106；sales to Saudi Arabian National Guard：莱斯特·萨菲尔德对沙特阿拉伯国民警卫队的销售活动，48，50，52-53，106，175；view of Shapoor Reporter：莱斯特·萨菲尔德对沙普尔·里波特的看法，62，64，66

Suharto, Mrs Tien：苏哈托总统的夫人田·苏哈托，116-117

Suharto, President (Indonesia)：苏哈托总统（印尼），116，144-146

Sultan, Prince (Minister of Defence, Saudi Arabia)：苏尔坦王子（沙特阿拉伯国防部长），4，12，40，80，136，166；Al Yamamah：鸽子军购案，132，134，159；British perceptions of：英国人对苏尔坦王子的看法，91；Lockheed scandal：苏尔坦王子与洛克希德公司丑闻，91；negotiation of Saudi Arabian Air Defence (SAAD) scheme：沙特阿拉伯防空系统采购谈判，14-15，81；Northrop scandal：苏尔坦王子与诺斯罗普公司丑闻，86-88，90；receipt of assurances about Geoffrey Edwards：苏尔坦王子得到关于杰弗里·爱德华兹的保证，5；sales to Saudi Arabian National Guard：向沙特阿拉伯国民警卫队出售军火，53-54。另参见 Sudairi, Zaid 词条

Sunday Times：《星期日泰晤士报》，参见 British Petroleum (BP) 词条

Sunderland (shipbuilders)：英国桑德兰造船厂，参见 Nigeria 词条

Swan Hunter：参见 Nigeria 词条

Switzerland：瑞士，113–114，116，148，157，170；bank accounts：瑞士的银行账户，18，52，85，93–94，103，111，113–115，157，162，164，167

Tanaka，Kakuei（Japanese Prime Minister）：田中角荣（日本首相），75；commissions：田中角荣的佣金，75

Tanassi，Mario（Italian Defence Minister）：马里奥·塔纳西（意大利国防部长），75

Tanzania：坦桑尼亚，154，170–172，183

Task Force on Questionable Corporate Payments Abroad：美国总统福特设立的调查美国公司可疑海外支付问题的特别工作组，参见 Ford，Gerald 词条

Tebbit，Sir Kevin（Permanent Secretary，Ministry of Defence）：凯文·特比特爵士（英国国防部常务次官），155–156

Thailand：泰国，116

Thatcher，Margaret（British Prime Minister）：玛格丽特·撒切尔，125，130–131，150；Al Yamamah：玛格丽特·撒切尔与鸽子军购案，134，159；knowledge of corruption：玛格丽特·撒切尔对国际军火交易中腐败现象的了解，130

The Corner House：角落之家组织，162

The National Archives：英国国家档案馆，158，160

Thomson Houston：法国汤姆森休斯顿公司，32

Thunderbird missile system：“雷鸟”导弹系统，5；commissions：“雷鸟”导弹系统采购佣金，6–7，15；negotiation of Saudi deal：沙特阿拉伯谈判“雷鸟”导弹系统的采购，5–8，15

Titan Corporation：美国泰坦公司，172；‘social payments’：美国泰坦公司向代理人支付的“社交费用”，172

Tornado aircraft：“狂风”战斗机，131–132，134，156–157，159，166

Touche Ross & Co：英国飞机公司的审计机构塔奇·罗斯公司，108

Toufanian, General Hassan (Chief of Military Industrial Organization and Procurement, Iranian Ministry of War)：哈桑·图法尼安将军（在伊朗战争部负责军事工业发展和军火采购），58-60，65，67

Tounisi, General Makki (Director of Operations, Saudi Army)：马基·图尼西将军（沙特阿拉伯军队作战部主任）；commissions：马基·图尼西的佣金，35-36

Trace International：追踪国际组织，179

Trade Promotion Coordinating Committee：美国贸易促进协调委员会，179

Trades Union Congress：英国工会联盟，113

Travel Company, the：旅行公司（国际旅行者公司的母公司），138

Travellers World：国际旅行者公司，138，153；BAe benefits programme：国际旅行者公司为英国宇航公司实施向沙特阿拉伯王室成员输送利益的项目，138-142，151-153，163，167，178

Treasury, HM：英国财政部，111，114，184；attitude towards agents：英国财政部对代理人的态度，22，99，111

Treasury Solicitor's Department：英国财政部法制处，97

Triad Financial Establishment：参见 Khashoggi, Adnan 词条

Triad International Marketing：参见 Khashoggi, Adnan 词条

TriStar airliners：参见 Lockheed Aircraft Corporation 词条

Turkey：土耳其，93

Turki bin Faisal, Prince (Head of Saudi Intelligence)：图尔基·本·费萨尔王子（沙特阿拉伯情报总局局长），132

Turki bin Nasser, Prince：图尔基·本·纳赛尔王子，136，138；BAe benefits programme：图尔基·本·纳赛尔王子与英国宇航公司的利益输送计划，136-143，151-152，163-164

Turki, Prince (Deputy Minister of Defence and Aviation, Saudi Arabia)：图尔基王子（沙特阿拉伯国防与航空部副部长），87

Turner, Damian：达米安·特纳（英国宇航系统公司高管），153

Turner, Mike (Chief Executive, BAE Systems)：迈克·特纳（英国宇航系统公司首席执行官），168

Twal, Shehadah：英国宇航系统公司，23；commissions：谢哈达·图瓦尔的佣金，24

UN Convention against Corruption definition of bribe ix：联合国《反腐败公约》对贿赂的定义，ix；effects of grand corruption xi：联合国《反腐败公约》关于大型腐败影响的论述，xi

UN Economic and Social Council（ECOSOC）：联合国经社理事会，110，117，121，123，127

UN General Assembly：联合国大会，127；Resolution 3514：联合国大会 3514 号决议，110，117

UN Security Council Resolution 1373：联合国安理会 1373 号决议，165

Uniglobe Aktiengesellshaft（Uniglobe）：寰宇公司（位于列支敦士登瓦杜兹的信托公司），148

Unilever：联合利华，116

United Arab Emirates：阿联酋，130 240

US Agency for International Development：美国国际开发署，76

Varley, Eric（Industry Secretary）：埃里克·瓦利（英国工业大臣），100，105；attitudes to corruption in international trade：埃里克·瓦利对于国际贸易腐败的态度，101，103－104；proposals for international agreement against corruption：埃里克·瓦利对签署国际反腐败协议的态度，121，124

Venezuela：委内瑞拉，22

Vickers：英国维克斯公司，16；Archive xiii：英国维克斯公司的档案，xiii；commissions：英国维克斯公司的佣金，17－18，35－37，45，91；negotiation of submarine deal with Saudi Arabia：英国维克斯公司与沙特阿拉伯谈判潜艇佣金，16－18；negotiation of tank deal with Saudi Arabian Army：英国维克斯公司与沙特阿拉伯陆军谈判坦克交易，34－37，45；use of Near East Resources as agent in Lebanon：英国维克斯公司在黎巴嫩使用近东资源公司作为代理商，26，31

Vigilant anti-tank weapons："警惕者"反坦克导弹，7，48

Vinnell Corporation：美国诺斯罗普·格鲁曼公司旗下的维内尔公

司，55

Vithlani, Shailesh：坦桑尼亚商人沙勒什・维特拉尼，170－172；commissions：沙勒什・维特拉尼的佣金，170－172

Walker, Leslie：莱斯利・沃克，165

Wardle, Robert (Director, Serious Fraud Office)：罗伯特・沃德尔（英国严重欺诈调查署署长），153，156－157，161－162，166－167

Watergate scandal：美国水门丑闻，72－73

Weinstock, Arnold (Managing Director of General Electric Company)：阿诺德・温斯托克（英国通用电气公司总经理），83－84

West Germany：西德，58，111，114，120，131

Weston, John (Chief Executive, BAE Systems)：约翰・韦斯顿（英国宇航系统公司首席执行官），150－151，167

Wikileaks website：维基解密网站，163

William Brandt's Sons and Company Ltd：英国威廉・勃兰特之子有限公司，25－27，30－31

Wilson, Harold (British Prime Minister)：哈罗德・威尔逊（英国首相），14－15，56

Wilson, Peter (Managing Director, BAE International Programmes)：彼得・威尔逊（英国宇航系统公司国际项目部总经理），153

Wilton, John (British Ambassador to Kuwait, later Saudi Arabia)：约翰・威尔顿（英国驻科威特大使，后任英国驻沙特阿拉伯大使），95－96，115，176

Wingetac：伦敦温吉塔克贸易有限公司；commissions：伦敦温吉塔克贸易有限公司的佣金，17；negotiation of submarine deal with Saudi Arabia：伦敦温吉塔克贸易有限公司同沙特阿拉伯谈判潜艇交易，17－18

Winship, Tony：托尼・温希普，137－138，152；BAe benefits programme：托尼・温希普与英国宇航公司为沙特阿拉伯王室成员输送利益项目的关系，137－142，151－152

Winterbottom, Lord (British Defence Minister)：温特伯顿勋爵，52

Woolf Committee：沃尔夫委员会，168

Woolf, Lord：沃尔夫勋爵，167－168

Working Group：工作组，117-118，120-125

Wright，Paul（British Ambassador to Lebanon）：保罗·赖特（英国驻黎巴嫩大使）；involvement in decisions about commissions：保罗·赖特参与关于佣金安排的决策过程，28，31-32

Wright，Sir Denis（British Ambassador to Iran）：丹尼斯·赖特爵士（英国驻伊朗大使），58

Wright，Sir Patrick（British Ambassador to Saudi Arabia）：帕特里克·赖特爵士（英国驻沙特阿拉伯大使），159

Yar'adua，Brigadier Shehu Musa：谢胡·穆萨·亚拉杜瓦准将；bribe：谢胡·穆萨·亚拉杜瓦准将受贿，101

Yemen：也门，3，137

vii

致　谢

在很长一段时间内，我都觉得本书或许永远无法出版。我想感谢我的家人、朋友和一些同事（包括前同事）对我的鼓励。对于那些认为我在浪费时间的人，感谢你们出于礼貌没有这么讲出来。

我要感谢海伦·安格尔（Helen Angle）、格雷厄姆·凯利（Graham Kelly）和萨利·马拉姆博士（Sally Malam），他们让我在 2006 年获得了一次休假，从而能够认真开展这项研究。我也非常感谢那些始终给予我帮助的多个机构的员工，他们允许我阅览他们收藏的资料。这些机构包括英国国家档案馆、英国工程技术学会、大英图书馆、剑桥大学图书馆和剑桥大学丘吉尔学院丘吉尔档案中心。我非常感谢克莱尔·钱伯斯博士（Clare Chambers）和菲尔·帕文博士（Phil Parvin）在剑桥大学的热情接待。彼得·加德纳（Peter Gardiner）非常友好地允许我阅览他收藏的文件，这些文件记录了英国宇航公司为沙特阿拉伯的图尔基·本·纳赛尔王子制订的利益输送计划。理查德·布鲁克斯（Richard Brooks）友好地向我提供了关于斯迈克国际公司的文件。

本书展示的"维克斯档案"得到了剑桥大学图书馆的许可，感谢剑桥大学图书馆的管理员们允许我引用"维克斯档案"。本书展示的卡尔迪科特勋爵收藏的文件得到了英国工程技术学会的许可。联合国经合组织出版部门和美国证券交易委员会历史学会都慷慨地允许我引用他们的文件。

我花了很长时间才找到一个愿意出版这本书的出版商。我非常感谢普鲁托出版社的大卫·卡斯尔（David Castle）和安妮·比奇（Anne Beech）给予我出版合同，以及在合同谈判期间表现出来的耐心。我非常感激普鲁托出版社的所有人在出版过程中展现出来的耐心和专业精神。我也要感谢我的前经纪人莱斯利·加德纳（Leslie Gardiner）为我付出的努力，感谢劳里·弗林（Laurie Flynn）为我引荐了她。

在我休假期间，"军火交易研究和教育信托基金"为我提供了经济支持，并支付了本书引用插图的费用。viii
它还与约瑟夫·罗恩特里慈善信托基金一起支付了本书接受诽谤核查的费用。他们的受托人以及约瑟夫·罗恩特里慈善信托基金的塞莉亚·麦基翁（Celia McKeon）为我提供了非常重要、不可或缺的支持。我要感谢反对军火交易运动组织的亨利·麦克劳林（Henry

McLaughlin）为我提供资助申请方面的建议。

我要感谢安德鲁·费因斯坦（Andrew Feinstein）、尼克·希尔德亚德（Nick Hildyard）、苏·霍利博士（Sue Hawley）、安娜·斯塔夫里亚纳基斯博士（Anna Stavrianakis）和马克·菲西安教授（Mark Phythian）多年来慷慨地为我劳心费力和提供建议。安德烈亚斯·塞布拉（Andreas Cebulla）友好地同意担任草稿的“外行”审读者。

我非常喜欢反对军火交易运动组织合作发起的“遏制英国宇航公司运动”，该运动旨在推动英国严重欺诈调查署重启鸽子军购案调查，尤其是迈克·刘易斯（Mike Lewis）和西蒙·希尔（Symon Hill）在这方面做了杰出的工作。在司法审查（在高等法院获胜）以及相关诉讼期间，我们非常幸运地拥有了一个一流的律师团队，包括伦敦雷·戴伊律师事务所的杰米·比根特（Jamie Beagent）和理查德·斯坦（Richard Stein），以及布莱克斯通·钱伯斯律师事务所的本·贾菲（Ben Jaffey）、潘尼克勋爵（Pannick）、安东尼·佩托（Anthony Peto）、迪娜·罗斯（Dinah Rose）和菲利普·桑兹（Philippe Sands）。

在那段时间以及之后，我与一些记者紧密合作，特别要感谢罗布·埃文斯（Rob Evans）和彼得·马歇尔（Peter Marshall）的支持和鼓励。

如果我没有在信息法庭上战胜了外交和联邦事务

部，本书讲述的很大一部分故事恐怕仍是官方机密。我非常感谢杰米·比肯特（Jamie Beagent）和瑞秋·洛根（Rachel Logan）给予的帮助，感谢菲尔·麦克斯（Phil Michaels）对我提交的法律意见书给予鼓励和反馈，感谢《独立外交家》一书的作者卡恩·罗斯（Carne Ross）以及乔·罗伯（Joe Roeber，现在已故）同意为我作证。最重要的是，布莱克斯通·钱伯斯律师事务所的汤姆·希克曼（Tom Hickman）为我提供了令人难以置信的支持，并提供了明智宝贵的应诉建议。卡瓦尔·库雷希律师（Khawar Qureshi）非常友好地同意在闭门庭审上担任我的"特别辩护人"。我非常感谢格伦·雷诺兹博士（Glenn Reynolds）以及宾德曼斯律师事务所的塔姆辛·艾伦（Tamsin Allen）和阿塔莉·马修斯（Athalie Matthews）在诽谤问题上提供的法律建议。

最后，我要感谢反对军火交易运动组织的安·费尔瑟姆（Ann Feltham）和伊恩·普里查德（Ian Prichard）多年来一直非常支持我的工作，我很高兴与他们一起工作。

如果本书存在任何错误，当然文责自负。

北京市版权局著作权合同登记：图字 01-2025-1554

图书在版编目（CIP）数据

高层的游戏：英国军火贸易贿赂史/（英）尼古拉斯·吉尔比著；蒋宗强译.--北京：中国方正出版社，2025.--ISBN 978-7-5174-1453-7

Ⅰ.E561.45；D756.19

中国国家版本馆 CIP 数据核字第 2025C468Q2 号

高层的游戏：英国军火贸易贿赂史

〔英〕尼古拉斯·吉尔比 **著**

蒋宗强 **译**

责任编辑： 崔秀娟
责任校对： 周志娟
责任印制： 李惠君

出版发行： 中国方正出版社
（北京市西城区广安门南街甲 2 号　邮编：100053）
编辑部：（010）59594654　出版部：（010）59594625
发行部：（010）66560936　门市部：（010）66562733
网址：www.lianzheng.com.cn
经　　销： 新华书店
印　　刷： 北京新华印刷有限公司

开　　本： 880 毫米×1230 毫米　1/32
印　　张： 13
字　　数： 281 千字
版　　次： 2025 年 5 月第 1 版　2025 年 5 月北京第 1 次印刷

ISBN 978-7-5174-1453-7　　　　定价：49.00 元
